WESTEND

TIM ENGARTNER

RAUS AUS DER BILDUNGSFALLE

WARUM WIR DIE ZUKUNFT UNSERER KINDER GEFÄHRDEN

WESTEND

Mehr über unsere Autoren und Bücher:
www.westendverlag.de

Die Deutsche Nationalbibliothek verzeichnet diese Publikation in der Deutschen
Nationalbibliografie; detaillierte bibliografische Daten sind im Internet über
http://dnb.d-nb.de abrufbar.

ISBN: 978-3-86489-452-7
1. Auflage 2024
© Westend Verlag GmbH, Waldstr. 12 a, 63263 Neu-Isenburg
Umschlaggestaltung: Buchgut, Berlin
Cover-Motiv: © Robert Kneschke/AdobeStock;
Autorenfoto: © Uwe Dettmar
Satz: Publikations Atelier, Weiterstadt
Druck und Bindung: Friedrich Pustet GmbH & Co. KG, Gutenbergstraße 8
93051 Regensburg
Printed in Germany

Für Tilda und Selma

Inhalt

1 Baustellen der Bildungsrepublik

Die Bildungsrepublik Deutschland befindet sich im freien Fall. Rund 50 000 Jugendliche verlassen jedes Jahr die weiterführende Schule ohne Abschluss. Jedes fünfte Kind geht von der Grundschule ab, ohne den Mindeststandard im Rechnen, Schreiben oder Lesen erreicht zu haben. Einer wachsenden Zahl von Schülerinnen und Schülern ist das Präteritum, das einst spielerisch über Märchen erlernt wurde, fremd geworden. Und die jüngste PISA-Studie von 2022 hat offenbart, dass deutsche Jugendliche im Lesen, in den Naturwissenschaften und in Mathematik noch schlechter dastehen als vor sechs Jahren. Vielfach genügen die in der Schule vermittelten Kenntnisse der Bruch-, Potenz- und Wurzelrechnung selbst denjenigen nicht mehr, die ein Wirtschafts-, Mathematik- oder Technikstudium aufnehmen möchten. Immer mehr Hochschulen bieten Propädeutika an, um die Studierfähigkeit herzustellen – und dennoch befindet sich die Zahl der Studienabbrecherinnen und -brecher ebenso wie die der Studienfachwechslerinnen und -wechsler auf Rekordniveau. Rechtschreibung und Zeichensetzung sind der Generation von Kindern und Jugendlichen, die durchschnittlich 3 Stunden und 28 Minuten pro Tag vor digitalen Endgeräten verbringt, abhandengekommen. Von fehlerfreien Texten ihrer Studierenden wagen selbst Hochschullehrende nicht mehr zu träumen. Zuverlässig torpediert die Kommunikation via WhatsApp, Instagram und X das einst etablierte grammatikalische und orthografische Regelwerk.

Statt in Reaktion auf die sich seit Jahren verschärfenden Bildungsdefizite eine Aufholjagd zu starten, nehmen wir hin, dass

Schätzungen zufolge Abiturientinnen und Abiturienten infolge von Unterrichtsausfall auf beinahe ein Schuljahr verzichten müssen. Zeugniskonferenzen, Kollegiumsausflüge sowie Fort- und Weiterbildungen finden an vielen Schulen immer noch während der Unterrichtszeit statt. Und an den in vielen Bundesländern etablierten drei beweglichen Ferientagen pro Schuljahr wird ebenso wenig gerüttelt wie an den zwölf Wochen Schulferien. Vergessen sind die 1990er-Jahre, in denen noch der wenigstens vierzehntägig stattfindende Samstagsunterricht an der Tagesordnung war. Und obwohl inzwischen 14 Prozent unserer 11,1 Millionen Schülerinnen und Schüler über keinen deutschen Pass verfügen, hat auch die Zuwanderung von rund 350 000 Kindern und Jugendlichen aus der Ukraine keine sicht- und spürbaren bildungspolitischen Anstrengungen in Richtung Spracherwerbsförderung ausgelöst. Stattdessen wird an einer wachsenden Zahl von Schulen nur noch vier Tage pro Woche Unterricht erteilt. So sieht das Modellprojekt *4+1* des sachsen-anhaltischen Bildungsministeriums vor, die Lernenden nur noch an vier Wochentagen in der Schule zu empfangen, während sie am fünften Tag digital beziehungsweise hybrid unterrichtet oder über Betriebsbesuche »beschult« werden.

Es passt nur zu gut ins Bild, dass im Zuge der Corona-Pandemie kaum ein Land so unzureichend auf den nicht erteilten Präsenzunterricht reagiert hat wie Deutschland, wo sich die Lernzeit während des ersten Lockdowns im Frühjahr 2020 auf 3,6 Stunden pro Tag halbierte – und während des zweiten Lockdowns nur geringfügig gesteigert werden konnte. Zahlreiche afrikanische Staaten haben mit ihren koordinierten Digitalstrategien sehr viel mehr Unterricht stattfinden lassen können. Bei den unzureichend kompensierten Schulschließungen zwischen Flensburg und Passau handelte es sich keineswegs um einen temporären GAU. Vielmehr haben wir es mit einem Ausnahmezustand in Permanenz zu tun: Schülerinnen und Schüler kommen in Deutschland dauerhaft nur unzureichend in den Genuss von Lernzeit.

Dass weniger Unterrichtszeit nicht nur in Zeiten einer pandemischen Krise historischen Ausmaßes zu schlechteren Leistungen führt, dürfte niemanden überraschen. In Bremen, Hamburg und Niedersachsen ist der Leistungsabfall über zentrale Lernstandserhebungen eindeutig belegt. Dennoch geben sich Schüler-, Eltern- und Lehrerschaft zufrieden, denn die von dem jeweiligen Kultusministerium beflügelte Noteninflation suggeriert ständige Leistungssteigerungen. Diese Tendenz ist auch für andere Bundesländer belegt: Lagen die durchschnittlichen Abiturnoten in Baden-Württemberg in den 1970er-Jahren bei 2,8, erreichten sie 2023 einen Wert von 2,2 – und dies, obwohl noch mit den Schulschließungen während des zweiten Lockdowns Anfang 2021 Schülerinnen und Schüler drei Stunden weniger pro Tag lernten. Wies 2006 nicht einmal jedes hundertste Abitur die Note 1,0 auf, war es 2023 schon jedes 25. Sächsische und Berliner Schulen vergaben die Bestnote 2023 gar fünfmal so häufig wie zehn Jahre zuvor. Wer heute eine Fünf gibt, gilt schnell als »Leistungsterrorist«. Der sich institutionell verfestigende Unterrichtsversorgungsengpass verschärft den Sinkflug der Bildungsrepublik, zumal 42 Prozent der Lehrkräfte – und damit mehr als je zuvor – in Teilzeit arbeiten und drei Viertel vorzeitig in Pension gehen.

Konsumtion statt Reflexion lautet die Losung vieler, die der »Bildungsmodernisierung« das Wort reden. Lernende sehen zunehmend ausschließlich den instrumentellen Sinn von Bildung; Abschlüsse und Zertifikate pflastern ihre Bildungswege. Dabei sollte Bildung jungen Menschen ermöglichen herauszufinden, was in ihnen als Persönlichkeit steckt – und das ist nicht nur die Berufs- und Arbeitssphäre. Die Verkürzung der Schulzeit durch die Umstellung auf G8 sowie die erweiterten Möglichkeiten der Hochschulzugangsberechtigung verpflichten auch die Universitäten, berufliche Ambitionen von Studierenden zunehmend mehr in den Blick zu nehmen. Im Gegensatz zu Studiengängen mit einem klaren Berufsziel wie Medizin, BWL oder Jura ist dieses für Studierende der

Literatur-, Gesellschafts- und Geisteswissenschaften nicht eindeutig definiert. Die Furcht vor mangelnden beruflichen Perspektiven ist eine der maßgeblichen Ursachen für die wachsende Zahl von Studienabbrüchen und -fachwechseln.

Alarmiert durch die Ergebnisse internationaler Vergleichsstudien wie IGLU, PISA und TIMSS verfallen die bildungspolitischen Entscheidungsträgerinnen und -träger in Kurzatmigkeit und Reformeifer. Kaum ein Jahr vergeht, ohne dass die Schul-, Kultus-, Bildungs- oder Wissenschaftsministerien neue Richtlinien ausgeben, differenzierte Erlasse verabschieden oder kreative Ideen zur Umgestaltung von Schulen und Hochschulen verkünden. Doch wenn aus einer vormaligen Hauptschule eine Werkrealschule, aus einer Fachhochschule eine University of Applied Sciences oder aus einer Erwachsenenbildungsstätte ein Fortbildungszentrum wird, führt dies natürlich nicht zwangsläufig zu einer Qualitätssteigerung. Dasselbe gilt für die bildungspolitischen Vorstöße der vergangenen Jahre: Weder die in den 1990er-Jahren verfolgte Kompetenzorientierung noch die bildungspolitischen Ambitionen zur Digitalisierung trugen zu einer substanziellen Verbesserung bei. Es geht weiter bergab mit der Bildungsrepublik, die dem Zeitgeist der Nichtbedeutung von Wissen verfallen ist. In der Schule wird nur noch auf Methoden zur Recherche von Wissen Wert gelegt und selbst in der Hochschule sind Lerntagebücher, Praktikumsberichte und Erfahrungsprotokolle an der Tagesordnung.

Dem Niedergang schulischer Bildung soll dieser Tage vor allem durch digitales Lehren und Lernen beigekommen werden. Natürlich muss der Digitalisierung der Lebenswelt die Digitalisierung der Bildungswelt folgen, aber der blinde Glaube daran, dass diesem Vorhaben mit dem *DigitalPakt Schule* genüge getan wäre, ist absurd. Zwar stellt die insgesamt 6,5 Milliarden Euro schwere Förderung der allgemeinbildenden Schulen mit Mitteln für die Digitalisierung einen beachtlichen Beitrag zu deren zeitgemäßer Ausstattung dar, aber die Ausstattung der Schulen mit Smartboards, Tablets und WLAN wird uns nicht aus der Bildungsmisere führen. Dasselbe gilt für KI-gestützte Tools, denn auch ChatGPT und Co. werden uns nicht retten. Die modernen Neurowissenschaften belegen zweifelsfrei, dass analoge Lernprozesse unser Gedächtnis schulen. Somit ist zum Beispiel das Trainieren unseres Erinnerungsvermögens durch Auswendiglernen von herausragender Bedeutung, um die Wahrnehmungsgeschwindigkeit, die Memorierfähigkeit, das Kurzzeitgedächtnis und die Kapazität des Arbeitsgedächtnisses zu schulen. Vergessen scheint die Einsicht, dass Bildung nicht nur dem Vergnügen dient – zumindest dann nicht, wenn harte Brocken zu erarbeiten sind. Die Zufriedenheit folgt, wenn es geschafft ist. Sicherlich kann man Platons Höhlengleichnis, Immanuel Kants kategorischen Imperativ oder Jürgen Habermas' Diskurstheorie auch durch YouTube-Clips nachvollziehen. Doch das medial Dargestellte ist keineswegs nachhaltiger als das mehrfach Gelesene, mühsam Erarbeitete und im Unterricht Besprochene. Dasselbe gilt für die Inhalte, die das Kinderfernsehen mit Checker Tobi übermittelt. Sie können die analogen Lernprozesse in der Grundschule nicht ersetzen.

Analoge Lehr- und Lernarrangements dürfen nicht nur nicht verschwinden. Sie müssen neu be- und teilweise sogar aufgewertet werden, um auch die im Abschwung befindliche sozial-emotionale Entwicklung von Kindern und Jugendlichen wenigstens näherungsweise zu sichern. So hat das Stockholmer Karolinska Institut das schlechte Abschneiden der schwedischen Schülerinnen und Schüler bei der jüngsten IGLU-Studie mit einem inzwischen von vielen Studien untermauerten Befund erklärt:

»Wir sind der Meinung, dass der Schwerpunkt wieder auf den Wissenserwerb über gedruckte Schulbücher und das Fachwissen des Lehrers gelegt werden sollte, anstatt das Wissen in erster Linie aus frei zugänglichen digitalen Quellen zu erwerben, die nicht auf ihre Richtigkeit überprüft wurden.«

Trotz der kurzzeitig als positiv wahrgenommenen schwedischen Digitalisierungsstrategie besteht dahingehend Einigkeit, dass es nicht reicht, Lehr- und Lernmaterialien zu digitalisieren, Vorlesungen aufzuzeichnen, um sie per Mausklick zeit- und ortsunabhängig verfügbar zu machen, sowie die IT-Infrastruktur an (Hoch-)Schulen auf- und auszubauen.

Aber auch schon vor Schulbeginn – in den Kindertagesstätten – offenbart sich die Bildungsmisere. Rund 2,45 Millionen Kinder besuchen Tageseinrichtungen in freier Trägerschaft, das heißt, dort treten weder die Kirchen noch die Kommunen als Träger auf. Stattdessen wird in manchen Städten inzwischen jede dritte Kita als Elterninitiative organisiert, weil die Kommunen keine ausreichenden Angebote vorhalten. Die Kölner Stadtverwaltung etwa schafft es seit Jahren nicht, den elterlichen Betreuungsanspruch einzulösen, obwohl sich die Kita-Gebühren dort auf monatlich bis zu 638 Euro zuzüglich rund 200 Euro einkommensunabhängiger Beiträge für das Mittagessen und die Vereinsmitgliedschaft belaufen. Dass man monatlich 850 Euro für einen Kita-Patz zahlt, aber dennoch Koch-, Putz- und Baustunden ableisten beziehungsweise als ehrenamtlicher Vorstand Finanzen, Personal und Gebäude verwalten muss, mutet absurd an, ist aber seit Jahren nicht nur in Köln traurige Realität. Dabei ist das Betreuungsangebot von Kindergärten noch unzuverlässiger als das Bildungsangebot von Schulen: Zusätzlich zu den Brücken- und Konzepttagen gibt es ganze Wochen, in denen die Kindergärten wegen Mäusen, Läusen oder Bindehautentzündungen geschlossen bleiben (müssen). Regelmäßig werden die Eltern aufgefordert, ihre Kinder nach Möglichkeit nicht in den Kindergarten zu bringen, weil das Personal fehlt.

Mitunter zögern wir Jahrzehnte, wenn es die baulichen Mängel von Bildungseinrichtungen zu beheben gilt. Dabei geht es an staatlichen Schulen in Deutschland zumeist nur um die (Wieder-)Herstellung der Grundausstattung. Die weltweit besten Schulen verfügen zudem über eigene Bibliotheken, Theater, Gärten und

Sportstätten. Das weltbekannte Eton College, das Schweizer Institut auf dem Rosenberg als weltweit teuerstes Internat oder in Teilen dann eben auch die mit dem *Deutschen Schulpreis* ausgezeichneten Schulen mit ihren bis ins Kleinste durchdachten Lehr- und Lernkonzepten müssen den Referenzpunkt bilden – nicht das digitale Lernlabor, in dem KI-gestützte Lernsoftware sowohl das Schreiben und Lesen als auch die für die Kommunikation zuständigen Lehrpersonen verdrängt. Dringend muss dafür Sorge getragen werden, dass ausreichend Kita-, Schul- und Studienplätze zur Verfügung stehen, um jungen Menschen unabhängig von ihren Ausgangsbedingungen bestmögliche Bildungschancen zu eröffnen. Nur mit intensiveren und umfänglicheren Betreuungsangeboten wird den sozialen Selektionsmechanismen beim Zugang zu Bildung begegnet werden können.

Das von Francis Bacon postulierte Credo »Wissen ist Macht« nehmen die selbst ernannten Vorreiterinnen und -reiter einer progressiven, vermeintlich schüler- und studierendenfreundlichen Erneuerung des Bildungswesens immer seltener ernst. Sie berufen sich dabei auf die Tatsache, dass Wissen immer schneller veraltet. Die allein hierzulande jährlich erscheinenden knapp 70 000 Bücher könne ohnehin niemand mehr lesen. Und Wikipedia liefere doch – jederzeit und allerorts – in Sekundenbruchteilen das situativ benötigte Wissen. Aber kann eine Bildungsnation ernsthaft auf den Anspruch verzichten, gebildete Menschen hervorzubringen, deren Bildungsverständnis sich im Googeln kontextloser Informationen erschöpft? Das gesellschaftliche Anliegen lässt sich mit einer individuellen Perspektive paaren: Wissen macht unser Leben reicher, bunter und spannender. Auch deshalb ist es für jeden Einzelnen und jede Einzelne so ungemein kostbar.

Rechtschreibung und Zeichensetzung werden selbst von Lehramtsstudierenden des Fachs Deutsch nur noch bedingt beherrscht. Dass eine fehlerfreie Orthografie, eine korrekte Zeichensetzung und eine treffliche Ausdrucksweise die Güte unserer zentralen Kulturtechnik, des Schreibens, zum Ausdruck bringt, ignorieren längst nicht mehr nur die digitalen Generationen. Generationenübergreifend nutzen wir zum Verschriftlichen von Texten immer seltener Füller, Kugelschreiber oder Bleistift und setzen stattdessen nahezu ausschließlich auf Tablets, Notebooks und Smartphones. Dass man nun aber auch in der schleswig-holsteinischen und baden-württembergischen Landesregierung auf die Idee gekommen ist, Rechtschreib- und Zeichensetzungsfehler nicht mehr in die Bewertung eingehen zu lassen, weil Computer- und Handyprogramme Fehler ohnehin automatisch korrigieren, muss als Bankrotterklärung in Sachen Spracherwerb gewertet werden. Aber es passt in das Bild, das der amtierende baden-württembergische Ministerpräsident und ehemalige Biologie- und Chemielehrer Winfried Kretschmann (Die Grünen) zeichnet, wenn er Fremdsprachenunterricht für entbehrlich erklärt:»Wenn das Handy Gespräche in fast jede Sprache der Welt in Echtzeit übersetzen kann – brauchen wir dann noch eine zweite Fremdsprache in der Schule als Pflichtfach?«

Überhaupt müssen sich vielerlei Fächer im Informationszeitalter gegen ihre Entwertung und Kürzung wehren. Politische Bildung halten selbst viele Politikerinnen und Politiker für entbehrlich – trotz des sich verbreitenden und verfestigenden Rechtspopulismus sowie der besorgniserregend stratifizierten Wahlbeteiligung. Gerade einmal 17 Minuten der wöchentlichen Unterrichtszeit entfallen an nordrhein-westfälischen Gymnasien auf die politische Bildung. Und selbst in den Bundesländern, in denen rechtspopulistische Parteien Höchstwerte erhalten, wird über den Verzicht auf verpflichtenden Politikunterricht diskutiert. Auch der Erdkundeunterricht verliert in den Augen vieler an Bedeutung: Angesichts von Navigationsprogrammen wie Google Maps brauche es keine schulisch angeleitete räumliche Orientierung mehr. Zunehmend hat auch das Unterrichtsfach Geschichte einen schweren Stand, obwohl historisches Wissen uns hilft, die Gegenwart zu verstehen, und historisches Bewusstsein zweifellos zur Identitätsbildung beiträgt.

Einst noch ein wichtiger Bestandteil des liberalen Bildungskon-
zepts, gilt auch Latein mittlerweile als verstaubt, verkopft und letzt-
endlich verzichtbar. Dass dieses vermeintliche »Luxuswissen« nicht
nur der Vorbereitung auf ein Geschichts-, Medizin- oder Theologie-
studium dient, sondern sich in lateinischen Texten wegweisende
Etappen unserer Geistes- und Kulturgeschichte widerspiegeln,
gerät immer mehr in Vergessenheit. In der Tat ist wissenschaftlich umstritten, ob – und wenn ja, inwieweit – Latein das logische
Denken und das Gespür für grammatikalische Gesetzmäßigkeiten
befördert. Aber unzweifelhaft hilft uns der lateinische Wortschatz,
Fremdwörter und andere Sprachen (besser) zu verstehen; wer Latein gelernt hat, weiß nicht nur, dass »Immobilien« unbeweglich
sind, sondern kann auch Begriffe wie »Imperativ«, »Apposition«
und »Indikativ« souverän auf die Grammatik anderer Sprachen an-
wenden. Lateinunterricht gewährt uns nicht nur Einblicke in die
für uns bis heute prägende Denk- und Lebensweise der Antike,
sondern schult auch unser Konzentrationsvermögen und schärft
unsere Formulierungen in der Muttersprache.

Weil wir auf solche etablierten Bildungsinhalte an staatlichen
Schulen verzichten, werden diese inzwischen von großen Teilen
der Öffentlichkeit als defizitärer Raum wahrgenommen. Dabei dienen tatsächliche und vermeintliche Unzulänglichkeiten des pädagogischen Personals als Begründung für die elterliche Abkehr vom
staatlichen Bildungssystem. Gleichzeitig greifen Bund, Länder und
Kommunen die Stimmung auf, indem sie vormals hoheitliche Aufgaben an Private übertragen: Nur außerhalb der Schule agierende
Akteure könnten dem trägen System die erforderliche institutionelle Dynamik verleihen sowie die Schülerinnen und Schüler auf
die Lebenswirklichkeit außerhalb der Schultore vorbereiten. Zugleich fällt die Entstaatlichung auf den fruchtbaren Boden eines
chronisch unterfinanzierten Bildungswesens, was der Gründer
der bildungspolitisch umtriebigen Bertelsmann Stiftung, Reinhard
Mohn, schon Mitte der 1990er-Jahre als Chance erkannte, als er

sich mit den Worten zitierten ließ:»Es ist ein Segen, dass uns das Geld ausgeht. Anders kriegen wir das notwendige Umdenken nicht in Gang.«

Irrglaube an das Credo »Digital ist besser«

Alle Hoffnung liegt nun in der Digitalisierung der Klassenzimmer: »Digital ist besser«, lautet das Credo im Zeitalter des Digital Turn. Es ist im digitalen Zeitalter selbstverständlich sachgerecht, den Ausbau der IT-Infrastruktur an Schulen voranzutreiben, aber bestenfalls erst dann, wenn einsturzgefährdete Dächer, verdreckte Toiletten, verschimmelte Wände, zugige Fenster und defekte Heizungen der Vergangenheit angehören. Nach jüngsten Berechnungen der staatlichen Kreditanstalt für Wiederaufbau (KfW) fehlen den Städten und Gemeinden allein 55 Milliarden Euro, um den schulischen Sanierungsstau aufzulösen. Insbesondere in Großstädten ist das Klagen der Kämmerer nicht zu überhören. Aber auch viele kleine und mittlere Kommunen können ihren Aufgaben als Schulträger aufgrund klammer Kassen nicht mehr ausreichend nachkommen.

Die teils unhaltbaren Zustände rauben dem staatlichen Regelschulsystem den Rückhalt. Getrieben von dem Wunsch, ihre Kinder ganztägig in kleinen Lerngruppen optimal fördern zu lassen, um gleichzeitig Familie und Beruf (besser) vereinbaren zu können, entscheiden sich immer mehr Eltern für das bundesweit wachsende Privatschulsystem. Stellte das mitunter horrende Schulgeld keinen Hinderungsgrund dar, würde laut einer Forsa-Umfrage mehr als die Hälfte der Eltern ihre Kinder an einer Privatschule anmelden. Bilingualen Unterricht, musikalische (Früh-)Förderung, Kooperationen mit Sportvereinen und Unternehmen können oder wollen nur die wenigsten staatlichen Schulen anbieten. Privatschulen hingegen kommen diesen Bedürfnissen nach, sodass ihre Zahl in den vergangenen Jahren rasant in die Höhe schnellte. Nachdem bisweilen jede zweite Woche eine neue Privatschule eröffnet wurde, befindet sich nun jede zehnte allgemeinbildende Schule zwischen Flensburg und Passau in nichtstaatlicher Trägerschaft. Privatisierung, Rationalisierung und Kommerzialisierung bieten jedoch keine Lösungsansätze für das öffentliche Gut Bildung. Denn mit jeder Entstaatlichung von Bildungseinrichtungen wird die im internationalen Vergleich ohnehin hohe soziale Selektivität weiter verschärft.

Der Trend, dass diejenigen, die über die nötigen sozialen und finanziellen Ressourcen verfügen, für ihre Kinder Privatschulen ansteuern, ist jedenfalls ungebrochen. Dabei sammeln sich unter dem breiten Dach der Privatschulen nicht nur klassische Internate wie die bundesweit bekannten Internatsgymnasien Schloss Salem und Schloss Torgelow, sondern insbesondere auch konfessionsgebundene Schulen, International Schools, Eliteschulen für Sport, Musik und Kunst sowie private Berufs-, Förder- und Waldorfschulen. Somit droht das Land der Dichter und Denker zum Staat der Stifter und Schenker zu werden – und damit Bildung zur Ware: Immer häufiger übernehmen private Nachhilfeanbieter wie Schülerhilfe, Studienkreis, abiturma oder der zur Zeit-Verlagsgruppe zählende Schülercampus die Schulbildung nach Unterrichtsschluss, und auch die Anbieter von Sprachreisen und Weiterbildungskursen wachsen rasant. Zwar lassen wechselnde Bundesregierungen seit vielen Jahren verlauten, dass Bildung die kostbarste Ressource sei, über die wir in unserem ansonsten rohstoffarmen Land verfügen, aber dennoch gibt der Bund mehr Geld für die Bundeswehr als für Bildung aus. Obwohl die Bildungshoheit den Ländern obliegt, symbolisiert diese Ausgabenpolitik die verfehlten politischen Schwerpunktsetzungen. So mangelt es vielen Hochschulen selbst zur Finanzierung ihres Alltagsbetriebs an ausreichenden Mitteln. Die Zahl der Studierenden hat sich an den 108 deutschen Universitäten und 304 Fachhochschulen im vergangenen Jahrzehnt beinahe verdoppelt, die Zahl der Professuren ist dabei mit derzeit 51 161 eindeutig unterproportional gewachsen, das heißt, die Betreuungsrelationen haben sich spürbar verschlechtert. Während die Bundesregierung kurzfristig ein Sondervermögen in Höhe von 100 Milliarden Euro für die Bundeswehr aufzusetzen vermag, verlieren sich die Bundesländer bei zentralen Reformvorhaben im föderalen Flickenteppich. Dass erfolgreiche Bundesländer als Blaupause für seit Langem abgehängte Bildungsschlusslichter dienen könnten, scheint niemand für möglich zu halten.

Getrieben von unseligen Schulformdebatten – in Talkshows, Sonntagsreden und Leitartikeln ebenso wie in Ministerien, Expertenkreisen und Schulen selbst –, wird seit Jahrzehnten viel Zeit und Papier für die Einführung von Einheits-, Gemeinschafts- und Schwerpunktschulen verschleudert. Als seien unsere Schulen nicht schon jetzt überfordert, wird nun Inklusion als im Prinzip begrüßenswerte Anti-Benachteiligungsvision mit Menschenrechtscharakter zur zentralen Herausforderung unserer Zeit erklärt. Auf die dafür erforderlichen institutionellen und personellen Voraussetzungen warten wir dabei seit Jahren. Dass durch die gemeinsame Beschulung aller Kinder – ob nun hochbegabt oder mit Förderschwerpunkt – Bildungsqualität verloren gehen muss, wenn man Inklusion vor allem als Sparprojekt betreibt, liegt auf der Hand. Und die seit Jahren insbesondere von den bildungspolitisch Verantwortlichen als Qualitätsmerkmal apostrophierte Heterogenität von Lerngruppen ist natürlich kein Garant für gelingende Bildungsprozesse. Zudem kommen alle einschlägigen Lehr- und Lernforschungsprojekte zu dem Schluss, dass Schulerfolg nicht primär von der Struktur des Schulsystems abhängt, sondern vielmehr vom Qualifikationsniveau der Lehrkräfte, von der methodisch-didaktischen Ausgestaltung des Unterrichts sowie von der gezielten Förderung leistungsstarker und -schwacher Schülerinnen und Schüler.

Systematische Verfehlungen gegenwärtiger Bildungspolitik

Aber nicht nur die institutionelle, strukturelle und finanzielle Schieflage von Kitas, Schulen und Hochschulen befördert den Niedergang der einstigen Gelehrtenrepublik. Er wird zum Teil auch durch diejenigen befördert, die das Bildungssystem personell verkörpern. Während in erfolgreichen Bildungsnationen wie Finnland die besten Absolventinnen und Absolventen eines Abiturjahrgangs den Beruf als Lehrkraft ergreifen, unterrichten an unseren Haupt- und Realschulen ehemals unterdurchschnittliche Abiturientinnen und Abiturienten sowie an vielen Gesamtschulen mehr als 50 Prozent der Kolleginnen und Kollegen fachfremd, das heißt, ohne dass sie das jeweilige Fach studiert hätten. Während in Zeiten der »Lehrerschwemme« zu Beginn der 1980er-Jahre kaum Lehrkräfte eine Anstellung fanden, übernehmen seit geraumer Zeit immer mehr Quer- und Seiteneinsteigende oder auch Lehramtsstudierende den Unterricht, insbesondere in chronischen Mangelfächern wie Physik, Chemie, Musik et cetera. Getreu dem Motto »Aus der Not eine Tugend machen« werden die Vorzüge dieser Einstellungspraxis und die angeblichen Stärken dieser zukünftigen Lehrpersonen beworben: Ähnlich wie Quereinsteigerinnen und -einsteiger in der Politik sollen sie durch externes Wissen und eine neue Perspektive dazu beitragen, mit viel Sachverstand und frischem Wind (Lern-) Erfolge herbeizuführen. An nahezu jeder Schule erteilen Bachelorstudierende nicht nur Unterricht, sondern vergeben auch versetzungsrelevante Noten, ohne über einen berufsqualifizierenden Abschluss zu verfügen. Die Deprofessionalisierung des Schulsystems und der damit verbundene Reputationsverlust des Lehrberufs sind die logischen Konsequenzen.

Zudem bringt eine übergroße Zahl von Lehrerinnen und Lehrern nicht in erster Linie ein fachliches Interesse am Beruf mit, sondern bestenfalls ein pädagogisches. Vielfach fußt die Entscheidung für den Beruf auf der Motivation, Arbeits- und Freizeit vereinbaren, Arbeits- und Wohnort zusammenfallen lassen und den auf Lebenszeit angelegten Beamtenstatus mit mehr als drei Monaten unterrichtsfreier Zeit verbinden zu können. Hinzu kommt, dass in keiner anderen akademischen Berufsgruppe der Krankenstand höher ist als unter Lehrkräften. Rund 30 Tage fehlen Lehrkräfte durchschnittlich pro Jahr krankheitsbedingt in den Bundesländern, die diesbezügliche Statistiken veröffentlichen. Zu dem hohen Krankenstand kommen großzügige Auszeit-, Teilzeit- und Ruhestandsregelungen wie das auf Antrag mehrfach gewährte Sabbatjahr, die fehlende Erfassung von Urlaubszeiten oder die Frühpensionierung, die drei von vier Lehrkräften in Anspruch nehmen.

Zugleich kümmern sich viele engagierte Lehrkräfte am Rande ihrer psychischen und physischen Belastbarkeit um das Wohlergehen der ihnen auf Zeit anvertrauten Kinder. Ausweislich einer Studie der Kooperationsstelle Hochschulen und Gewerkschaften der Georg-August-Universität Göttingen verstoßen relevante Teilgruppen hoch belasteter Lehrkräfte gegen gesetzliche Arbeitsschutznormen, indem sie regelmäßig mehr als 48 Stunden pro Woche arbeiten. Sie vertreten ihre krankgemeldeten, aber vielfach nicht wirklich erkrankten Kolleginnen und Kollegen, statt sich selbst in ärztliche Behandlung zu begeben. Sie zahlen die Klassenfahrt aus der eigenen Tasche, bieten leistungsschwachen Kindern nach dem Unterricht vor- und nachbereitende Unterstützung an und engagieren sich bis zur Selbstaufgabe in der Schulgemeinschaft, um das »Haus des Lernens« lebenswert zu machen. Sie leiden darunter, dass wir Schulen seit Jahrzehnten nicht so ausstatten, dass Erziehung und Integration von Heranwachsenden auch dann gelingen, wenn die Unterstützung durch die Eltern ausbleibt. In einem hoffnungslos unterfinanzierten System versuchen sie zu kompensieren, was die Institutionen nicht leisten. Sie reiben sich auf, obwohl sie wissen, dass Kinder aus sozial schwierigen Verhältnissen ohne den flächendeckenden Ausbau von Ganztagsschulen, ohne die Begleitung durch Sozialarbeiterinnen und -arbeiter und ohne einen besseren Betreuungsschlüssel auch weiterhin vernachlässigt werden, weil viele Eltern immer weniger Zeit und Kraft für ihre Kinder aufbringen können – oder wollen. Dieses institutionelle Umfeld lässt zunehmend auch diejenigen in die innere Emigration flüchten, die sich mit großer Schaffenskraft um unseren Nachwuchs kümmern wollen.

Verlässliche Bildungspolitik als präventive Sozialpolitik

Dass Bildungspolitik die beste Form präventiver Sozialpolitik ist, gerät fortlaufend in Vergessenheit. Dabei dürfte unmissverständlich klar sein, dass Bildung in einer Wissens- und Informationsgesellschaft zu einer zentralen Ressource sozialer Teilhabe und damit zugleich zu einer entscheidenden Variable sozialer Ungleichheit geworden ist. Begreifen wir (präventive) Sozialpolitik als das Versprechen, Bürgerinnen und Bürgern unabhängig von ihrem qua Geburt verliehenen Status den Zugang zu allen gesellschaftlichen Funktionssystemen zu eröffnen, dann muss – so der Sozialwissenschaftler Michael Opielka – »der Zugang zu Bildung als eine ihrer wesentlichen Aufgabenstellungen gelten«. Insofern könnte ein kostenfreies oder sogar individuelle Bildungsvorhaben bezuschussendes Bildungssystem nach skandinavischem Vorbild die Polarisierung unserer Gesellschaft überwinden helfen, und zwar nicht nur in kultureller oder akademischer Hinsicht, sondern auch mit Blick auf die sich vertiefende Spaltung der Gesellschaft in Arm und Reich, Jung und Alt, Eingewanderte und schon länger Ansässige, Stadt- und Landmenschen. Eine auf Bildung zielende Gesellschaft ist verloren, wenn sich gesellschaftliche Positionierungen nicht mehr aus individuellen Bildungsabschlüssen ableiten lassen, sondern soziale Herkunftseffekte maßgeblich sind.

Während Kinder aus bildungsprivilegierten Elternhäusern häufig schon vor der Einschulung lesen können, sind Grundschülerinnen und -schüler aus bildungsbenachteiligten Milieus vielfach noch nicht einmal in der Lage, einen Stift zu halten. Nach der jüngsten Ausgabe der TIMSS-Jugendstudie 2019 liegen Neuntklässlerinnen und -klässler aus sozioökonomisch benachteiligten Milieus bei mathematischen Kompetenzen etwa ein, im Bereich der Naturwissenschaften gar mehr als zwei Schuljahre hinter Klassenkameradinnen und -kameraden zurück, die in sozioökonomisch privilegierten Verhältnissen aufwachsen. Wenn dem Elternhaus die Mittel fehlen, Bücher zu erwerben, dem Haushaltssicherungsgesetz unterworfene Kommunen ihre Büchereien schließen und Schulen das Anleiten zum Lesen nicht wahrnehmen (können), ist ein Trend auszumachen, der die sich seit Jahren öffnende Schere zwischen Arm und Reich noch weiter auseinanderklaffen lässt. Längst löst die von der ehemaligen Bundeskanzlerin Angela Merkel (CDU) erstmalig 2008 proklamierte »Bildungsrepublik Deutschland« ihren Anspruch nicht mehr ein, (jungen) Menschen unabhängig von ihrer sozioökonomischen Herkunft Aufstiegs- und damit Verwirklichungschancen zu eröffnen.

Der Ausbau des Ganztagsschulsystems, der erwiesenermaßen den besten Hebel darstellt, um besser auf die individuellen Bedürfnisse der Schülerinnen und Schüler eingehen zu können, kommt seit Jahren nur schleppend voran. Der Offene Ganztag bedeutet heutzutage für gewöhnlich Unterricht am Vormittag mit anschließender Beaufsichtigung durch unzureichend qualifizierte und schlecht bezahlte Hilfskräfte. Wenn die Lehrkräfte um spätestens 14:00 Uhr verschwinden, um – bestenfalls – ihren Unterricht vor- oder nachzubereiten, übernehmen Ehrenamtliche oder freie Träger die Begleitung der Kinder. In den Ferien – immerhin rund einem Viertel des Jahres – läuft meist gar nichts. Notwendig aber wäre ein selbstverständlicher Ganztagsunterricht, in dem sich Lernen und Freizeit abwechseln. Nur so würde im Übrigen auch das für Eltern zermürbende Jonglieren zwischen Stunden- und Schichtplänen beendet. Und wie sollen Doppelverdienende mit einem individuellen Urlaubsanspruch von durchschnittlich 28 Tagen ihre Kinder während der mehr als zwölf Wochen Schulferien betreuen (lassen), wenn sie ihren Urlaub wenigstens teilweise gemeinsam verbringen wollen? Dieses selbst bei den PISA-Bildungssiegern existierende Problem gehört dringend in den Blick genommen.

Wie bereits die erste PISA-Studie aus dem Jahre 2000 belegte, hat die sozioökonomische Herkunft in keinem vergleichbaren Staat derart entscheidenden Einfluss auf den Schulerfolg wie hierzulande: Während im OECD-Durchschnitt 16,8 Prozent der Kompetenzunterschiede zwischen Jugendlichen auf die sozioökonomische Herkunft zurückgeführt werden können, sind in der Bundesrepublik 22,8 Prozent der Unterschiede bei den 15-Jährigen eben dadurch bedingt. Noch gravierender wirkt sich die sozioökonomische Herkunft hinsichtlich der Durchlässigkeit des Schulsystems aus. In Bayern beispielsweise hat eine Arzttochter eine fast siebenmal so große Chance, das Gymnasium zu besuchen, wie der Sohn einer arbeitslosen Verkäuferin – und dies bei vergleichbarem Leistungspotenzial. Mit dieser leistungsfeindlichen Stratifikation der Schülerschaft wird nicht nur eines der grundlegendsten Probleme des bundesdeutschen Bildungssystems seit Jahren nicht adressiert, sondern auch das für die Bundesrepublik einst konstitutive Aufstiegsversprechen konterkariert. Bildung taugt nicht als Wunderwaffe im Kampf gegen (Kinder-)Armut, kann aber Auswege bieten.

Der Leitsatz »Wer fordert, fördert« ist zunehmend verpönt. Getragen von der bei vielen Müttern und Vätern vorherrschenden Scheu, Leistung von ihren Kindern einzufordern, setzen auch immer weniger Lehrende auf Bildung durch Anstrengung. Bewährte Konzepte des fragend-entwickelnden und damit auf die Lehrperson zugeschnittenen Unterrichts werden durch »Methodenzauber« abgelöst. Die Vermittlung von Wissen tritt mehr und mehr in den Hintergrund. Diktate im Deutsch- sowie Vokabeltests im Fremdsprachenunterricht lassen heute allenfalls noch als Bildungsnostalgikerinnen und -nostalgiker belächelte oder als Frontalunterrichtsgläubige diffamierte Lehrkräfte schreiben. Antiquiert scheint den meisten Junglehrkräften das vermeintlich stumpfe Pauken von Vokabeln, zu aufwendig ist vielen die Korrektur. Die Einbeziehung von Schülerinnen und Schülern mit Behinderungen in das Regelschulsystem, die auf den Schulhöfen von Brennpunktschulen eskalierende Gewalt, das Schreiben nach Gehör als vermeintlich fortschrittliche Lernmethode für Grundschulkinder – dies sind nur einige Sollbruchstellen, die das hiesige Schulsystem als im permanenten Ausnahmezustand befindlich erscheinen lassen.

Angesichts der vielfältigen Bewährungsproben, die das Bildungssystem gegenwärtig zu bestehen hat, ist es ebenso nachvollziehbar wie berechtigt, dass das Thema Bildung in aller Munde ist. Kaum ein anderes gesellschaftspolitisches Thema erfreut sich einer derart dichten, breiten und anhaltenden Aufmerksamkeit. Nur folgen auf die Worte keine Taten und materialistische Notwendigkeiten werden zugunsten von glänzend klingenden Vorhaben in den Schatten gestellt. Dabei provozieren Bildungsthemen nicht nur angesichts der unbewältigten bildungspolitischen Aufgaben, sondern auch vor dem Hintergrund der eigenen Bildungsbiografie. Dass die Perspektiven auf Bildung auch aus diesem Grund sehr unterschiedlich ausfallen, darf aber nicht zu (weiterer) Tatenlosigkeit führen. Schließlich besteht auch große Einigkeit – zum Beispiel dahingehend, dass das Bildungssystem in allen Sektoren unterfinanziert ist, wir aber besser heute in Bildung investieren sollten, als morgen (junge) Erwachsene in Jobcentern zu betreuen. Nicht nur in linken, sondern gerade auch in konservativen Kreisen gibt es massive Vorbehalte gegenüber privatwirtschaftlichen Akteuren, die sich in Bildungskontexten ausbreiten. Und wenn immer mehr Menschen eine sich durch die Selektionsmechanismen des Bildungssystems weiter zerklüftende Gesellschaft ebenso fürchten wie die Reduktion von

Bildungsinhalten auf ihre berufliche Verwertbarkeit, muss auch diesen Entwicklungen schnell und entschlossen entgegengewirkt werden. Andernfalls droht nicht nur dem bundesrepublikanischen Bildungssystem der weitere Niedergang, sondern auch der Gesellschaft insgesamt.

2 »Humboldt adé« – oder: was wir heute Bildung nennen

Die Bedeutung von Bildung ist unbestritten – niemand will ungebildet sein. Bildung soll die Persönlichkeitsentwicklung fördern, ein erfülltes Leben ermöglichen, zum Erfolg auf dem Arbeitsmarkt verhelfen und zentrales Wissen an künftige Generationen weitergeben. Bildung verschafft uns nicht nur Unabhängigkeit und damit Eigenständigkeit, sondern soll auch Exklusion und Armut entgegenwirken. Gleichzeitig ist Bildung in unserer säkularisierten Wissensgesellschaft zu einem mächtigen Religionsersatz geworden, das heißt, bei zahlreichen individuellen und gesellschaftlichen Problemlagen wird Bildung nicht nur als Lösung, sondern gar als Erlösung begriffen. Was aber Bildung sein soll, wie viel wir davon brauchen und wie unser Bildungssystem bestmöglich gestaltet werden kann und soll – darüber herrscht nach wie vor keine Einigkeit.

Wer ist gebildet und was ist Bildung?

Lange Zeit wurde unter Bildung insbesondere literarische Bildung verstanden. Dabei war die Belesenheit eines Menschen nicht einfach damit erreicht, dass dieser viel las und viel wusste. Vielmehr ging es um einen »Literaturschatz«, der in den heutigen Curricula immer weiter marginalisiert worden ist. Immer seltener wird Friedrich Schillers *Glocke* rezitiert, Gottfried Kellers *Kleider machen Leute* diskutiert oder Platons *Politeia* analysiert. Dabei darf man annehmen, dass gebildete Personen solche sind, die Bücher lesen und sich durch ebendiese verändern. Schon immer ist Bildung geprägt durch die Familie, in die wir hineingeboren werden, die Region, in der wir aufwachsen, durch die Filme, die wir schauen, die Bücher, die wir lesen, und die Geschichten, die wir einander erzählen. Heutzutage wird Bildung zuvorderst als ein selbstbestimmter Prozess wahrgenommen, der Personen hervorbringt, die eigenständig – und vor allem mündig – denken und handeln können. Mündigkeit – nach Immanuel Kant die Fähigkeit, sich autonom seines eigenen Verstandes zu bedienen – steht im Zentrum des humanistischen Bildungsideals. Der gebildete Mensch ist sich der sozialen Konstruiertheit unserer Realität bewusst, die aus der Unterschiedlichkeit individueller Lebenserfahrungen entsteht – teils zufällig, teils bewusst evoziert. Durch den sprichwörtlichen Blick über den Tellerrand hinaus fördert Bildung die subjektive Erweiterung des Horizonts. Gebildete Menschen sind zur Empathie fähig (Stichwort: emotionale Intelligenz) und können andere Perspektiven auf Sachverhalte zulassen. Bildung befähigt damit zur kohärenten Gestaltung des eigenen Lebens, was wiederum bewirkt, dass individuelle Entscheidungen, wie auch immer sie ausfallen mögen, begründet getroffen werden können. Gesellschaftliche Normen können hinterfragt, anhand kulturell gewachsener Wertekataloge überprüft und schließlich adaptiert beziehungsweise abgelehnt und erwidert werden. Durch Bildung ist ein bewusstes Mitmachen und Funktionieren genauso möglich wie das aus der kritischen Auseinandersetzung mit Vergangenem und Gegenwärtigem resultierende Dagegen-Sein.

Auf Kritikfähigkeit zielende Bildung erprobt Skepsis gegenüber gesellschaftlichen Konventionen und ermächtigt zum Infragestellen und zu Widerspruch. Bildung zielt auf Orientierungswissen, das heißt auf Wissen, das zur lebensweltlichen Orientierung notwendig ist. Sie geht gerade im digitalen Zeitalter, in dem nahezu alles Wissen per Smartphone ständig abrufbar ist, über das lexikalische Ansammeln von Wissensbeständen hinaus. Bildung, die auf das Erkennen von Zusammenhängen und auf ganzheitliches Denken ausgerichtet ist, liefert damit eine Antwort auf den von Digitalisierungsprozessen getriebenen und bereits 1962 von Jürgen Habermas identifizierten *Strukturwandel der Öffentlichkeit* – und wirkt zugleich als Korrektiv. Gebildete Menschen treffen freie und autonome Entscheidungen, die zwar in gemeinschaftliche Kontexte eingebettet sind, aber bestenfalls frei von gesellschaftlichen Normativitätszwängen erfolgen und stattdessen von ethischen, sozialen und humanistischen Überlegungen geleitet werden.

Bildung fußt auf Neugierde. Das Verlangen, die Grenzen des eigenen Verstandes zu erweitern und die Welt für sich zu erschließen, ist Ausgangs-, Dreh- und Angelpunkt sämtlicher Bildungsprozesse. Alle Fachdisziplinen, die sich im Laufe der vergangenen Jahrhunderte und -zehnte herauskristallisiert haben, gehen auf die Neugierde von Menschen an bestimmten Punkten der Menschheitsgeschichte zurück. Neugierde ist damit der Schlüssel zur Bildung. Sie zu wecken und zu fördern bedeutet, Bildungsprozesse zu initiieren, und zwar unabhängig davon, ob sie auf natur-, ingenieurs-, geistes- oder sozialwissenschaftliche Phänomene zielen. Bildung ist zwar mit dem angestrebten Zustand des Gebildet-Seins verbunden, doch führt dieser Zustand immerfort zu weiteren Fragen, die abermals Bildungsanlässe schaffen. Bildung ist dabei schwer auf ein bestimmtes Ergebnis festzulegen. Bildung ist immer reflexiv, niemals absolut, immer offen, nie final.

Bildung braucht Sprache. Ihre Beherrschung zählt zu den grundlegenden Kulturtechniken der Menschheit und kann angesichts ihrer Vielschichtigkeit Türen öffnen oder aber verriegeln, geschweige denn überhaupt nicht zum Vorschein kommen lassen. Wer will ernstlich daran zweifeln, dass durch die Lektüre von Texten vermittelte Methoden-, Selbst- oder auch Sozialkompetenzen sinnvoll sind? Dass sich Lesen positiv auf einen breiten und differenzierteren Wortschatz auswirkt, ist ebenfalls unbestritten. Zudem konstruiert Sprache Wirklichkeit. Andersherum wirkt Bildung auf

Sprache, ist Sprache Aufgabe von Bildung. Sprachliche Fähigkeiten gelten gar als Ausweis eines gewissen Bildungsniveaus, es steht der Terminus der Bildungssprache im Raum.

Grundsätzlich erweitert Bildung das sprachliche Repertoire und ermöglicht eine treffsichere(re) Ausdrucksweise sowie präzise(re) Beschreibungen. Mittels Sprache können wir unser Inneres nach außen tragen und auch selbst einen differenzierteren Zugang zu diesem gewinnen. Wir können uns mit den Gedanken Anderer beschäftigen und so soziale, kulturelle oder sich anderweitig manifestierende Grenzen überschreiten. Eindrücklich illustriert dies der Literaturwissenschaftler Dietrich Schwanitz in seinem 1999 veröffentlichten Kompendium *Bildung. Alles, was man wissen muss*, in dem er die Leserinnen und Leser durch das »Haus der Sprache« führt. In diesem sei Bildung zu Hause, gleichzeitig forme es dessen Grundfeste und richte in Form unterschiedlicher sprachlicher Register die einzelnen Zimmer des Hauses ein. Deshalb führe der Königsweg zur Bildung über die Sprache.

Über Bildung können Menschen in die Gesellschaft integriert und gefördert werden. Bildung wird als Medium verstanden, mit dem Vorurteile und Diskriminierung abgebaut werden können. In der gesellschaftlichen Wahrnehmung verspricht Bildung sozialen Aufstieg und sichert die Berufsfähigkeit. Dies gilt es ebenso anzuerkennen wie die Tatsache, dass Bildungsversprechen keine allgemeingültigen Problemlöseversprechen sind. Wird Bildung als Allheilmittel begriffen, werden soziale Probleme zu Bildungsproblemen, die das Individuum lösen soll. Mit der allseits beliebten Assoziation von Bildung als Allheilmittel ist oftmals auch die Annahme verbunden, Bildung tauge als universelle Wunderwaffe im Kampf gegen Armut, Extremismus, Klimawandel und sonstige Fehlentwicklungen unserer Zeit. Dabei kann Bildung nicht das alleinige oder vorrangige sozialpolitische Werkzeug sein. So hat sich die vielzitierte Schere zwischen Arm und Reich trotz der in den 1970er-Jahren initiierten Bildungsexpansion immer weiter geöffnet. Kurzum: Bildung (allein) vermag es nicht, die Dynamik einer sich verbreitenden und verfestigenden sozialen Ungleichheit zu durchbrechen.

Verfehlter Trend in Richtung Praxis- und Berufsorientierung

Wurde der Bildungsprozess einst als Prozess verstanden, dessen nachhaltiger Widerhall viel Zeit erfordert, sollen nunmehr in immer kürzerer Zeit immer neue Abschlüsse erworben werden (können). Insbesondere auf Betreiben der Wirtschaftsverbände, die eine immer kürzere Verweildauer im Bildungssystem forderten, ist Bildung nicht nur Wirtschaftsgut, sondern auch Währung geworden. Bildungsauffassungen, die auf arbeitsmarkttaugliche Kompetenzen sowie greifbare Zertifikate zielen und den gesellschaftlichen Nutzen von Bildung betonen, sind an die Stelle klassischer Bildungsbegriffe und -ideale getreten. Längst haben gesellschaftliche Zwänge und Anforderungen die auf die Entwicklung des Individuums zielenden Bildungsanliegen kannibalisiert.

Betrachtet man die mit dem sogenannten Bologna-Prozess verbundene Verschulung der universitären Curricula oder die Einführung von G8 in einigen Bundesländern, so wird deutlich, dass das Verständnis von Bildung einen tiefgreifenden Wandel erfahren hat. Und nicht zuletzt mit der Digitalisierung von Bildung sind Wissen und Erfahrung als zentrale Säulen des Lernvorgangs ins Wanken geraten. Zugleich schwindet in besorgniserregender Weise die Wahrnehmung von Lernen als sozialem Prozess. Dabei ist klar, dass Bildung – vor allem die Persönlichkeitsbildung – ohne Mitmenschen und die Berücksichtigung der biografischen Sozialisation undenkbar ist. Ein am Individuum orientiertes Bildungskonzept kann allerdings nur dann gelingen, wenn Bildung sich nicht (länger) in Abhängigkeit von ökonomischen und sozialen Positionen innerhalb einer Gesellschaft befindet. Entsprechend müssten Verhältnisse geschaffen werden, in denen Bildung nicht als essenzieller Mechanismus zum Erlangen knapper Ressourcen und Lebenschancen fungiert, sondern von allen Menschen unabhängig von ihrer sozioökonomischen Herkunft in Anspruch genommen werden kann.

Wie Aladin El-Mafaalani in seinem 2020 veröffentlichten Bestseller *Mythos Bildung: Die ungerechte Gesellschaft, ihr Bildungssystem und seine Zukunft* anschaulich darlegt, gerät das Erkennen von Zusammenhängen, das Fällen begründeter Urteile, das Verinnerlichen einer kritischen Distanznahme und die Ausbildung von Reflexionsfähigkeit immer stärker unter Druck. So dominiert in Bildungspolitik und -administration derzeit ein Verständnis von Bildung, das auf ökonomische Verwertbarkeit ausgerichtet ist und damit einen warenförmigen Charakter annimmt. Bildungseinrichtungen sollen das liefern, was der Arbeitsmarkt verlangt: Employability statt Mündigkeit und Reflexion lautet das Credo. Im Humankapitalismus kennzeichnet sich der dominante Bildungsbegriff durch eine Reduzierung auf die ökonomisch nützlichen und wissenschaftlich messbaren Aspekte von Bildung.

Anzeichen einer Entwicklung hin zu einem auf Nutzbarmachung reduzierten Bildungsverständnis lassen sich auch in der Hochschule beobachten. Neben der innereuropäischen Vergleichbarkeit von Abschlüssen haben die Bologna-Reformen eine Verschulung des Studiums nach sich gezogen. Für das literaturbasierte Selbststudium und die organische Entwicklung intrinsischer Interessen bleibt kaum noch Raum und Zeit – im Übrigen insbesondere deshalb, weil die Studierenden aufgrund der sprunghaft angestiegenen Lebenshaltungskosten in den urbanen Ballungszentren immer mehr arbeiten müssen, um sich das Studium leisten zu können. Inzwischen besitzt das Abarbeiten eines vorgeschriebenen Pensums in möglichst kurzer Zeit – zumindest aber in der von Eltern regelmäßig eingeforderten Regelstudienzeit – Priorität. Wo das Abspulen eines verschulten Workloads dem instrumentellen Bildungsverständnis den Weg ebnet, haben es die unabdingbare wissenschaftliche Neugierde und das damit verbundene entdeckende Lernen schwer. Folglich geht unter den gegenwärtigen Lehr- und Lernbedingungen der emanzipatorische Gehalt des Mündigkeitsideals verloren. Es kann daher kaum verwundern, wenn sich Hochschullehrende in der ersten Sitzung der Vorlesungszeit vollumfänglich der Klärung von Fragen bezüglich des Erwerbs von Credit Points widmen müssen. Dass mittlerweile in erster Linie das Kriterium der Prüfungsrelevanz über die Intensität der Auseinandersetzung mit Lehrveranstaltungsinhalten entscheidet, stellt ein weiteres Symptom dieser Degeneration akademischer Bildung dar. Die Frage, inwieweit universitäre Prüfungen für das Berufsleben relevante Fähigkeiten überhaupt realistisch abbilden können, ist damit noch gar nicht gestellt. Dabei ist deren Beantwortung in Zeiten, in denen das KI-gestützte Abfassen von Seminararbeiten an der Eigenständigkeit der erbrachten Prüfungsleistung zweifeln lässt, noch sehr viel schwieriger geworden.

Aber herrscht nicht Einigkeit darüber, dass Bildung es den Lernenden ermöglichen soll herauszufinden, was in ihnen steckt, und zwar alles – sprich eine ganze Welt, nicht nur die Berufswelt? Dieser bewährte Gedanke steht im Widerspruch zu den jüngeren Entwicklungen unseres Bildungssystems. Die Stimmen, die nach einer stärkeren Praxis- und Berufsorientierung der Bildungspläne rufen, ertönen dabei nicht nur aus dem Lager der Arbeitgeberverbände. Auch für die meisten Politikerinnen und Politiker sind Bildungsfragen in erster Linie Fragen des Erhalts und der Schaffung von Arbeitsplätzen im internationalen Standortwettbewerb. Schülerinnen und Schüler sowie eine wachsende Zahl von Studierenden betrachten ihren Bildungsweg zuvorderst unter utilitaristischen Gesichtspunkten: Sie wollen Abschlüsse erlangen, um ihre berufliche (Ausgangs-)Situation zu verbessern. Schul-, Bildungs- und Wissenschaftsadministration haben diesem Verlangen nachgegeben. Die mittlerweile vielerorts revidierte Einführung von G8 und die Verschulung der universitären Curricula sind sichtbarer Ausdruck dieses neuen, leider verkürzten und die intrinsische Motivation verdrängenden Bildungsverständnisses.

Dem Diktat des Komparativs unterworfen, strebt das vom Soziologen Ulrich Bröckling so passend beschriebene »unternehmerische Selbst« einzig aus Selbstoptimierungsmotiven nach Bildung. Eine derart utilitäre Auslegung beobachtete bereits Max Weber. Für ihn war Bildung als Fachschulung Auswuchs und tragende Säule eines Systems mit bürokratischer Herrschaftsform und kapitalistischer Arbeitsweise. Fachgebildete Bürgerinnen und Bürger, die Dienst nach Vorschrift verrichten konnten, beschreibt er als essenzielle Bestandteile. Theodor W. Adorno kritisiert in seiner 1959 erschienenen *Theorie der Halbbildung*, dass an die Stelle des reflektierten Durchdringens von Wissensbeständen das zuvorderst auf Statuserhalt ausgelegte Zurschaustellen von Bildungsfragmenten durch entsprechende Zertifikate oder oberflächliche Informationsansammlungen getreten sei. Halbbildung stellt sich funktionalistisch als Mittel zum Zweck dar, lässt jedoch normative Tiefe vermissen und hat keinen Blick für weltliche Zusammenhänge.

Irrwege des Humankapitalansatzes

Der 2004 zum Unwort des Jahres gekürte Begriff »Humankapital« wurde in den 1960er-Jahren maßgeblich von Ökonomen der *Chicago School of Economics* popularisiert. Gary S. Becker, einer der führenden Köpfe dieser Denkschule, erklärt den Besuch von Bildungsinstitutionen zur Investition in sich selbst – genauer gesagt: in das eigene Humankapital. Seinem »ökonomischen Ansatz zur Erklärung menschlichen Verhaltens« zufolge müssen die aus Bildung resultierenden »Erträge« die »Kosten« übersteigen. Letztere entstehen demnach vor allem als Opportunitätskosten, also als Summe der entgangenen Arbeitseinkommen während der Bildungsphase. Dies gelte es in einer betriebswirtschaftlichen Kosten-Nutzen-Rechnung abzuwägen. Bildung wird einem unmittelbaren Verwertungszwang unterworfen. Ist dieser nicht gegeben, wird Bildung unrentabel.

So eingängig die ökonomistische Deutung von Bildung daher-
kommt, so verengt ist sie. Selbstverständlich kann und soll Bildung
zur Qualifizierung für den Arbeitsmarkt beitragen. Ihre Verwer-
tung in der Arbeitswelt ist sogar wünschenswert, wenn es sich in
einer solidarisch-reflektierten Arbeitsweise niederschlägt, die damit vielleicht zur Humanisierung des Arbeitsgeschehens beiträgt.
Es ist nicht verwerflich, Bildung auch als Investition in die eigene
berufliche Qualifikation zu begreifen. Problematisch aber wird es
dann, wenn Bildung ausschließlich als Triebfeder der Anhäufung
von Humankapital gedeutet wird, es somit zu einer Reduktion von
Bildung auf ökonomische Verwertbarkeit kommt. Zudem bricht
dieses Verständnis mit der vor langer Zeit etablierten Unterschei-
dung in Bildung und Ausbildung. Letztere sickert insbesondere in
Gestalt der beruflichen Ausbildung immer mehr in den allgemeinen Bildungsauftrag ein. Dem vormals in besonderer Weise der allgemeinen Persönlichkeitsbildung verpflichteten Bildungssystem
werden die Forderungen der Arbeitgeber übergestülpt. Wir laufen
Gefahr, dass das Primat der ökonomischen Anpassungsfähigkeit
die vormals von Mündigkeit und kritischem Urteilsvermögen be-
setzte Deutung von Bildung vollends verdrängt.

Dies zu verhindern und zu einem von Ganzheitlichkeit getrage-
nen Bildungsverständnis zurückzukehren, ist unter anderem deshalb so schwierig, weil kompetenz- und qualifikationsorientiertes
Unterrichten mit offensichtlichen Verwertungsmöglichkeiten auf
dem Arbeitsmarkt vielfach von den Lernenden selbst eingefordert
wird. Keine Lehrkraft kommt an der aus den Reihen der Schülerschaft aufgeworfenen Frage »Was bringt uns das?!« vorbei. In der
sich hierin äußernden Internalisierung eines funktionalen Bildungsverständnisses zeigt sich, wie wirkmächtig der über viele
Jahre platzierte Humankapitaldiskurs ist. Zusätzlich trägt das Gewicht des Narrativs einer vermeintlich meritokratisch organisierten
Marktgesellschaft dazu bei. Denselben Effekt hat die neoliberal geprägte Verantwortungsverschiebung in Richtung Individuum.

Die Konsequenzen eines derart auf Anwendbarkeit verengten Bildungsverständnisses zeigen sich dann beispielsweise darin, dass elementare geschichtliche Kenntnisse auf der Strecke bleiben. In einer Studie des Forschungsverbundes SED-Staat an der Freien Universität Berlin kommen die Autorinnen und Autoren zu dem Ergebnis, dass knapp 40 Prozent der befragten Schülerinnen und Schüler in der neunten und zehnten Jahrgangsstufe eklatante Probleme haben, die politischen Systeme der NS-Zeit, der DDR und der BRD anhand demokratischer Kriterien voneinander abzugrenzen. Dabei ist unsere Demokratie auf mündige Bürgerinnen und Bürger angewiesen, die sich an den die Gemeinschaft betreffenden Fragen beteiligen. Um es in den Worten des Staats- und Verfassungsrechtlers Ernst-Wolfgang Böckenförde, die als sogenanntes »Böckenförde-Diktum« in die Geschichte eingegangen sind, auszudrücken: »Der freiheitliche, säkularisierte Staat lebt von Voraussetzungen, die er selbst nicht garantieren kann.« Nur wenn Bürgerinnen und Bürger in der Lage sind, sich über öffentliche Belange zu informieren, daraus eigene Schlussfolgerungen zu ziehen und diesen wiederum Ausdruck zu verleihen, kann das demokratische System diesen immanenten Anspruch erfüllen. Das aufklärerische Ideal der Mündigkeit beinhaltet somit zugleich wichtige Aspekte einer demokratischen Bildung. Angesichts der Tatsache, dass die Demokratie in Deutschland aktuell an vielen Flanken herausgefordert wird, ist die (Re-)Vitalisierung demokratischen Bewusstseins umso wichtiger.

Selbst wenn man sich auf die effizienzorientierte ökonomische Perspektive einlässt, erscheint eine Verengung von Bildung auf Berufs- und Praxisorientierung bei Lichte betrachtet kurzsichtig, denn was hier vergessen wird, ist ein ehernes Gesetz: Je höher der Praxisbezug von Wissen, desto schneller veraltet es. Anders gesagt: Je allgemeiner und größer das Abstraktionsniveau, desto langlebiger der Kern. Dies gilt in einer Wirtschaft, die sich durch Digitalisierung und Klimawandel inmitten disruptiver Transformationsprozesse befindet, umso mehr. Welche konkreten Kompetenzen der Arbeitsmarkt in der Wirtschaft von morgen benötigen wird, lässt sich heute höchstens erahnen. Hinzu kommt, dass es nicht weniger inkonsistent ist, die Bedeutung von Bildung bei jeder sich bietenden Gelegenheit hochzuhalten, zugleich aber auf die praktische Verkürzung der Verweildauer in Bildungsinstitutionen hinzuwirken. Eine längere Bildungszeit lohne sich wegen der strukturellen und disruptiven Transformationen der Wirtschaft und der verkürzten Halbwertzeit des Wissens nicht – und ohnehin müssten wir in der Wissensgesellschaft unser Leben lang Lernende bleiben. So lautet die Argumentation in einer Zeit, in der das Konzept des lebenslangen Lernens nach wie vor weder institutionell noch individuell ausreichend verfangen hat.

Es bleibt dabei: Bildungsprozessen muss die Zeit eingeräumt werden, die sie im individuellen Fall brauchen. Der kritisierten Engführung von Bildung durch ihre utilitaristische Vereinnahmung ist ihr Eigenwert entgegenzustellen. Statt die Spirale eines stetigen Mehrs an Praxis- und Berufsbezug in allgemeinbildenden Einrichtungen fortzuführen, gilt es, den emanzipatorischen Kern von Bildung wiederzuentdecken. Um die prägenden Worte Wilhelm von Humboldts aus seinem 1809 verfassten *Bericht der Sektion des Kultus und Unterrichts an den König* aufzugreifen:

»Es gibt schlechterdings gewisse Kenntnisse, die allgemein sein müssen, und noch mehr eine gewisse Bildung der Gesinnungen und des Charakters, die keinem fehlen darf. Jeder ist offenbar nur dann guter Handwerker, Kaufmann, Soldat und Geschäftsmann, wenn er an sich und ohne Hinsicht auf seinen besonderen Beruf ein guter, anständiger, seinem Stande nach aufgeklärter Mensch und Bürger ist. Gibt ihm der Schulunterricht, was hierfür erforderlich ist, so erwirbt er die besondere Fähigkeit seines Berufs nachher sehr leicht und behält immer die Freiheit, wie im Leben so oft geschieht, von einem zum anderen überzugehen.«

Es mag nostalgisch anmuten und antiquiert klingen, aber eine Rückbesinnung auf ein klassisch-humanistisches Bildungsverständnis im Humboldt'schen Sinn ist zeitgemäßer denn je. Warum soll in einer Gesellschaft, der die explosionsartige Wissensvermehrung der vergangenen Jahre und Jahrzehnte ihren Stempel aufgedrückt hat, ohne Wissen auskommen? Dies gilt umso mehr, als die Etikettierung unserer Gesellschaft als Wissens- und Informationsgesellschaft trotz der Vielzahl soziologischer Gesellschaftszuschreibungen unstrittig ist. Natürlich kann die Schule – bei allen Diskussionen darüber, was in die Lehrpläne gehört und was nicht – lediglich einen Bruchteil des inzwischen weltweit verfügbaren Wissens vermitteln, aber der Anspruch darf sich doch nicht darin erschöpfen, dass Schülerinnen und Schüler lediglich lernen, sich selbstständig Wissen anzueignen. Selbstverständlich sollten im Unterricht – und natürlich auch im Studium – stets Räume eröffnet werden, in denen die Lernenden selbstständig ihren Bildungsprozess gestalten. Aber fundierte Allgemeinbildung hat nichts an ihrer Berechtigung verloren. Im Gegenteil: Sehr spezifisches Wissen und hoch spezialisierte Fähigkeiten können – bedingt durch den raschen technologischen und organisatorischen Wandel – schnell an Relevanz einbüßen. Obschon der Ruf nach mehr beruflicher Orientierung in Schulen und Hochschulen immer lauter wird, müssen wir ein ehernes Gesetz beherzigen: Selbst wenn junge Menschen Praktika absolvieren, darf es nicht nur um Einblicke in praktisch verwertbares und beruflich nützliches Wissen gehen. Es geht auch um die Erschließung allgemeingültiger – will heißen: transferfähiger – Erkenntnisse.

Abkehr vom Leistungsprinzip

Manche statistischen Entwicklungen fristen ein mediales Schattendasein – so etwa die Tatsache, dass sich die Klassenwiederholungen in den vergangenen 15 Jahren halbiert haben. Mussten im Schuljahr

2006/2007 noch 2,7 Prozent eines Jahrgangs die Klasse wiederholen, sank dieser Wert bis zum Schuljahr 2020/2021 auf 1,4 Prozent. Der Rückgang der Klassenwiederholungen mag zum einen volkswirtschaftlichen Erwägungen geschuldet sein, berechnete der Bildungsforscher Klaus Klemm doch einmal jährliche Mehrausgaben für Klassenwiederholungen in Höhe von 931 Millionen Euro. Doch der Rückgang der Klassenwiederholungen ist nicht nur Ausdruck einer paradigmatischen Wende im Bildungssystem in Richtung besserer Noten insgesamt. Hinzu kommt der inzwischen vielfach gewählte Schulwechsel, das heißt, Schülerinnen und Schüler werden auf eine andere Schulform »abgeschult«, wenn die Versetzung gefährdet ist beziehungsweise sich Problemlagen bei den in Lehrerzimmern vielfach breit diskutierten »schwierigen Fällen« häufen.

Gewaltige Noteninflation

Josef Kraus, bis 2017 30 Jahre lang Präsident des Deutschen Lehrerverbands, brachte dies in einem am 11. Januar 2019 in der Zeitschrift *Cicero* abgedruckten Beitrag auf den Punkt:

> »*Die Noten werden immer besser, aber die Leistungen werden immer schwächer. Oder verschleiernd mathematisch ausgedrückt: Quantität und Qualität verhalten sich mehr und mehr reziprok. Im Klartext heißt das: Die Noten werden deshalb immer besser, weil die Ansprüche immer niedriger und die Noten immer großzügiger werden. Es soll ja sogar Lehrkräfte geben, die sich öffentlich damit outen, dass sie ausschließlich gute Noten gäben – und damit ungewollt zum Ausdruck bringen, dass sie ihren Beruf total verfehlt haben oder ihm psychisch schlicht und einfach nicht gewachsen sind. Oder zumindest ein schräges Verhältnis zum pädagogisch (...) wichtigen Prinzip der Gerechtigkeit haben. Denn nichts ist so ungerecht wie die gleiche Behandlung Ungleicher, zum Beispiel auch ungleicher Leistungen. Vielleicht aber haben solche Lehrkräfte das Anspruchsniveau deshalb zuvor so weit heruntergefahren, dass nur noch Bestnoten möglich sind.*«

Der hinter den zugegeben polemisch anmutenden Überlegungen stehende Trend ist einfach zu prognostizieren: Wenn künftig alle ein Einser-Abitur ablegen, erwirbt letztlich keiner mehr ein »sehr gutes« Abitur. Dann nämlich wandelt sich das nach wie vor verfolgte Ziel gymnasialer Bildung, nämlich Studierbefähigung zu vermitteln, in das Ziel, Studierberechtigungen zu erteilen.

Dabei ist die Tendenz zur Vergabe besserer (Abschluss-)Noten sowohl im sekundären als auch im tertiären Bildungsbereich erkennbar: Lag die durchschnittliche Abiturnote 2007 noch bei 2,64, stieg sie im Jahr 2021 auf 2,35 an. Dabei lagen 30,4 Prozent der Abiturnoten im Schuljahr 2020/2021 zwischen den Noten 1,0 und 1,9. Auffallend ist die hohe Diskrepanz unter den Bundesländern: So betraf es in Rheinland-Pfalz 23 Prozent der Abiturnoten und in Thüringen 45 Prozent. Neben dem Vergleich auf Länderebene ist die Betrachtung nach Schulformen interessant. Gymnasien weisen über alle Fächer hinweg bessere Ergebnisse als Gesamtschulen auf. Dabei liegt die Differenz zwischen einem und 1,5 Punkten. Besonders signifikant ist der Anstieg des Notenniveaus in gesellschaftswissenschaftlichen und sprachlichen Schulfächern. Im Leistungskurs Erdkunde beispielsweise entwickelte sich das Notenniveau von 7,6 Punkten im Jahre 2007 auf zuletzt 9,3 Punkte.

Trotz diagnostizierter zyklischer Schwankungen mit Plateauphasen ist die Noteninflation auch an Hochschulen zu beobachten. Dort hat sich der Anteil von Absolvierenden mit den Noten »gut« oder »sehr gut« von 2000 bis 2024 um 9,2 Prozentpunkte auf rund 80 Prozent erhöht, das heißt, vier von fünf Studierenden schließen ihr Studium mit einer der beiden bestmöglichen Noten ab. Diese Notenverbesserung setzte bereits in den 1960er-Jahren ein, angesichts beträchtlicher Disparitäten lohnt aber ein differenzierter Blick: Während in den Rechtswissenschaften keine wirklichen Veränderungen des Notenniveaus erkennbar sind, hat sich die Durchschnittsnote im Studiengang »Deutsch auf Lehramt« in den letzten 60 Jahren um mehr als eine ganze Note verbessert. Diese

Noteninflation ist zu beobachten, obwohl die Leistungen immer schlechter werden.

Verzicht auf Anstrengung

Dabei sind verschiedene Erklärungsansätze für das gestiegene Notenniveau denkbar. Wurden die Gegebenheiten in den Bildungseinrichtungen gegebenenfalls dahingehend verbessert, dass die Lernenden bessere Voraussetzungen vorfinden? Dies kann leider unverändert nicht angenommen werden, hat sich die räumliche und personelle Ausstattung der Schulen doch trotz einiger »Leuchttürme« auch aufgrund der klammen Kassen der Kommunen und Länder nicht verbessert. Lässt sich eine bessere individuelle Förderung der Lernenden – etwa durch einen verbesserten Personalschlüssel – erkennen? Auch diese Frage muss trotz eines gewachsenen Bewusstseins für die Individualität der Lernenden verneint werden, hat sich die Lehrenden-Lernenden-Relation doch zunehmend verschlechtert, indem die maximalen Klassengrößen immer weiter heraufgesetzt wurden. Oder ist womöglich eine höhere Lernbereitschaft der Studierenden sowie der Schülerinnen und Schüler zu diagnostizieren? Kein empirischer Befund erlaubt eine Argumentation in diese Richtung – erst recht nicht seit der im Frühjahr 2020 über uns hereingebrochenen Corona-Krise. Es bleibt also nichts anderes übrig, als davon auszugehen, dass das Leistungsniveau der Lernenden – zumindest näherungsweise – gleich geblieben ist, die Anforderungen aber gesunken sind. Folglich ist das Notenniveau in Relation zu dem der Leistung unbegründet gestiegen, sodass von einer Noteninflation gesprochen werden muss. Plakativ gesprochen: Heutzutage wird das Maßband einfach bei zehn Zentimetern angelegt statt am Boden, sodass alle plötzlich größer sind, ohne gewachsen zu sein.

Wie das gelingt? Schleswig-Holstein etwa hat zum Schuljahresbeginn 2024/2025 als vorletztes Bundesland den sogenannten Fehlerquotienten im Deutschunterricht abgeschafft. Bislang erhielten Schülerinnen und Schüler nur noch die Note »gut«, wenn auf 149 Wörter ein Rechtschreibfehler zu finden war; bei einem Rechtschreibfehler auf 99 Wörter konnte die Note bestenfalls »befriedigend« lauten. Die Entscheidung der Kieler Landesregierung fällt mit einer allgemeinen Entwicklung zusammen, die zunächst im angelsächsischen Raum und seit den 2000er-Jahren ebenso in Deutschland als »Noteninflation« diskutiert wird. Das (redliche) Bemühen darum, kein Kind ohne Schulabschluss abgehen zu lassen, hat dazu geführt, dass viele Jugendliche, die selbst grundlegende Schreib-, Lese- und Rechenfähigkeiten vermissen lassen, dennoch einen Abschluss erhalten. Das zeigt die teilweise absurde Bewertungspraxis. Auch deshalb schlägt an den Hochschulen eine wachsende Zahl von Abiturientinnen und Abiturienten auf, die ausweislich ihrer Zeugnisse Leistungsträgerinnen und -träger sind, tatsächlich aber intensive Vorbereitungskurse in Mathematik, Physik und verschiedenen Fremdsprachen besuchen müssen, um in ihrem angewählten Studienfach überhaupt studierfähig zu werden.

Ihren Ausdruck findet die Harmonisierung des Leistungsspektrums über die in vielen Bundesländern eingeführte Sekundarschule, an der neben dem Mittleren Schulabschluss auch das Abitur erworben werden kann. Durch die Leistungsspanne, die vom halben Analphabeten bis zur intellektuellen Überfliegerin reicht, werden nicht nur viele Lehrkräfte überfordert, sondern auch viele Schülerinnen und Schüler. Vor allem aber führt die Koexistenz von Gymnasien auf der einen sowie Sekundar- und Gesamtschulen auf der anderen Seite dazu, dass die Mehrheit der Eltern ihre tatsächlich oder jedenfalls in ihrer Wahrnehmung gymnasialtauglichen Kinder auf ebenjene »Gelehrtenschule« sendet, sodass das Leistungsniveau an Gesamtschulen in der Regel niedriger ist. Bezeichnenderweise wählte der für den flächendeckenden Aufbau von Gesamtschulen in Nordrhein-Westfalen verantwortliche langjährige NRW-Ministerpräsident und spätere Bundespräsident Johannes Rau (SPD) für seine drei Kinder das Gymnasium.

Abgesehen von den doppelten Standards, die hier zum Vorschein kommen, ist erkennbar, dass Gesamtschulen offenkundig nach wie vor nicht die Qualität liefern, die sich ihre Befürworterinnen und Befürworter erhofft haben. Das an Gesamtschulen prominent praktizierte eigenverantwortliche Lernen, das der individuellen Förderung bei einer zugleich sehr heterogenen Schülerschaft Rechnung tragen soll, überfordert insbesondere schwächere Schülerinnen und Schüler. Somit steht die Frage im Raum, warum die Landesregierungen, die sich für den flächendeckenden Ausbau des Gesamt- und Sekundarschulsystems aussprechen, diese nicht besser ausstatten, um den eigens formulierten Anspruch einer »Schule der Vielfalt« bestmöglich einzulösen. Gerade dann, wenn Bildungspolitikerinnen und -politiker die Erwartung äußern, dass unser Schulsystem nicht nur Bildungsgleichheit, sondern gesellschaftliche Gleichheit befördern soll, muss die größere Heterogenität der Schülerschaft dementsprechend größere Budgets als in einer reinen Gymnasiallandschaft nach sich ziehen. Stattdessen dümpelt das zergliederte Schulsystem im föderalen Flickenteppich vor sich hin.

Vor dem Hintergrund der fehlenden Ausschöpfung des Notenspektrums sollten wir erkennen, dass das Gegenteil von »gut« allzu oft »gut gemeint« ist. So hat Stefan Zweigs Definition von für formalisierte Lernprozesse unerlässlichen Tugenden bis zum heutigen Tag nichts von ihrer Gültigkeit verloren: »Geistige Bildung braucht Ernst, Ehrfurcht, Mühe und Nachdenklichkeit.« Aber Disziplin, Fleiß und Zuverlässigkeit werden immer häufiger ausschließlich als Ausdruck autoritär angelegter Lehr- und Lernarrangements wahrgenommen. Als bürgerliche Tugenden sind diese übergeordneten Lern- und Erziehungsziele heutzutage mehrheitlich verpönt, sodass Eltern und Lehrkräfte immer seltener die für erfolgreiche Lernprozesse unverzichtbare Anstrengung einfordern. Vergessen scheint die Einsicht, dass Lernen nicht nur dem Vergnügen dient.

Das sinnentnehmende Lesen eines Sachtextes, das regelmäßige Bimsen von Vokabeln, das systematische Einüben einer Grammatikregel oder die schlüssige Herleitung eines mathematischen Beweises mögen als stupide empfunden werden. Aber Intuition und Emotion können bei den meisten von uns das hartnäckige Lernen nicht ersetzen. Ein Forscherteam der Universitäten Tübingen, Houston und Illinois konnte 2018 nicht nur darlegen, wie wichtig Lerneinstellungen für den Bildungserfolg sind, sondern zugleich ihre prägende Kraft mit Blick auf den beruflichen Werdegang – und zwar unabhängig von der Intelligenz der Schülerinnen und Schüler sowie vom Bildungsstand der Eltern: »Das Beeindruckende an diesem Ergebnis ist, dass unser Verhalten einen Einfluss darauf hat, was aus uns wird, und nicht nur, weil wir von der Natur oder unseren Eltern ausgestattet wurden«, so die Erstautorin der Studie, Marion Spengler.

Obwohl diejenigen, die nicht wissen, wo sie hinwollen, leicht dort hingelangen, wo sie nicht hinwollen, stehen jüngere Bildungskonzepte immer häufiger unter der Überschrift »Autonomes Lernen« beziehungsweise »Offener Unterricht«. Kinder und Jugendliche sollen frei und unabhängig, das heißt, ohne eindeutigen Instruktionen folgen zu müssen, spielen und lernen können. Statt autoritärem Frontalunterricht mit der Lehrkraft im Zentrum sollen eindeutig die Lernenden im Mittelpunkt des Geschehens stehen und eigenständig, das heißt auch in ihrem Tempo, lernen. Doch an der Umsetzung hat es bislang gehapert, denn jeder von uns, der eine Fremdsprache gelernt, für eine Mathearbeit geübt oder eine Englischklausur geschrieben hat, weiß, wie ungemein herausfordernd die eigenverantwortliche Gestaltung des Lernprozesses ist. Es ist eine Binsenweisheit, dass wir im Zuge von Bildungsprozessen nicht Wissen erwerben, sondern auch lernen müssen zu lernen. Das aber ist ein komplexes Unterfangen, das Schritt für Schritt erschlossen werden muss.

Erzeugung labiler Menschen

Zahlreiche Psychologinnen und Psychologen weisen darauf hin, dass die Lernenden mit offenen Lernkonzepten zwar zur Selbstbestimmung erzogen werden, nicht aber zur Selbstständigkeit. Klassen ohne feste Sitzordnung, in denen die Kinder in Tischgruppen zusammensitzen, oder Lerntheken, an denen sich die Schülerinnen und Schüler selbst ihre Aufgaben zuzüglich passender Materialien heraussuchen, sind sichtbares Ergebnis dessen, was neuzeitliche Bildungszugänge eröffnen. Das gilt auch für die in den Lehrplänen vieler Schulen verordnete Abschaffung der Schreibschrift, die Grundschulkinder auf das Schreiben in Druckbuchstaben verpflichtet. Auch die inzwischen weit verbreiteten Formen der Selbstbeurteilung, die von den Lehrkräften anstelle von Schulnoten praktiziert wird, sowie die immer wieder angestellte Überlegung, die Hausaufgaben abzuschaffen, sind en vogue.

Die konstante Vergabe guter und sehr guter Noten mag auf den ersten Blick menschlich wirken, weil damit kurzzeitige Motivationsschübe – insbesondere zugunsten leistungsschwacher Schülerinnen und Schüler – verbunden sein können. Tatsächlich aber überwiegen die Nachteile, wenn wir Misserfolge ignorieren und durch eine Aufweichung der Bewertungskriterien zu Erfolgen erklären. Letztlich erzeugen wir auf diesem Wege wenig widerstandsfähige und demotivierte Menschen, die weder mit ihren eigenen Misserfolgen noch mit den Erfolgen anderer umgehen können. Sie verinnerlichen, dass Erfolg auch ohne Leistung, das heißt auch ohne Anstrengung, kommen kann. »Hinfallen, aufstehen, Krone richten, weitergehen«, heißt der bekannte Postkartenspruch. Lernen Kinder aber nicht, nach Misserfolgen wieder aufzustehen, gewöhnen sie sich an ein Leben in der Komfortzone. Dort verharren sie. In die Wachstumszone kommen sie erst gar nicht. Die Analogie mit einer Pflanze, die immer im Gewächshaus war, um vor Sonne, Wind und Schädlingen geschützt zu werden, in der freien Natur dann aber nicht überlebt, drängt sich auf. Ähnlich geht es vielen

Jugendlichen, die nach dem Schul- oder Hochschulabschluss auf den Arbeitsmarkt treten, diesen dann aber nicht nur als fordernd, sondern als durchweg überfordernd wahrnehmen.

Und dennoch lassen wir uns allzu häufig von der Annahme verleiten, dass wir Kindern etwas Gutes tun, wenn wir jede Art von Herausforderung und jede Gefahr des Scheiterns von ihnen fernhalten. Das fängt bei Eltern an, die ihr Kind täglich für Selbstverständlichkeiten feiern. Es geht weiter über Erziehungsberechtigte, die ihr Kind nicht fordern, weil sie ihm jeden Druck ersparen wollen. Und es endet in der Vorgabe, dass es bei Bundesjugendspielen in den Grundschulen keinen Wettkampf mehr geben darf. Kinder könnten traumatisiert werden, wenn sie dort weniger Erfolg haben als andere und lediglich eine Teilnehmerurkunde erhalten. Wenn wir aber davon ausgehen, dass ein Kind dadurch traumatisiert wird, dass es bei einem Wettbewerb nicht zu den Besten gehört, dann ist schon jenseits des Sports einiges falsch gelaufen. Es gibt zumindest massive Defizite bei der Resilienz, die sich unter anderem in (fehlender) Frustrationstoleranz ausdrückt. Letztlich steht die Abschaffung der Bundesjugendspiele nach einstigen Vorgaben sinnbildlich für bildungspolitische Vorgaben, die die Standards immer weiter absenken. Wir verlangen jungen Menschen immer weniger ab und erlauben ihnen zugleich immer mehr.

Weil gerade auch im linksliberalen Milieu davon ausgegangen wird, dass mit einer Vielzahl (sehr) guter Noten soziale Herkunftseffekte nivelliert werden könnten, muss auf die systematische Verstärkung sozialer Herkunftseffekte durch die gleichzeitige Anhebung und Nivellierung von Noten hingewiesen werden. So werden Studien- oder Arbeitsplätze vielfach nicht mehr mit den am besten geeigneten Personen besetzt, sondern im Schatten indifferent gewordener Noten mit Personen, die aufgrund ihrer sozial privilegierten Herkunft habituell als passfähig wahrgenommen werden. Gleichzeitig birgt die Noteninflation insbesondere bei leistungsstarken Personen die Gefahr eines Produktivitätsgefälles. Um eine (gute) Note zu erhalten, muss weniger Leistung gezeigt werden beziehungsweise wird weniger Leistung erwartet. Unter der Inflationierung von Noten leiden also nicht nur diejenigen, die im Einklang mit dem Leistungsprinzip sozial aufsteigen wollen, sondern auch jene, die Bestnoten erreichen, dabei aber getreu dem Motto »Ein gutes Pferd springt nur so hoch, wie es muss« auf die Erbringung bestmöglicher Leistungen verzichten. Der Ausverkauf des Leistungsprinzips mittels Noteninflation und fehlender Ausschöpfung der Notenskala muss endlich sowohl als belastender Hemmschuh für Bildungsanstrengungen wie auch als schreiende (Bildungs-)Ungerechtigkeit begriffen werden. Wir müssen die Unterschiede in Bildungserfolgen nicht nur ertragen, sondern zum Anlass nehmen, Noten um differenzierte Feedbacks zu ergänzen. Dies verspricht die besten Effekte.

Das Kind als »Erfolgsfaktor«

Ob musikalische Früherziehung, Mal-, Literatur- und Theaterkurse am Nachmittag oder Sprachreisen während der Schulferien – immer mehr bildungsambitionierte Eltern investieren in die Bildung ihrer Kinder, um die Defizite staatlicher Bildungseinrichtungen auszugleichen. Sie wissen um die Prägekraft des Elternhauses mit Blick auf die sich bei ihren Kindern entwickelnden Haltungen und Lebensweisen. Gleichzeitig lässt ihnen die vielerorts gängige, unter ökonomischen Gesichtspunkten gebotene doppelte Erwerbstätigkeit nur unzureichend Zeit, sich ihren Kindern mit voller Aufmerksamkeit zu widmen. Die nicht nur aus den beruflichen Anforderungen erwachsenden Defizite in der Kinderbetreuung sollen durch Kita und Schule ausgeglichen werden. Doch in beiden Bildungseinrichtungen herrscht chronischer Personalmangel. Vielerorts sind die Lernanstalten zu Verwahranstalten verkommen.

Weil die Bildungsweichen in Deutschland durch den in den meisten Bundesländern üblichen Wechsel auf die weiterführende Schule nach der vierten Klasse (zu) früh gestellt werden, hat das Engagement der Eltern zu Beginn der Bildungslaufbahn besondere Bedeutung. Da unser Bildungssystem starke sozioökonomische Separierungseffekte mit institutioneller Benachteiligung aufweist, steigert eine frühe Anhäufung von Bildungsvorteilen – etwa durch gezielte Frühförderung – die Aussichten auf (spätere) Bildungserfolge. Im Bewusstsein um die gravierenden institutionellen Defizite der staatlichen Kitas und Schulen weiten bildungsambitionierte Eltern die Lern- und Bildungsräume ihrer Kinder inzwischen bis in die frühkindliche Phase aus. Sie betrachten »freies Spielen« schon während der Vorschulphase in der Kita als vergeudete Zeit, weil ihre Zöglinge stattdessen auch zielgerichtet Mathematik oder Englisch lernen könnten. Sie mögen verkennen, welche Bedeutung Eigeninitiative für das Lernen des Lernens hat, aber sie haben erkannt, dass der soziale Aufstieg nicht nur von finanziellen Mitteln, sondern auch vom kulturellen Kapital abhängt.

Mittelschicht im Wettlauf um Zukunftschancen

Um sicherzustellen, dass ihre Kinder als *working citizens* in einer globalisierten Welt bestehen können, verwandeln immer mehr Eltern die »Entwicklungskindheit« in eine »Bildungskindheit«. Dabei richten sie ihre Lebensgestaltung – sofern möglich – auch finanziell danach aus. Rund 150 000 Euro geben Eltern heutzutage allein bis zum 18. Lebensjahr ihrer Kinder für diese aus, wobei die indirekten Kosten wie zum Beispiel die Mehrkosten für eine größere Wohnung oder für den mit reduzierten Arbeitszeiten verbundenen Verdienstausfall der Eltern darin noch gar nicht enthalten sind. Entscheidet sich das Kind auch noch für ein Studium, belaufen sich die elterlichen Ausgaben spielend auf bis zu 250 000 Euro. Mit steigender Kinderzahl erhöhen sich die Kosten dann auch relativ. Während ein Einzelkind 21 Prozent aller Konsumausgaben der

Eltern verbraucht, machen zwei Kinder ein Drittel der Kosten aus; für drei Kinder investieren Eltern im Durchschnitt 41 Prozent ihrer gesamten Ausgaben. Wie breit gestreut die in den Familien verfügbaren Mittel sind, belegen Daten des Bundesamts für Statistik: Während die einkommensschwächsten zehn Prozent der Bevölkerung 424 Euro pro Monat für ein Einzelkind ausgeben, verausgaben die einkommensstärksten zehn Prozent mit 1 212 Euro beinahe dreimal so viel.

Diese ökonomische Schieflage hindert sozial schwache Familien ebenso daran, die Bildungsansprüche ihrer Kinder zu erfüllen wie die in Ermangelung einer flächendeckenden Ganztagsbetreuung auseinanderklaffenden Lebens- und Erziehungsstile. So verbringen Kinder aus sozial benachteiligten Familien in der Regel mehr eigenständig organisierte Zeit mit Freundinnen und Freunden auf dem Spiel- und Bolzplatz, im Freizeit- und Jugendheim oder im Frei- und Hallenbad. Sozial privilegierte Eltern hingegen nehmen weitaus mehr Einfluss auf die Freizeitplanung ihrer Kinder, die sie nicht selten als bildungsbiografische Ergänzung zum Schul- und Kitaalltag deuten. Freizeitangebote wie Sport-, Musik- und Theaterunterricht sind vielfach schulgleich organisiert, sodass Kinder mitunter schon vor Beginn ihrer Schulzeit einen Habitus entwickeln, der dem der schulischen Lernwelt ähnelt, wenn nicht gar gleicht. Kinder aus privilegierten Elternhäusern, die diese Angebote überproportional häufig in Anspruch nehmen, müssen infolgedessen weniger Anpassungsleistungen erbringen, was sich positiv auf die Anschlussfähigkeit im (Pflicht-)Schulkontext und damit auf den schulischen Leistungserfolg auswirkt.

Wahrgenommene Unsicherheiten treiben auch immer mehr Mittelschichtfamilien dazu, entwicklungsfördernde Aktivitäten, die vormals nur von Familien aus der Oberschicht in den Blick genommen wurden, in den Alltag ihrer Kinder zu integrieren. Die Furcht vor dem eigenen Statusverlust sowie die Sorge um die ausbleibenden Erwerbschancen des Kindes sind die maßgeblichen Treiber für die teils exzessive Orientierung auf frühkindliche Förderung. Dabei korreliert der Trend mit dem sozioökonomischen Status der Eltern: je höher deren Status, desto mehr (Über-)Involviertheit und (Über-) Behütung, sodass die private Bildungsförderung, die zumeist schon vom Kindergarten an Platz greift, die bestehende Schieflage im Bildungssystem verschärft. Dies gilt insbesondere dann, wenn die Frühförderung vornehmlich durch die Familie – sprich: privat statt durch die Gesellschaft, so zum Beispiel über öffentliche Kindertagesstätten – erfolgt. Dabei setzen sie nicht nur auf ein umfangreiches Unterstützungssystem bei der Bewältigung schulischer Aufgaben, sondern strukturieren zugleich die Freizeitgestaltung ihrer Kinder, die somit zur verlängerten Schulbank wird.

Familien, die über die entsprechenden finanziellen Ressourcen verfügen, nehmen zudem häufiger Nachhilfeunterricht für ihre Sprösslinge in Anspruch – ganz zur Freude der entsprechenden Branche, verzeichnet diese doch allein in Deutschland Jahresumsätze von über einer Milliarde Euro. Für besagte Familien fungiert der außerschulische Unterricht als kostengünstigere Alternative zu Privatschulen, in deren Rahmen dennoch die individuelle Förderung der Kinder gewährleistet werden kann. Auch hier betrachten die Eltern die durch private Nachhilfe entstehenden Kosten als Investment in den zukünftigen sozialen Status des Kindes: die (spätere) Besserstellung durch Bildungserfolge. Ist gerade einmal keine Nachhilfe verfügbar, nehmen sich manche Eltern kurzerhand »Klausurlaub«, um ihre Zöglinge auf die nächste Klassenarbeit vorzubereiten.

Ein Motiv für die immer stärkere außerschulische Förderung in sozioökonomisch privilegierten Milieus stellt dabei der Umstand dar, dass mit der Bildungsexpansion eine Entwertung von (staatlichen) Bildungszertifikaten einhergeht. Gute Schulnoten allein werden nicht mehr als Garant für die Statussicherung oder den sozialen Aufstieg über Erwerbsarbeit wahrgenommen. Im weiteren Bildungsverlauf folgt die Anbahnung von (bestenfalls internationalen) Praktika, Studienaufenthalten an (bestenfalls renommierten) ausländischen Hochschulen oder Freiwilligendiensten in aller Welt, die im Kontext einer wachsenden Zahl von international ausgerichteten akademischen Berufsfeldern inzwischen geradezu obligatorischen Charakter haben. Diese vorberuflichen Erfahrungen, die sich als transnationale Kompetenzen lesen lassen, stellen inzwischen unverzichtbare Ressourcen dar, die es den Heranwachsenden ermöglichen, sich auch auf dem internationalen (Arbeits-) Markt beweisen zu können. Dabei ist die Umsetzbarkeit dieser Internationalisierungsstrategie nicht ausschließlich von den finanziellen Ressourcen der Eltern abhängig. So lässt sich der Auslandsaufenthalt des Kindes auch dann einfacher organisieren, wenn die Eltern selbst über sogenanntes »transnationales Humankapital« verfügen, das heißt, sie die Verfahren, Prozesse und Strukturen von Auslandsaufenthalten so gut kennen, dass sie ihren Sprösslingen mit Rat und Tat zur Seite stehen zu können.

Individuelle »Verhätschelung« als Fehlprogramm

Zweifelsfrei engagieren sich die meisten Eltern nach bestem Wissen und Gewissen für ihre Kinder. Immer wieder aber treiben Erziehungsberechtigte ihr Engagement auf die Spitze, indem sie sich als überfürsorgliche »Helikopter-« oder »Curling-Eltern« der permanenten Beobachtung, Behütung und Gängelung ihrer Kinder verschreiben. Aus Angst vor pädagogischem Kontrollverlust, im Wissen um die Bedeutsamkeit eines förderlichen sozialen Umfelds und beseelt von akademischen Ambitionen puschen Eltern ihre Kinder in die von ihnen favorisierte Richtung. Passt die neu gewonnene Schulfreundin nicht, wird auf eine Kontaktreduktion hingewirkt. Stattdessen werden passendere Freunde angeworben. Stößt die Sportnote nicht auf Zustimmung, wird die verantwortliche Lehrkraft durch Anrufe, Mails und Einzelgespräche im Nachgang des Elternabends über das vermeintlich unentdeckt gebliebene Leistungsvermögen des Kindes belehrt.

Schon während der Grundschulzeit, wo für gewöhnlich noch keine Eskapaden der Kinder zu erwarten sind, zeigen sich manche Mütter und Väter überrascht, wenn sie erfahren, dass sie nicht nur die Klassenfahrt nicht begleiten dürfen, sondern auch eine Einquartierung in unmittelbarer Nachbarschaft der Jugendherberge unerwünscht ist. Und steht für Teenager die erste Party an, gilt es, den für die Veranstaltung vorgesehenen Raum auf etwaige schändliche Personen oder schädliche Substanzen zu untersuchen – wenn das Kind denn überhaupt teilnehmen darf. Ähnliche Verhaltenszüge zeigen Curling-Eltern. Die ursprünglich aus Dänemark stammende Bezeichnung beschreibt den Umstand, dass Eltern alle (potenziellen) Hindernisse für die Zöglinge aus dem Weg räumen – gleich so, wie es beim Eisstockschießen der Fall ist. Statt Tipps zu geben, wie man ein Referat sinnvoll gliedert, suchen Curling-Eltern gleich passende Quellen heraus, strukturieren die Inhalte, bieten Formulierungshilfen oder schlagen Überschriften vor.

Wesentliche Entscheidungen stehen für statusbewusste Eltern bereits an, bevor das Kind das Licht der Welt erblickt. So können schon bei der Namensgebung Überlegungen angestellt werden, die über die Ehrung der Großeltern oder einfache auditiv-ästhetische Präferenzen hinausgehen. Soll die Tochter später einmal erfolgreich werden, verbieten sich mit Stigmata belegte oder allzu weit verbreitete Namen. Wie passend, dass eine Schweizer Agentur für 26 000 Euro anbietet, den »perfekten« Namen für das Ungeborene zu finden. Dafür halten dann der Kulturkreis, die elterlichen Werte sowie phonetische und rhythmische Erwägungen Einzug in die »Namenswissenschaft«. Es ist erwiesen, dass Lehrkräfte Vorurteile gegenüber Kindern hegen, die Justin, Mandy, Kevin oder Success heißen, doch ob deshalb gleich die von besagter Agentur vorgeschlagenen Namen Nahla, Sparrow oder Zuma bevorzugt werden sollten, damit der internationalen Karriere der so benannten Kinder nichts im Wege steht, scheint dann doch fraglich. Babyphones mit Infrarot-Video, Temperaturüberwachung und Atem-Sensormatte sind keine Seltenheit mehr. Hightech-Geräte sollen die elterlichen Sorgen auf ein erträgliches Maß reduzieren. Und sind die Kinder einmal in der Kita angelangt, werden die Erzieherinnen und Erzieher instruiert, ab welcher Temperatur der Pulli aus- oder das Sonnenschutzoberteil angezogen werden darf.

Vollkommen alltägliche Abläufe werden von Curling- oder Helikopter-Eltern infrage gestellt, wenn es das Wohlbefinden der Kleinen stören könnte. So berichtet eine Grundschullehrerin, dass sich eine Mutter bei ihr erkundigt habe, ob es wirklich nötig sei, dass ihr Sohn schon um 8:00 Uhr in der Schule sein müsse – sie habe gerade so ein gutes Verhältnis zu ihm und würde dieses ungern durch frühes Aufstehen stören. Erhält der Sprössling doch einmal eine schlechte Note, wird häufig der Weg über die Schulleitung gesucht – oder gleich die Schulbehörde kontaktiert. Manche Eltern sind derart überambitioniert, dass sie mit Drohgebärden auf bessere Note hinwirken. Man kenne schließlich einflussreiche Leute und hätte eine exzellente Anwältin. Gerade juristische Register werden vermehrt gezogen: Andreas Gleim, Leiter der Rechtsabteilung der Hamburger Schulbehörde, berichtet gar von einer Verdopplung der Fallzahlen in den vergangenen zehn Jahren. Die Anlässe sind häufig Lappalien, etwa – so steht es in dem Bestseller *Verschieben Sie die Deutscharbeit – mein Sohn hat Geburtstag! –* weil das Zeugnis der Viertklässlerin mit der Notiz »Du könntest dich noch mehr anstrengen im Sport« versehen ist.

Überbordendes elterliches Engagement in Richtung »Verunselbstständigung«

Dass ein Zusammenhang zwischen der elterlichen Erziehung und dem späteren Bildungserfolg der Kinder besteht, ist zweifelsfrei belegt. Besonders Erziehungsstile, die sich durch eine starke schulische Anteilnahme der Eltern auszeichnen, gehen mit besseren Schulnoten und größeren Erfolgen im Studium einher. Gleichwohl ist der schmale Grat zwischen engagierter Unterstützung und übermäßiger Einmischung im Blick zu behalten, kann überbordendes elterliches Engagement doch im Extremfall zu ausgeprägter Unmündig- und Unselbstständigkeit führen. Der Unterschied zwischen wünschenswertem Engagement der Eltern auf der einen und pädagogisch zweifelhaftem Übereifer auf der anderen Seite zeigt sich beispielsweise darin, dass die Unterstützung der Eltern bei den Hausaufgaben vom Kontrollieren auf Richtigkeit bis zu der von ihnen übernommenen Erarbeitung der Hausaufgaben reicht. Im zweiten Fall nehmen die Eltern ihren Kindern – trotz sicherlich hehrer Ziele – die Möglichkeit zur Entwicklung von Selbstständigkeit, Ehrgeiz und Resilienz. Ironischerweise werden hier durch die ausufernden Versuche der Eltern, ihren Zöglingen zu schulischen Erfolgen zu verhelfen, dafür relevante Entwicklungsmotoren ausgebremst. Einmal mehr gilt auch hier das im Volksmund verbreitete Bonmot:»Das Gegenteil von gut ist gut gemeint.«

Eltern, die dem Kind jeden Wunsch erfüllen und jede Anstrengung ersparen, unterbinden einen essenziellen Lernprozess. Es ist nicht ratsam, das dreijährige Kind auf die Astgabel eines Baums zu heben und es für seine Kletterkünste zu loben. Der Tochter ein Fahrrad mit Stützrädern zu schenken, um schon beim ersten Versuch zu jubeln:»Toll, wie du Fahrrad fahren kannst!«, empfiehlt sich ebenfalls nicht. Und auch das Elternpaar, das dem 14-jährigen Sohn eine E-Gitarre schenkt, um die ersten Misstöne mit den Worten»Oh, wie klangvoll!«zu quittieren, verkennt die Notwendigkeit, dass Kinder zu der Einsicht kommen müssen, warum es regelmäßiger Übung bedarf, um ein Instrument zu beherrschen. Der Hamburger Bildungsjournalist Reinhard Kahl deutete dieses Fehlverhalten schon vor mehr als zwei Jahrzehnten in der Tageszeitung *Die Welt* zutreffend wie folgt:

»[Den Eltern] macht Angst, was misslingen könnte. Aber natürlich kann nur gelingen, was auch misslingen darf. Dass sie diese lebensstiftende Paradoxie nicht verstehen, ist die Tragödie dieser Nichterwachse-

nen. So hindern sie sich selbst daran, Mitkonstrukteure an der Entwicklung ihrer Kinder zu sein. Und sie behindern die Kinder daran, erst Mitkonstrukteure und schließlich Autoren ihres eigenen Lebens zu werden. Fertig sein, das ist ihre Zwangsvorstellung. Die Kinder werden abgespeist. Mit Worten oder mit Geld. Auch die Worte werden wie Geld verteilt. Diese Eltern möchten ja durchaus etwas geben, nur nicht sich selbst. Erwachsene, die immer ganz gut sein wollen und perfekte Kinder verlangen, sind selber schwach. Ihnen fehlt Form. Zur Bildung von Formen ist aber Verneinung unverzichtbar. Verneinung bildet die Außenseite einer jeden Form. Die Innenseite von Form ist Freiheit.«

Wenn Eltern ihrem Kind zwei Exemplare des Lieblingskuscheltiers kaufen, damit es im Falle eines möglichen Verlusts nicht traurig sein muss, versäumt dieses die Erfahrung, warum es sich lohnt, auf Dinge aufzupassen. Durch sofortiges Nachgeben und konsequentes Verwöhnen wird ihnen die Erkenntnis, dass sie mitunter auf Reaktionen warten müssen oder Wünsche nicht immer (sofort) erfüllt werden, vorenthalten, sodass sie im Weltbild eines Kleinkindes gefangen bleiben und auch weiterhin darauf zielen werden, alles und jeden zu steuern. Das Resultat sind verwöhnte Kinder, die für das gesellschaftliche Zusammenleben unverzichtbare Verhaltensweisen vermissen lassen.

Einen Beleg für die »Verunselbstständigung« der Kinder durch ihre Eltern lässt sich auch darin sehen, wie heutzutage der Schulweg zurückgelegt wird. Machten sich vor rund 40 Jahren noch neun von zehn Schülerinnen und Schülern eigenständig auf den Weg zum Lernort, tut dies mittlerweile nur noch die Hälfte. In Großstädten wie auch in suburbanen Gebieten gehört das von Erziehungsberechtigten, die ihre Kinder mit dem Auto zur Schule shuttlen, verursachte An- und Abreisechaos mittlerweile zum Schul- beziehungsweise Verkehrsalltag. Da gerade aus diesem zeitlich und räumlich geballten Verkehrsaufkommen eine erhöhte Gefahr auf dem Schulweg erwächst, testen immer mehr Städte sogenannte

»Schulstraßen«. Diese werden zu Schulbeginn und -ende im unmittelbaren Umkreis des Gebäudes kurzzeitig für Autos gesperrt. Durch diese Maßnahme sollen Schulen dabei unterstützt werden, das morgendliche Verkehrschaos durch Elterntaxis in den Griff zu bekommen und allen Kindern einen sicheren und selbstständigen Schulweg zu ermöglichen. Die Gründe für die zunehmende Zahl der sogenannten Elterntaxis – zu denen nicht nur, aber eben gerade auch Helikopter- und Curling-Eltern neigen – liegen in der elterlichen Sorge vor den Risiken des Straßenverkehrs. Obwohl die Unfallstatistiken den von den Eltern betriebenen Aufwand nicht rechtfertigen, ist es erstaunlich, dass verkehrsberuhigte Straßen, verlässliche ÖPNV-Anbindungen sowie durchdachte Verkehrs- und Straßenführungen von vielen Kommunen noch immer nicht als Mittel der Wahl entdeckt wurden. Sie hätten nicht nur einen bedeutenden Verkehrssteuerungs-, sondern zugleich auch einen wichtigen pädagogischen Effekt.

Das elterliche Überengagement und die damit verbundene »Verunselbstständigung« ihrer Kinder ist mittlerweile auch an Hochschulen angekommen. Das gewachsene elterliche Engagement lässt sich – jedenfalls teilweise – mit der höheren Quote Minderjähriger zu Beginn des Studiums erklären. Durch den umgangssprachlich als »Turbo-Abi« bezeichneten höchsten Schulabschluss nach acht Jahren ist diese Zahl deutlich angewachsen. Damit sich die vielfach minderjährigen Abiturientinnen und Abiturienten selbstständig zu Kursen oder Prüfungen anmelden können, benötigen sie eine Vollmacht der Eltern. Infolgedessen ist die elterliche Versuchung besonders groß, sich nicht nur in die Studienfachwahl, sondern auch in das Studium ihrer Kinder einzubringen. In harmloseren Fällen führt das Interesse der Eltern lediglich dazu, dass sie sich bei der Studienfachberatung hinsichtlich des passenden Studiengangs für ihre Kinder beraten lassen oder diese zur Einschreibung an der Universität begleiten. Allzu rege Eltern gehen mitunter so weit, dass sie – teils ohne ihre Kinder zu informieren – an universitären Elternsprechstunden teilnehmen oder beim verantwortlichen Prüfungsamt die Noten ihrer Sprösslinge erfragen.

Wenn die Noten ihrer Kinder unzureichend sind – oder auch nur unzureichend zu sein scheinen –, suchen sie den Kontakt zu den Professorinnen und Professoren, um ihrem Unmut Luft zu machen. Dem Bedürfnis eifriger Elternteile nach Information und Einfluss über das Studium der Zöglinge begegnen die Hochschulen nicht selten mit eigenen Angeboten: So bieten etwa die Universität Bonn, die Universität Osnabrück und die Bauhaus Universität Weimar mittlerweile auch Elternsprechstunden an. Die Goethe-Universität Frankfurt am Main ist sogar dazu übergegangen, Seminare für Eltern anzubieten, um ihnen Einblicke in die Studienorganisation, Informationen über unterschiedliche Hochschulabschlüsse oder auch Tipps zur Unterstützung der Kinder an die Hand zu geben. Und auch die Veranstalter von Karrieremessen sehen nicht mehr nur die Kinder, sondern auch deren Eltern als Zielgruppe – so geschehen im bayerischen Landkreis Forchheim.

Bemerkenswerterweise sind insbesondere diejenigen Eltern beim Studium ihrer Zöglinge engagiert, bei denen entweder der Vater oder die Mutter einen akademischen Abschluss vorweisen kann. Kindern aus Familien mit einem doppelten akademischen Hintergrund wird der (selbstständige) Schritt zum Studium offenkundig eher zugetraut. Der Umstand, wonach Elternpaare, von denen lediglich eine Person einen akademischen Abschluss hält, stärker in das Studium ihrer Kinder involviert sind, als dies bei Doppelakademikerfamilien der Fall ist, lässt darauf schließen, dass in erstgenannten Familien das Bewusstsein über den enormen Einfluss von akademischen Bildungsabschlüssen hinsichtlich späterer (insbesondere beruflicher) Möglichkeiten präsenter ist als in anderen Familien.

Natürlich ist es nachvollziehbar, dass Eltern ihre Kinder bestmöglich unterstützen möchten – und dabei gelegentlich sogar selbst die Initiative ergreifen. Dies gilt insbesondere für den Eintritt ins Studium, der die teilweise erst kurz zuvor volljährig gewordenen

Erwachsenen mit einer neuen Umgebung, einem neuen Umfeld sowie einem bis dato unbekannten Bedarf an Selbstständigkeit konfrontiert. Aber die Zunahme von elterlicher Nähe und Einflussnahme kann auch entmächtigend auf die Studierenden wirken. Wird der Bedarf an Selbstständigkeit durch das Engagement übereifriger Eltern untermauert, drohen die Studienanfängerinnen und -anfänger in einem Zustand übermäßiger Kontrolle zu verbleiben – gefordert und geprüft durch die Hochschulen, dirigiert und geleitet von den Eltern. Für die Entwicklung einer eigenständigen Persönlichkeit ist ein derartiges pädagogisches Konzept alles andere als förderlich. Im Gegenteil: Es verleitet die Studierenden nicht nur dazu, die Hörsäle und Seminarräume als verlängerte Schulbänke wahrzunehmen, sondern entbindet sie auch von der Verpflichtung, sich eigenständig zu organisieren, zu reflektieren und gegebenenfalls auch zu finanzieren.

Im Vergleich zu früheren Generationen, als der Vater die Erwerbs- und die Mutter die Erziehungsarbeit verantwortete, gehen heutzutage in zwei von drei Fällen beide Elternteile einer geregelten Erwerbsarbeit nach, sodass ihnen deutlich weniger Zeit für die Familie (und im Übrigen auch für sich selbst) bleibt. Nach wie vor hinkt die Bildungsinfrastruktur in Deutschland diesen Veränderungen auf dem Arbeitsmarkt nach. Dies ist in mehrerlei Hinsicht problematisch: Einerseits erlauben es die in den vergangenen Jahren massiv gestiegenen Lebenshaltungskosten Eltern in der Regel nicht, ihr gemeinsames Arbeitsvolumen der mangelhaften Bildungsinfrastruktur anzupassen. Darüber hinaus hemmt diese Mangelsituation insbesondere Frauen – aber in Zeiten gleichberechtigter Partnerschaften eben auch Männer – in ihrem Bestreben, nach der Geburt ihrer Kinder beruflich wieder so Tritt zu fassen, wie sie es aus der Zeit ohne Kinder kannten. Jenseits dieser individuellen Bedürfnisse stellt die vernachlässigte Bildungsinfrastruktur einen wichtigen, aber viel zu selten diskutierten Aspekt der Fachkräftedebatte dar, weil Eltern ihr Arbeitsvolumen schon in

Ermangelung ausreichender Kinderbetreuungsangebote nicht ausweiten können.

Zugleich sind Eltern mit höheren Erwartungen an ihre Rolle konfrontiert und empfinden Erziehung immer häufiger als schwierig und belastend. Hierzu trägt auch das verbreitete Ideal einer kindzentrierten Erziehung bei, welches die Wünsche und Interessen der Kinder in den Vordergrund rückt. Eingespannt zwischen Job, Haushaltsführung und Care-Arbeit kompensieren viele Eltern ihre (zu) knappe Zeit über eine geradezu überschwängliche Zuneigung zu ihren Kindern. Dabei sind die gestiegenen Anforderungen an Eltern im Sinne einer Intensivierung von Elternschaft mit der Gefahr verbunden, »dass ressourcenstarke Familien diesem Trend zunehmend engagierter Elternschaft stärker folgen, sodass soziale Spaltungen verstärkt werden könnten«, wie es im jüngsten Familienbericht der Bundesregierung heißt. Die Familie ist und bleibt ein wichtiger Anker für emotionale Stabilität und Identität – und ist zugleich ein zentraler Integrationsmotor, weshalb die Sachverständigenkommission des Bundesministeriums für Familie, Senioren, Frauen und Jugend unter anderem zu folgendem Schluss kommt:

»Das Erlernen der Sprache fällt leichter, wenn man sich keine Sorgen um Familienangehörige in Notsituationen machen muss. Schon lange ist bekannt, dass sich eine Einwanderung in jüngeren Lebensaltersphasen positiv auf den Spracherwerb und daran anschließende Bildungserfolge von Kindern auswirkt.«

Stress und Krankheiten bei Kindern

Das alltägliche Strampeln der Erwachsenen, die in der Rushhour des Lebens sowohl mit ihren Kindern als auch mit ihrer eigenen Alltagsorganisation überfordert sind, wird nicht selten von diffusen (Abstiegs-)Ängsten begleitet. Diese Zukunfts- und Abstiegssorgen übertragen Eltern vielfach auf ihre Kinder. Weil sie von in der

Pflicht stehenden Erwachsenen im Stich gelassen werden oder ihnen Verpflichtungen aufgebürdet werden, die sie nicht tragen können, sind auch immer mehr Kinder von Stress und Krankheit betroffen. Eine wachsende Zahl leidet an denselben Beschwerden wie Erwachsene: Laut dem Präventionsbericht der Krankenkasse DAK-Gesundheit von 2022/2023 gaben 53 Prozent der befragten Kinder im Alter von 10 bis 18 Jahren an, mindestens einmal pro Woche erschöpft und müde zu sein. 25 Prozent litten mindestens einmal pro Woche an Schlafstörungen, 27 Prozent an Kopfschmerzen, 25 Prozent an Rückenschmerzen. Auch psychische Leiden wie häufige Niedergeschlagenheit, Traurigkeit oder Ängste haben zugenommen. 2019 waren rund 823 000 Kinder in psychotherapeutischer Behandlung, was einer Zunahme von 103 Prozent seit 2009 entspricht. Besonders bitter: Kinder und Jugendliche mit einem niedrigen Sozialstatus berichten häufiger über ein schlechtes allgemeines Wohlbefinden (67 Prozent) als solche mit einem hohen Sozialstatus (41 Prozent).

Gleichzeitig steigt die Zahl der diagnostizierten psychischen Krankheiten auch aufgrund der zunächst in den USA, dann aber auch in Westeuropa grassierenden »Diagnosteritis«, das heißt, Diagnosen wie ADHS, Legasthenie oder Autismus müssen heutzutage in besonders weitreichender Weise als Erklärung – um nicht zu sagen als Entschuldigung – für etwaige Probleme von Schülerinnen und Schülern herhalten. Damit soll nicht gesagt werden, dass die genannten Diagnosen harmlos oder grundsätzlich falsch sind. Es erscheint aber doch fragwürdig, wenn Eltern ein Stein vom Herzen fällt, wenn beim Sprössling »endlich« ADHS testiert wurde. Gewiss benötigen diesbezüglich diagnostizierte Kinder ein anderes unterrichtliches Setting, das heißt andere Unterrichtsformen oder spezielle Förderinstrumente, aber natürlich rechtfertigt dieser Umstand keineswegs jeden Fehltritt. Dies gilt erst recht, weil jedes Sozialgefüge darunter leidet, wenn einzelne Lernende aufgrund ihrer Verhaltensauffälligkeiten sämtliche Aufmerksamkeit der Pädagoginnen und Pädagogen binden und die Lerngruppe auch deshalb in ihrem Lernfortschritt gebremst wird.

Auch das aktuelle Bildungssystem, das seit Jahren auf individuelle Freiräume statt auf kollektive Strukturen setzt, hat Anteil an den Problemen der Kinder, denn viele Heranwachsende benötigen Zeit ihres Lebens eindeutige Vorgaben, wie der bereits genannte Bildungsjournalist Reinhard Kahl schreibt:

>»Erziehung ist das Weitergeben von Formen. [...] Formen schaffen Raum für Neues und ermöglichen Individualität. Grenzen sollen das Überleben sichern. Formen werden gebildet. Grenzen werden gezogen. Wird die Grenze nicht zur Form weiterentwickelt, führt sie zur Formlosigkeit in der Fläche: Verwahrlosung. Es gilt also, Grenzen in Formen zu verwandeln.«

Offener Unterricht und autonomes Lernen bieten dies nicht. Dadurch wird den Kindern frühzeitig Verantwortung für ihre Selbstorganisation aufgebürdet, die viele von ihnen nicht zu tragen imstande sind. Dies erkannte schon Hannah Arendt, als sie in ihrer am 13. Mai 1958 in Bremen gehaltenen Rede *Die Krise der Erziehung* sagte:

>»Die Autorität ist von den Erwachsenen abgeschafft worden, und dies kann nur eines besagen, nämlich daß die Erwachsenen sich weigern, die Verantwortung für die Welt zu übernehmen, in welche sie die Kinder hereingeboren haben.«

Vor den skizzierten Hintergründen scheint ein erzieherischer Mittelweg angemessen, der nicht ausschließlich auf die Extreme des Zuckerbrots auf der einen und der bis in die 1950er-Jahre etablierten Peitsche auf der anderen Seite setzt. Um ihre Kinder auf die Realitäten des Lebens vorzubereiten, dürfen Eltern Heranwachsenden nicht jeden Wunsch erfüllen. Gleichzeitig bedarf es nicht gleich der Intervention einer Therapeutin, wenn sich das Kind einmal durch Ungehorsam bemerkbar macht. Entsprechend obliegt es den Erziehungsberechtigten, ihre Kinder nicht als persönliches Projekt zu betrachten. Darbietungen der Krabbel-Tanz-Gruppe sowie kostspielige Zeugnis-Zeremonien im erweiterten Familien- und Bekanntenkreis dienen nur selten dem Vergnügen der Kinder. Vielmehr zielen sie oftmals vor allem auf das Ego der Eltern ab, die ihre Kinder in das bestmögliche (Scheinwerfer-)Licht rücken wollen. Stattdessen sollten Eltern beziehungsweise Erziehungsberechtigte ihren Kindern alters- und entwicklungsgemäß mit Rat und Tat zur Seite stehen, indem sie ihre Erfahrungen und Werte in Gespräche auf Augenhöhe einbringen. Eltern müssen den Unterschied zwischen dem, was Kinder wollen, und dem, was sie tatsächlich benötigen, (er-)kennen. Nicht zuletzt um die Kinder vor Überforderung zu schützen, bedarf es einer klaren, auf den Erfahrungen der Eltern beruhenden Führung, die sich insbesondere durch Kohärenz und Konsequenz auszeichnet.

Oskar Jenni, der in der Nachfolge des Bestsellerautors Remo Lago die Abteilung für Entwicklungspädiatrie am Universitäts-Kinderspital Zürich leitet, erläuterte der Wochenzeitung *Die Zeit* im Frühjahr 2024 sein Konzept für eine gelungene Erziehung wie folgt:

»Die Essenz lässt sich in fünf Vs zusammenfassen. Kinder brauchen Vertrautheit, um eine Beziehung zu ihren Eltern aufbauen zu können. Dazu müssen Mutter und Vater verfügbar sein. Das ist gerade bei kleinen Kindern anstrengend, weil es wirklich physische Anwesenheit bedeutet. Außerdem benötigen Kinder Verlässlichkeit, also ein einigermaßen stabiles und vorhersehbares Umfeld. Als viertes gilt es, verständnisvoll zu sein, sich ins Kind hineinzuversetzen, es in seinen eigenen Eigenheiten zu verstehen und die eigenen Erwartungen anzupassen. Und zuletzt sollten Eltern voller Liebe sein.«

Diesen Worten, die in seinem jüngsten Werk *Kindheit. Eine Beruhigung* umfänglicher ausgeführt werden, ist nichts hinzuzufügen. Um die Essenz der Überlegungen im elterlichen Langzeitgedächtnis zu verankern, ließen sich die Ausführungen sogar schlicht zu dem von Liebe gerahmten Anforderungsprofil»Vertrautheit, Verlässlichkeit, Verfügbarkeit und Verständnis« kondensieren.

3 Von Kitastrophe über unzureichende Ganztagsbetreuung bis zu unterfinanzierten Hochschulen

Bildungswege in Deutschland sind von zahlreichen Stolpersteinen gepflastert. Obwohl die wegweisende Bedeutung frühkindlicher Bildung unbestritten ist, wird deren Infrastruktur seit Jahrzehnten vernachlässigt. Der Ausbau von Kita- und Kindergartenplätzen hält mit den gesellschaftlichen Notwendigkeiten, die aus verstärkter Migration, doppelter Erwerbstätigkeit und gestiegenen Lebenshaltungskosten erwachsen, nicht Schritt. In einem maroden Betreuungssystem, das seit Jahrzehnten unzureichend finanziert und strukturell überfordert ist – nicht zuletzt aufgrund der Vielzahl verschiedener Träger und Finanzierungsquellen –, entfaltet das sich seit langer Zeit abzeichnende Problem der personellen Unterversorgung eine verheerende Wirkung. Trotz der sich auf politischer Ebene zunehmend verfestigenden Einsicht in die Notwendigkeit, den Kita-Ausbau voranzutreiben, kommt dieser seit Jahren nur schleppend voran.

Mit »Standspur statt Überholspur« lässt sich auch die Gangart beim Ausbau der Ganztagsbetreuung überschreiben. So gewährt das im Oktober 2021 verabschiedete Gesetz zur ganztägigen Förderung von Kindern im Grundschulalter erst ab August 2026 allen Erstklässlerinnen und -klässlern einen Anspruch auf ganztägige Betreuung. Und erst weitere drei Jahre später, das heißt ab August 2029, greift der Rechtsanspruch für jedes Grundschulkind. Aber die gesetzlichen Vorgaben enttäuschen nicht nur mit Blick auf die

Zeitschiene: Unverändert hält die Politik am Trägermodell fest und zerschlägt jede Hoffnung auf die pädagogisch dringend gebotene Verzahnung von Schule und Ganztag. In Verkennung der Tatsache, dass das Ganze mehr ist als die Summe seiner Teile, wird die Dualität von Vormittagsunterricht und Nachmittagsbetreuung über die Jugendhilfe mit ihrem außerunterrichtlichen Angebot fortgeschrieben. Trotz der bundesweiten Regelung des Rechtsanspruchs in § 24 des Achten Sozialgesetzbuchs fehlt es an festgelegten Standards bezüglich Gruppengrößen, Öffnungszeiten und verbindlichen Fachkraft-Kind-Relationen.

Diese Tendenzen setzen sich im Hochschulwesen fort: Obwohl ein Hochschulstudium in einer wissensbasierten Gesellschaft die individuell tragfähigste und volkswirtschaftlich zielführendste Grundlage darstellt, leidet die bundesdeutsche Hochschullandschaft seit vielen Jahren unter ihrer mangelhaften finanziellen Ausstattung. Die Unterfinanzierung trifft an den staatlichen Hochschulen insbesondere die Studierenden, obwohl sie dort die größte Personengruppe darstellen. Die Gründe dafür, dass ihre Interessen nicht im Mittelpunkt der Hochschulpolitik stehen, sind vielfältig, äußern sich aber unter anderem im grassierenden Wohnraummangel, in unzureichenden Unterstützungsangeboten in Form von Stipendien sowie in überfüllten Hörsälen.

Die Kitastrophe: Notbetreuung zwischen Geld-, Einrichtungs- und Fachkräftemangel

Täglich kämpfen selbst diejenigen Eltern, die ihren Rechtsanspruch auf einen Kita-Platz einlösen konnten, mit gewaltigen Herausforderungen: verkürzte Öffnungszeiten, zusammengelegte Gruppen oder regelhafte Notbetreuung. Laut einer Befragung des Deutschen Kitaverbands mussten zuletzt mehr als zwei von drei Trägern ihre Öffnungszeiten teilweise reduzieren. 58 Prozent haben zudem Aktivitäten wie Ausflüge mit den Kindern einschränken oder gänzlich streichen müssen. Der grassierende Fachkräftemangel und die nicht auskömmliche Finanzierung verschärfen die Probleme auch hinsichtlich der Betreuungsqualität. Denn wenn – wie derzeit vielerorts der Fall – eine Betreuungskraft für bis zu 20 Kleinkinder die Verantwortung trägt, ist das pädagogische Angebot auf das Nötigste reduziert. Von einer angemessenen frühkindlichen Bildung kann hier kaum mehr die Rede sein, raten Expertinnen und Experten doch bei unter Dreijährigen zu einem Verhältnis von 1:3, bei über Dreijährigen von 1:7,5.

Tausende Kindergärten können gegenwärtig die vereinbarte Betreuung nicht sicherstellen: Sage und schreibe 26 731 Fälle von Kitas, die die zuständigen Aufsichtsbehörden 2023 darüber informierten, dass zu wenige Erzieherinnen und Erzieher zur Arbeit kamen, sind bekannt – wobei all jene Kitas fehlen, die überhaupt keine Meldung über derartige Probleme machen und die Eltern stattdessen bitten, ihre Kinder früher abzuholen. Gefährdet wird die Existenz zahlreicher Kitas durch ihre chronische Unterfinanzierung, werden sie doch insbesondere von den vielfach klammen Kommunen, die für eine zumindest auskömmliche Finanzierung verantwortlich sein sollten, häufig im Stich gelassen. Um die zuletzt stark gestiegenen Lohnkosten noch stemmen zu können, müssen viele Kitas Fachkräfte einsparen. Dass dies angesichts der geforderten Fachkraftquoten und der ohnehin angespannten Personaldecke keine Option ist, gilt unter Fachleuten als unumstritten. Eigentlich besteht in Deutschland seit 2013 ein Rechtsanspruch auf einen Kita-Platz für Kinder ab Vollendung ihres ersten Lebensjahres. Dass auch mehr als zehn Jahre nach dieser familienpolitischen Neuerung bundesweit rund 384 000 Plätze fehlen – davon allein in Nordrhein-Westfalen knapp 100 000 – und 25 000 Fachkräfte eingestellt werden müssten, offenbart die immensen Versäumnisse der politisch Verantwortlichen, die nicht müde werden zu betonen, wie sehr ihnen das Schicksal künftiger Generationen am Herzen liegt.

Detonation unserer Kinderbetreuung

Der Mangel trifft insbesondere Westdeutschland und dort vor allem Kinder unter drei Jahren. Um das Ausmaß der grassierenden Probleme greifbar zu machen, lohnt ein Blick auf die viertgrößte Stadt Deutschlands. Ende des Kitajahres 2022/2023 fehlten in Köln 1503 Betreuungsplätze. Angesichts der sich seit Jahren wiederholenden Hiobs-Botschaften über fehlende Schulplätze in der Domstadt tritt dieses Versagen der Stadtverwaltung beinahe in den Hintergrund. Viel zu selten artikulieren Eltern ihren Unmut darüber, dass ihnen nicht nur die für die doppelte Erwerbstätigkeit unabdingbare Betreuung ihrer Kinder vorenthalten wird. Und nur gelegentlich können sich die Erzieherinnen und Erzieher mit ihren Hinweisen darauf Gehör verschaffen, dass Kindern ihr Recht auf professionelle Begleitung vorenthalten wird. Eine Kölner Kita-Leiterin schildert die Zustände wie folgt:

>*»Wir schalten jeden Tag die Heizung am Nachmittag komplett ab. Am nächsten Morgen lassen die Kinder und wir erst mal für 1,5 Stunden die Jacken an, bis alles wieder einigermaßen warm ist. Fortbildungen für uns Erzieherinnen und Erzieher? Sind zu teuer. Dringend erforderliche Reparaturarbeiten im Außengelände, am Dach oder in der Küche? Es muss auch ohne gehen. Regionales und saisonales Bioessen? Es war einen Versuch wert, ist aber zu teuer. Die Anmietung eines Sportraumes in der Nachbarschaft einmal pro Woche, um dem Bewegungsdrang der Kinder gerecht zu werden? Zu teuer! Ersatz für die kaputten uralten Dreiräder? Die teure Brandschutzberatung? Die geforderte zweite Waschmaschine für die Putzlappen? Die vom Gesundheitsamt geforderte neue Einbauküche? Leider alles zu teuer!«*

Und dies ist kein Einzelfall. Hinzu kommen die von Ilse Wehrmann in ihrem lesenswerten Buch *Der Kita-Kollaps* geschilderten Notstände in anderen Klein-, Groß- und Mittelstädten. Sollte der

Bund sich – wie im Frühjahr 2024 angekündigt – weiter aus der Finanzierung der in Kommunal- und Länderverantwortung liegenden Kitas zurückziehen, droht nicht nur ein Stopp des Kita-Ausbaus, sondern auch eine Verfestigung der Betreuungsmisere. Wird frühkindliche Betreuung als staatliche Dienstleistung weiterhin unzureichend finanziert, werden Mütter und Väter unverändert daran gehindert, gleichberechtigt und im gewünschten Umfang einer geregelten Erwerbstätigkeit nachzugehen. Während die amtierende Bundesregierung dies ebenso verkennt wie fast alle westdeutschen Landesregierungen, warnen die Arbeitgeber inzwischen auch aufgrund des Fachkräftemangels lautstark vor der familienpolitischen Rückwärtsrolle: »Betreuungsmangel gefährdet unser Geschäftsmodell«, ließen zuletzt 30 Führungskräfte und Vorstände von im Deutschen Aktienindex (DAX) notierten Konzernen auf *Zeit online* verlauten. Sie machten deutlich, dass die frühkindliche Betreuungsinfrastruktur nicht nur ein sozialpolitisches Moment hat, sondern auch ein betriebswirtschaftliches. Im Moment passiere »das Gegenteil von dem, was wir brauchen«, mahnte Arbeitgeberpräsident Rainer Dulger zuletzt, um deutlich zu machen, dass wir »uns ein solches Versagen des Systems auch ökonomisch nicht länger leisten« können.

Die 2023 im Rahmen des *KiTa-Qualitätsgesetzes* versprochenen Zuschüsse des Bundes für frühkindliche Bildung in Höhe von vier Milliarden Euro für zwei Jahre werden angesichts des Investitionsstaus sowie der Personal- und Sachkostensteigerungen längst nicht (mehr) ausreichen. Nur eine Rückkehr zur Finanzierung der tatsächlich entstehenden Kosten wird es den Kitas erlauben, wieder hochwertige Betreuungsleistungen anzubieten. Die gleichberechtigte Erwerbstätigkeit in den Familien könnte schon bald wieder Geschichte sein, wenn es weder gelingt, den Rechtsanspruch auf einen Kitaplatz zu erfüllen, noch zu gewährleisten, dass die Kitas über ein ausreichendes Personaltableau verfügen. Denn nicht nur die Befunde sind düster, sondern auch die Aussichten: So wird sich der Fachkräftemangel ohne eine grundlegende Neujustierung der Finanzarchitektur auf absehbare Zeit noch deutlich erhöhen. Infolgedessen wird sich bald in vielen Einrichtungen weder der Erziehungs- noch der Kinderschutzauftrag adäquat erfüllen lassen. Schließlich werden uns stetig größer werdende gesellschaftliche Verwerfungen bevorstehen, wenn immer mehr Kinder schon in den Kitas durch die Maschen fallen, weil versäumt wurde, für ihre Stärkung und Unterstützung die nötigen personellen, räumlichen und finanziellen Ressourcen bereitzustellen.

Trotz des in einigen Kommunen moderat vorangebrachten Ausbaus sind wir in Deutschland nach wie vor weit von einer idealen Kinderbetreuung entfernt, obwohl Gewerkschaften und Bildungsverbände seit Jahrzehnten vor dem sich verschärfenden Mangel an Erzieherinnen und Erziehern warnen. Das aktuelle Ländermonitoring der Bertelsmann Stiftung *Frühkindliche Bildungssysteme* belegt diesen Sachverhalt mit eindrücklichen Zahlen: Allein bis 2030 werden rund 230 000 Erzieherinnen und Erzieher fehlen, wobei derart viele Fachkräfte gar nicht ausgebildet werden können, mangelt es doch ironischerweise auch an einer ausreichenden Zahl von Berufsschullehrkräften. Die Forschenden kommen zu dem niederschmetternden Befund, dass eine kindgerechte Personalausstattung bei gleichzeitig ausreichenden Plätzen in allen Kitas in diesem Jahrzehnt überhaupt nicht mehr zu realisieren sein wird.

Ursachen für die grassierenden Mängel

Ursächlich für diese Unterversorgung ist unter anderem ein in den 2000er-Jahren angestoßener Paradigmenwechsel. So sollten infolge des PISA-Schocks Kitas und Kindergärten als Ausgangs-, Dreh- und Angelpunkte für gelingende Bildungsbiografien etabliert werden. Entsprechend änderten sich die Anforderungen an die Einrichtungen und ihre Beschäftigten, sollte nun doch flächendeckend vorschulische Bildungsarbeit geleistet werden. Diese neuen Ansprüche wurden in Bildungspläne und -programme überführt, die vergleichbar mit den Kernlehrplänen im schulischen Kontext sind. Der Ausbau der frühkindlichen Bildung sollte mit einem umfangreichen Ausbau der Betreuungskapazitäten einhergehen, um sowohl die Erwerbsbeteiligung von Müttern als auch die Geburtenrate zu steigern. Die Ziele waren ambitioniert, zumal sich die Politik durch den 2013 verabschiedeten Rechtsanspruch auf einen Kitaplatz für unter Dreijährige selbst in die Pflicht nahm. Allerdings erfolgte die Neuorientierung im Feld der frühkindlichen Pädagogik unter den Bedingungen neoliberaler Sparpolitik, das heißt im Schatten der 2009 grundgesetzlich verankerten Schuldenbremse, mit der die (Handlungs-)Spielräume für Bund, Länder und Kommunen noch weiter eingeschränkt wurden.

Die ausbleibenden Investitionen haben nicht nur zu dem grassierenden Personalmangel in der frühkindlichen Bildung geführt, sondern auch zu den widrigen Bedingungen, unter denen Erzieherinnen und Erzieher ihre Arbeit leisten. Zu wachsenden personellen Abgängen kommt der unzureichende Personalaufwuchs. Dabei wirkte die Corona-Pandemie als Katalysator. Als systemrelevante Berufsgruppe konnten sich die Erzieherinnen und Erzieher kaum vor dem Virus schützen, sodass viele erkrankten und überproportional viele auch heute noch an den Langzeitfolgen der Erkrankung leiden. Gleichzeitig fällte die Politik eine Reihe arbeitsrechtlicher Entscheidungen, die bis heute nachwirken. Zu nennen sind etwa Ausnahmeregelungen, die es den Kitas erlauben, unterhalb der gesetzlich vorgeschriebenen Personalschlüssel zu arbeiten oder Engpässe mit ungelernten Kräften zu kompensieren. Eine Orientierung an den wissenschaftlich unstrittigen und politisch vor zwei Jahrzehnten vereinbarten Standards in Richtung eines institutionell wie personell engmaschigen Betreuungsangebots für Kinder nach Vollendung des ersten Lebensjahres genießt im Schatten klammer kommunaler Kassen und unzureichender Finanzierungsbemühungen der Bundesländer keine Priorität. Dadurch rücken strukturelle Verbesserungen der Situation in noch weitere Ferne, sorgen die immer wieder verklebten »Notpflaster« im Zeitablauf für eine weitere systemische Verschlechterung.

Folgen der Betreuungskrise

Einschränkungen im Betrieb sind an der Tagesordnung. Zum Jahresbeginn 2023 erregte die Stadt Tübingen Aufsehen, als der Gemeinderat beschloss, die Öffnungszeiten der städtischen Kitas dauerhaft zu kürzen. Eine Befragung des Verbands Bildung und Erziehung (VBE) von rund 4 500 Kita-Leitungen hat ergeben, dass durchschnittlich rund 40 Prozent der Kitas einmal wöchentlich mit verringertem Personal arbeiten – und infolgedessen die auf die Aufsichtspflicht zielenden gesetzlichen Vorgaben verletzen. Weitere sieben Prozent der Befragten gaben an, im vorangegangenen Jahr in über 60 Prozent der Zeit mit zu geringer Personaldecke gearbeitet zu haben. Der VBE-Vorsitzende Udo Beckmann konstatiert daher zutreffend, dass die Erwartungen, die die Politik mit ihrem 2019 in Kraft getretenen *Gute-Kita-Gesetz* geschürt hat – trotz des vielversprechenden Namens –, nicht erfüllt wurden. Eigentlich sollten die ursprünglich vorgesehenen 5,5 Milliarden Euro darauf verwandt werden, die Qualität in der Kindertagesbetreuung zu verbessern, doch nicht zuletzt seit der überfälligen Anpassung der Tarifabschlüsse an die gestiegenen Lebenshaltungskosten im Jahre 2023 nutzen die Länder die Mittel häufig dafür, Löcher zu stopfen. Somit dürfte sich die Situation in den Kitas nach Ende der außerordentlichen Fördermittel als noch prekärer erweisen als zuvor, und zwar selbst dann, wenn die Kommunen die Betreuungsgebühren wieder erhöhen.

Der grassierende Fachkräftemangel hat außerdem zur Folge, dass immer häufiger mäßig oder gar unzureichend qualifiziertes Personal beschäftigt wird. So berichtet rund die Hälfte der vom VBE befragten Kita-Leitungen, dass heutzutage Personen beschäftigt würden, die früher wegen mangelnder Eignung nicht eingestellt worden wären. Darüber hinaus weisen die Leitungen auf den Umstand hin, dass die hohe Belastung der verbliebenen Belegschaft in einer steigenden Zahl von Krankheits- und Fehlzeiten resultiert. Dies betrifft auch die Führungskräfte, von denen immer mehr an ihrer beruflichen Zukunft zweifeln, gaben doch vier von fünf der von der VBE befragten Kita-Leitungen an, von der Politik nicht ausreichend gewürdigt zu werden. Dabei zeigten sich vor allem die jüngeren Kita-Leitungen besorgt, was angesichts des Umstandes, dass in den kommenden Jahren etliche Leitungspositionen neu zu besetzen sind, erheblichen Anlass zur Sorge bietet.

Leidtragende der prekären Situation sind natürlich nicht nur die Beschäftigten, auch die Kinder werden dadurch massiv vernachlässigt. Anette Stein – ihres Zeichens Direktorin des Bereichs Bildung und Next Generation der Bertelsmann Stiftung – hält fest: »Wenn Kinder in schlechten Betreuungssettings sind, weil zu wenig Personal da ist, dann gefährden wir ihre Entwicklung – etwa in sprachlicher, motorischer oder emotionaler Hinsicht.« Es ist offenkundig, dass pädagogische Fachkräfte kaum mehr als eine rudimentäre Betreuung gewährleisten können, wenn sie mit der Verantwortung für zu viele Kinder betraut werden. An eine durchdachte wie angemessene frühkindliche Bildung ist unter den derzeitigen Bedingungen nicht zu denken.

Profiteure der Krise: freie Träger und private Elite-Kitas

Mit der zum 1. August 2013 in Kraft getretenen familienpolitischen Neuerung, wonach jedes Kind ab dem vollendeten ersten Lebensjahr einen Rechtsanspruch auf einen Betreuungsplatz hat, treten private Akteure nun auch bei diesen Einrichtungen auf den Plan. Beinahe 60 Prozent aller Kinderbetreuungseinrichtungen werden in Deutschland inzwischen von Kirchen, Wohlfahrtsverbänden oder gemeinnützigen Vereinen verantwortet. Nur noch rund ein Drittel befindet sich in kommunaler Hand. Rund 7 Prozent laufen zudem unter der Regie von Elterninitiativen. In manchen Bundesländern sind diese Verteilungen noch weitaus besorgniserregender, verantworten öffentliche Träger in Mecklenburg-Vorpommern doch nur noch 18 Prozent, in Berlin nur noch 12 Prozent sowie in Hamburg nur noch ein Prozent der Kindertageseinrichtungen.

Gerade unter den freien Trägern sind immer mehr Akteure zu verzeichnen, die die Betreuung der Kinder vornehmlich als Geschäftsmodell betrachten. Angesichts der beträchtlichen Chancen auf dem frühkindlichen Bildungsmarkt investieren gewerbliche Anbieter verstärkt in frühkindliche Bildung, wobei die Angebote häufig auf Exklusivität via Bilingualität oder naturwissenschaftliche Profilierung zielen – und damit dem bei immer mehr Eltern zum Ausdruck kommenden Bedürfnis nach besonderer Förderung ihrer Kinder Rechnung tragen. So lernen bereits die Kleinsten in privaten Kindertagesstätten Englisch, Französisch oder Mandarin, erhalten über Experimente einen Zugang zu naturwissenschaftlichen Phänomenen und werden dadurch vermeintlich optimal auf ihre Schullaufbahn und das spätere Berufsleben vorbereitet. Um die wissenschaftlich erwiesene hohe Aufnahmefähigkeit von Ein- bis Dreijährigen optimal auszuschöpfen, werden Kinder in exklusiven privaten Einrichtungen mitunter bereits in den Grundlagen der Rhetorik, Ökonomie oder Mathematik geschult, bevor sie die Stützräder ihrer Fahrräder ablegen. So bieten die weltweit zu findenden Helen-Doron-Kitas Englischkurse für Babys ab drei Monaten an.

Gerade für Vollzeit erwerbstätige Eltern, denen es an Betreuungsmöglichkeiten im Freundes- und Familienkreis mangelt, stellen diese privaten Kindertageseinrichtungen häufig die einzige Möglichkeit dar, die Betreuung ihrer Kinder zu gewährleisten, bieten öffentliche Träger ein bis in die Abendstunden reichendes Angebot doch kaum. Diese Notwendigkeit lassen sich die Betroffenen dann stattliche Summen kosten: Bis zu 1700 Euro monatlich nehmen zum Beispiel die nicht öffentlich geförderten Kitas der zur Klett-Gruppe zählenden Kette Villa Luna. Diese besonders edlen Kindertagesstätten halten für Kinder im Alter von vier Monaten bis sechs Jahren in Aachen, Berlin, Bochum, Dortmund, Düsseldorf, Hamburg, Hannover, Kaarst und Köln neben einer individuellen und bilingualen Betreuung auch musische und naturwissenschaftliche Förderangebote vor. Stecken die Eltern in einem Geschäftstermin fest, genügt ein Anruf und schon kann der Nachwuchs bis 22:00 Uhr in der Edel-Kita verweilen. Abgerundet wird der Open-End-Service dadurch, dass die Villa-Luna-Kitas ihre Pforten bei Bedarf auch am Wochenende öffnen. Doch auch andere Anbieter nehmen Sätze, die eher an die Monatsbeiträge privater Hochschulen erinnern: So sind auch in manchen Montessori-Einrichtungen Beiträge von 700 Euro pro Kind und Monat üblich.

Ausweg aus Verwahrlosung geboten
Dabei legen nicht nur der offenkundige Bedarf an großzügigeren Betreuungszeiten in Kitas, sondern auch familien- und arbeitsmarktpolitischen Ziele zur Behebung des Fachkräftemangels nahe, die Investitionsignoranz gegenüber Kindertagesstätten unverzüglich zu beheben. In einer Bildungsrepublik darf sich das Missverhältnis zwischen den Anforderungen an Bildung, Betreuung, Verwaltung sowie Sicherheitsbestimmungen einerseits und den dafür zur Verfügung gestellten personellen, räumlichen und vor allem finanziellen Mitteln andererseits nicht weiter verschärfen. Externe Einflüsse wie Miet- und Tarifsteigerungen dürfen nicht erst Monate bis Jahre später Einzug in die den Kitas gewährten Pauschalen erhalten. Klar ist auch, dass auf wenige Jahre beschränkte Subventionen und Zuschüsse nur einen Tropfen auf dem heißen Stein darstellen. Zwar könnten auch die rückläufigen Geburtenraten punktuell für Entlastungen sorgen. Allerdings wird dieser Umstand vor allem in den Großstädten kaum reichen, um die überfällige Wende zu schaffen. Vor diesem Hintergrund bedarf es einer von Bund, Ländern und Kommunen gemeinsam koordinierten Verbesserung der Finanz- und Ausbildungssituation für Erzieherinnen und Erzieher. Nur mit einem sicht- und spürbaren Fachkräf-

tezuwachs wird sich deren Arbeitsüberlastung abwenden lassen. Auch flächendeckende Mindeststandards für eine Verbesserung des Betreuungsschlüssels müssen dazu beitragen, Kinder sach- und fachgerecht zu fördern. Wenn nun aber Forderungen laut werden, mehr gering qualifiziertes Personal einzustellen oder das Betreuungsangebot dauerhaft einzuschränken, wird deutlich, dass längst nicht alle relevanten Akteure den Ernst der Lage verstanden haben.

Ganztagsbetreuung als gesellschaftlicher »Reparaturbetrieb«

Wenngleich wir die Feudalgesellschaft samt der sie kennzeichnenden Vererbung von Privilegien überwunden zu haben glauben, muss die Prägekraft des Elternhauses mit Blick auf den Bildungserfolg nach wie vor als überaus dominant bezeichnet werden. Von 100 Kindern aus Familien, in denen mindestens ein Elternteil über einen Studienabschluss verfügt, besuchen 83 die gymnasiale Oberstufe. Bei Kindern aus Nicht-Akademiker-Familien sind es gerade einmal 46. Laut einer Studie von Daniel Buck, Nancy Kracke und Elke Middendorff liegt das Spannungsverhältnis hinsichtlich des Hochschulzugangs bei 79 zu 27. Dieser Bildungstrichter veranschaulicht, wie sehr Pierre Bourdieus im Jahre 1971 formulierte »Illusion der Chancengleichheit« heute noch zutrifft. Dies gilt umso mehr, als sich eine strukturelle Verletzung des Leistungsprinzips erkennen lässt. So belegen mehrere Studien, dass sowohl die Wahrscheinlichkeit einer Gymnasialempfehlung bei gleichen (!) Leistungen in der Grundschule als auch die tatsächliche Entscheidung zugunsten eines Gymnasialbesuchs in beträchtlichem Maße vom jeweiligen familiären Hintergrund abhängen. Dabei müssten Kindern unabhängig von ihrer familiären Herkunft die (Hoch-)Schultore offenstehen. Der Schritt auf den Schulhof oder den Campus sollte einzig und allein von individuellen Leistungen abhängen und nicht durch die Geburt vorbestimmt sein.

Geht man im Einklang mit den Arbeiten von Michael Sandel und John Rawls davon aus, dass soziale Egalität beim Bildungszugang schon allein aus Gerechtigkeitsgründen hergestellt werden muss, steht die Frage im Raum, wie dieses Versprechen eingelöst werden kann. Wenn wir uns zudem vor Augen führen, dass beinahe jede dritte Lehrkraft angibt, bei den Kindern und Jugendlichen Ängste wahrzunehmen, die mit der finanziellen Situation der Familie in Verbindung zu bringen sind, erweitert sich die Problemzone. Ängste und Sorgen beeinträchtigen Schülerinnen und Schüler in ihrem Lernprozess, und zwar unabhängig davon, ob diese auf die Gegenwart oder die Zukunft gerichtet sind. Zugleich erschweren sie es den Lernenden, sich über einen längeren Zeitraum und mit der erforderlichen Konzentration auf Bildungsangebote einzulassen. Verschärfend kommt die digitale Hypnotisierung im Zeitalter des digitalen Hypes hinzu. Drei Viertel der Lehrkräfte machen bei ihren Schülerinnen und Schülern inzwischen Konzentrationsstörungen aus. Der Befund ist auch der Tatsache geschuldet, dass die für Lehr- und Lernprozesse unabdingbare Aufmerksamkeitsspanne vielfach nicht mehr über das Elternhaus vermittelt wird, wie die Schilderung einer Anekdote von Susanne Gaschke in der *Neuen Zürcher Zeitung* verdeutlicht:

»Ein Schulleiter aus Nordrhein-Westfalen erzählt, dass zur Abschlussfeier vor den Sommerferien mehrere Väter im Muskelshirt erschienen seien: ›Ein Mann telefonierte, während der Chor sang. Eine Mutter ist drei Mal zum Rauchen hinausgelaufen. Mehrere Eltern kamen zu spät. Ich musste meine sechsminütige Rede vier Mal unterbrechen und um Ruhe bitten.‹ Künftig werde man auf die Einladungen zur feierlichen Verabschiedung der Absolventen den Satz ›Wir bitten um festliche Kleidung‹ drucken – und einen genauen Ablaufplan, der die Eltern darüber in Kenntnis setzt, wie lange jeder einzelne Programm-

punkt dauere und sie mithin ohne Zigarette oder Handy auskommen
müssten. ›Es hilft ja nichts‹, sagt der Schulleiter.«

Das Beispiel zeigt auf eindrückliche Weise, dass der vielfach beklagte Verfall der Sitten, Werte und Normen – insbesondere auch mit Blick auf die für eine gelingende Bildungslaufbahn erforderlichen Tugenden – seinen Ausgang fast immer im Elternhaus nimmt. Die dort auftretenden Unzulänglichkeiten in Sachen Bildung und Erziehung lassen sich aber nur adressieren, wenn Kinder und Jugendliche über den vormittäglichen Pflichtschulkontext hinaus im Einklang mit pädagogischen Qualitätsmaßstäben betreut werden. Wir müssen die Schule endlich auch als gesellschaftlichen »Reparaturbetrieb« begreifen. Dies wird nur über ein umfänglicheres Bildungsangebot gelingen können, wobei der erste und wichtigste Ansatzpunkt im Ausbau des Ganztagsschulsystems zu sehen ist.

Wachsender Markt privater Nachhilfeanbieter

So wird die Desintegration schulischer Bildung gegenwärtig auch dadurch befördert, dass immer häufiger (kommerzielle) Nachhilfeanbieter die Schulbildung nach Schulschluss für all jene übernehmen, die ergänzenden Bildungsbedarf haben – und es sich leisten können. Inzwischen erhält jeder vierte Schüler und jede vierte Schülerin private Nachhilfe. Außerschulische kommerzielle Nachhilfeanbieter konkurrieren auf einem ausgesprochen lukrativen Markt: Laut einer Studie der Bertelsmann Stiftung aus dem Jahr 2016 weist der Nachhilfemarkt in Deutschland ein Volumen von bis zu 900 Millionen Euro auf. In Ermangelung offizieller Statistiken kann die Zahl der Kinder, die Nachhilfeunterricht erhalten, nur näherungsweise bestimmt werden. Privatfinanzierte Angebote und kostenfreie Nachhilfeangebote werden laut dieser Studie von insgesamt 14 Prozent der Schülerinnen und Schüler zwischen 6 und 16 Jahren wahrgenommen. Erweitert man diesen Befund auf die über 16-Jährigen, dann beziehen in Deutschland rund 1,2 Millionen Schülerinnen und Schüler Nachhilfe.

Nach Angaben der Eltern nutzen Schülerinnen und Schüler, die Nachhilfeunterricht erhalten, ein breites Angebotsspektrum: Der Großteil bekommt Nachhilfeunterricht von ausgebildeten Lehrkräften (30 Prozent), Studierenden oder anderen Schülerinnen und Schülern (30 Prozent), im Rahmen von Nachhilfeinstituten (27 Prozent) oder durch Personen aus ihrem privaten Umfeld (21 Prozent). In einem sehr geringen Umfang beziehen Schülerinnen und Schüler bisher Nachhilfe mittels computer- oder onlinebasierter Programme, aber auch diese Zahlen belegen, dass die institutionalisierte Nachhilfe aus der Peripherie des Bildungswesens heraustreten und sich als unverzichtbares Angebot etablieren konnte.

Als Gründe für die Nutzung von Nachhilfeunterricht werden die zunehmende Unzufriedenheit mit dem öffentlichen Schulsystem, gestiegener Leistungsdruck und der verschärfte Wettbewerb um aussichtsreiche Bildungs- und Karrierewege genannt. Hinzu kommt ein allgemeiner Trend zu »Kommerzialisierung und Privatisierung an den Rändern der Bildungslandschaft«, wie das Bildungsforschertrio aus Klaus Birkelbach sowie Rolf und Birte Dobischat in einer 2017 für die Hans-Böckler-Stiftung vorgelegten Studie schreibt. Obwohl die Möglichkeit zur Lernförderung nach dem auch als »Bildungspaket« titulierten *Bildungs- und Teilhabegesetz* geschaffen wurde, setzt sich die soziale Selektivität des Schulsystems – gerade auch zulasten von Kindern mit Migrationshintergrund – auf dem (kommerziellen) Nachhilfemarkt fort. Dies lässt sich unter anderem daran ablesen, dass rund 20 Prozent der Mittelschichtskinder, aber nur 13 Prozent der Kinder aus Elternhäusern, die weniger als die Hälfte des mittleren Einkommens zur Verfügung haben, bezahlte Nachhilfe in Anspruch nehmen (können). Bei Familien, die mehr als das Doppelte des mittleren Einkommens verdienen, kümmert sich um knapp jedes dritte Kind eine Nachhilfelehrkraft. Um die aus dem Nachhilfemarkt erwachsenden sozialen Verwerfungen zu korrigieren, empfiehlt das Forscherteam um Birkelbach, das Geschäftsfeld der (kommerziellen) Nachhilfe in Verfahren der öffentlich verantworteten Genehmigung, Kontrolle und Qualitätssicherung einzubinden. Das »originär öffentliche Gut Bildung« müsse »aus der privatwirtschaftlichen Umklammerung« gelöst werden, damit die Unterstützung für eine erfolgreiche Schullaufbahn nicht primär vom sozioökonomischen Status der Eltern abhängt.

Fehlende nachmittägliche Betreuungsangebote

Wie aber ist es darum in Deutschland mit Blick auf die Nachmittagsangebote als wesentlichen Bausteinen für dieses bildungs- und sozialpolitische Unterfangen bestellt? Die Frage liegt auf der Hand, weil das nach wie vor verbreitete Halbtagssystem ein (west-)deutscher Sonderweg ist, wird Nachmittagsunterricht doch in fast allen europäischen Ländern als Selbstverständlichkeit praktiziert. Zwar wurden bereits Ende der 1960er-Jahre im Zuge einer Initiative des Deutschen Bildungsrats die ersten Versuche unternommen, Ganztagsschulen zu implementieren, um reformpädagogische Bestrebungen zugunsten einer alternativen Lehr- und Lernkultur umzusetzen. Aber erst infolge des PISA-Schocks wurde der Auf- und Ausbau des Ganztagsschulsystems bundesweit forciert, wobei der ab 2003 erfolgten Umsetzung des Investitionsprogramms *Zukunft Bildung und Betreuung* besondere Bedeutung zukommt. So wurde der Auf- und Ausbau von Ganztagsschulen mit vier Milliarden Euro vom Bund sowie weiteren 400 Millionen Euro von den Ländern beschleunigt.

Inzwischen verfügen drei von vier Schulen im Primarbereich und der Sekundarstufe I über Ganztagsangebote, nachdem der Anteil im Schuljahr 2002/2003 noch bei nur 16 Prozent gelegen hatte. Die höchsten Werte verzeichneten gegenwärtig Sachsen (98 Prozent), Hamburg und das Saarland (je 96 Prozent). Hinsichtlich der unterschiedlichen Schulformen sind die integrierten Gesamtschulen Spitzenreiter; von ihnen werden ganze 89 Prozent als Ganztagsschulen geführt. Im Schuljahr 2021/2022 nahm bundesweit und schulformübergreifend knapp die Hälfte der Lernenden Ganztagsschulangebote in Anspruch. Mit dem 2021 verabschiedeten *Gesetz zur ganztägigen Förderung von Kindern im Grundschulalter*, welches einen Rechtsanspruch auf Ganztagsbetreuung für Grundschulkinder ab dem Schuljahr 2026/2027 vorsieht, wird sich der Trend zum Ausbau dieser Angebote voraussichtlich verstärken – obgleich das Beispiel des Rechts auf einen Kitaplatz verdeutlicht, dass rechtliche Vorgaben nicht zwangsläufig ihre Entsprechung im Ausbau der öffentlichen Infrastruktur finden, gibt es doch noch immer etliche Kinder, die einen solchen Kitaplatz nicht erhalten (haben).

Die mit dem Ganztagsförderungsgesetz verbundenen Versprechungen sind jedoch erst einmal zu begrüßen, ist darin doch ein Anspruch auf Betreuung im Umfang von acht Stunden (inklusive Schulzeit) an allen fünf Werktagen vorgesehen. Dieser Anspruch soll sowohl mithilfe von Horten als auch mit Offenen und Gebundenen Ganztagsschulen erfüllt werden. An der Offenen Ganztagsschule ist die Teilnahme freiwillig, beim Gebundenen Ganztag ist der Ganztag ein wesentlicher Teil des Schulprogramms und bei der Erweitert Gebundenen Ganztagsschule müssen alle Schülerinnen und Schüler an fünf Wochentagen am ganztägigen Angebot teilnehmen. Dabei sind Investitionen des Bundes in den Ausbau der notwendigen Infrastruktur von bis zu 3,5 Milliarden Euro angesetzt. Ebenso ist geplant, dass der Bund an den laufenden Kosten beteiligt wird und die Länder ab 2026 zunehmend sowie ab 2030 dauerhaft mit bis zu 1,3 Milliarden Euro pro Jahr unterstützt werden. Es bleibt zu hoffen, dass die von der Ampel-Regierung verfolgte Austeritätspolitik dieses wichtige Instrument zur Abmilderung sozialer Herkunftseffekte nicht zum Erliegen bringt.

Aber unabhängig davon besteht auch nach der Neuregelung die Problematik, dass vormittags an der Schule unterrichtende Lehrkräfte und nachmittags tätige pädagogische Fachkräfte sich nur an wenigen Schulen im Rahmen eines Abstimmungs- und Übergabe-prozederes verständigen. Es wundert nicht, dass sich für die Nach-mittagsbetreuung auch weiterhin kaum (ausreichend qualifiziertes) Personal finden wird, denn wer will schon einen zumeist schlecht bezahlten Nachmittagsjob zwischen 13:00 und 17:00 Uhr ausüben? Trotz der von niemandem geleugneten Misere der Ganztagsbetreu-ung verspielt die Politik auch mit den neuen gesetzlichen Vorgaben nicht nur die Chance, ein Konzept für einen nach pädagogischen Prinzipien rhythmisierten Schultag zu platzieren. Regelungen zu verbindlichen Kooperationszeiten zwischen Lehrkräften und päda-gogischem Personal finden im Gesetz nach wie vor ebenso wenig Berücksichtigung wie Tariftreuevorgaben. Kurzum: Wenn sich be-züglich der Ausgestaltung der Stellen zu wenigstens mittelfristig gesicherten, ausreichend vergüteten und hinsichtlich des Beschäf-tigungsumfangs zufriedenstellenden Arbeitsplätzen nichts ändert, wird sich auch in den kommenden Jahren nicht genügend Fachper-sonal finden lassen, um den Rechtsanspruch umsetzen zu können. Dies gilt umso mehr, als der Rechtsanspruch auf einen Betreuungs-platz für Schülerinnen und Schüler auch in den Ferien gelten soll, wobei die Länder bis zu vier Wochen OGS-Betriebsschließung pro Jahr terminieren können, die Beschäftigten jedoch einen jährlichen Anspruch auf rund 30 Urlaubstage haben.

Ziele und Kennzeichen eines gelungenen Ganztagskonzepts
Schließlich sollen mit dem Ganztagskonzept formelle und infor-melle Lernprozesse miteinander verzahnt werden. Zusätzlich stellt der Ausbau eine längst überfällige soziale Reaktion auf die verän-derten Erwerbs- und Familienstrukturen dar, sind doch inzwischen mehr als zwei Drittel der Eltern in Deutschland berufstätig. Wäh-rend im Primarbereich die Berufsausübung der Eltern die Haupt-intention für die Wahrnehmung des Ganztagsangebots darstellt, verlagert sich dieses Motiv mit zunehmendem Alter der Lernenden hin zu den Bildungs-, Förder- und Freizeitangeboten, die im Rah-

men der Ganztagsbetreuung bereitgestellt werden. So ist unstrittig, dass die mit der Ganztagsbetreuung verbundenen familienergänzenden Sozialisationsleistungen einen bedeutsamen Beitrag zur Durchbrechung sozialer Ungleichheitseffekte leisten – jedenfalls dann, wenn die pädagogische Qualität für die Gestaltung und Umsetzung der außerunterrichtlichen Angebote als wesentliches Merkmal beherzigt wird.

Gute Ganztagsschulkonzepte weisen sich durch eine flexible Taktung, individuelle Förderung sowie auf die Lebenswelt der Lernenden orientierte Lerninhalte und Aktivitäten aus. Zudem kommt der Kooperation zwischen dem schulischen und außerschulischen Personal sowie der Abstimmung zwischen Unterrichtsinhalten einerseits sowie Förder- und Freizeitangeboten andererseits besondere Bedeutung zu. Eine sinnvolle Verknüpfung zwischen den Angeboten am Vor- und am Nachmittag zielt nicht nur auf den Ausgleich von Leistungsdefiziten, sondern zugleich auf soziale Lernerfahrungen. Erfolgreiche Ganztagsschulkonzepte wie zum Beispiel in den skandinavischen Staaten lassen eindeutig positive Effekte hinsichtlich der Persönlichkeitsentwicklung – etwa im Bereich sozialkommunikativer Kompetenzen – erkennen. Die empirische Evidenz ist erdrückend: Gut konzipierte Ganztagsschulen zeitigen in allen Dimensionen der individuellen und gesellschaftlichen Entwicklung positive Effekte.

Aktuell jedoch werden Ganztagsschulen ihrem Namen häufig nicht gerecht. Vielmehr stellen sie lediglich Halbtagsschulen mit Betreuungsangeboten durch externe Anbieter am Nachmittag dar. Individualisierte Lern- und Fördermaßnahmen für die Lernenden fehlen dort ebenso wie pädagogisch überzeugende Gestaltungskonzepte, mit denen Verbindungslinien zwischen dem Unterricht am Vormittag und der pädagogisch gehaltvollen Betreuung am Nachmittag gezogen werden. Wird der klassische Unterricht aber nicht mit den Nachmittagsangeboten verknüpft, profitieren die Schülerinnen und Schüler hinsichtlich ihrer schulischen Leistungen nicht. Dies gilt insbesondere dann, wenn die Nachmittagsbetreuung von unzureichend qualifizierten Personen wie gelegentlich im Ehrenamt Tätigen verantwortet wird statt von pädagogischen Fachkräften. Dabei belegen Studien des Deutschen Jugendinstituts eindrucksvoll, dass professionelle Ganztagsangebote überaus positive Auswirkungen auf die schulische und sozial-emotionale Entwicklung von Kindern und Jugendlichen zeitigen: So lassen sich bei ihnen weniger Klassenwiederholungen, Schulabbrüche und Verhaltensauffälligkeiten feststellen.

Nimmt man an, dass sich das Personal zu 50 Prozent aus Lehrkräften und zu 50 Prozent aus weiterem pädagogischem Personal speist, ergeben sich Kosten in Höhe von circa 4 030 Euro pro Kind und Jahr. Angesichts der Tatsache, dass sich in Deutschland jedes dritte Kind in einer sozialen, finanziellen oder bildungsbezogenen Risikolage befindet, sollten diese Investitionen in die Zukunft unserer Gesellschaft parteienübergreifend forciert werden. Da Kinder aus Familien mit Migrationshintergrund von den benannten Risikolagen in jedem zweiten Fall und damit deutlich häufiger betroffen sind als Kinder ohne Migrationshintergrund, wären die Mittel auch ein begrüßenswerter Beitrag zur überfälligen Verbesserung unserer Integrationspolitik. Nach wie vor liegen Kinder, die selbst mit ihren Eltern zugewandert sind, mit ihren schulischen Leistungen um mehr als ein Schuljahr hinter jenen ohne Zuwanderungsgeschichte zurück. Aber der Bildungshistoriker Heinz-Elmar Tenorth weist zu Recht darauf hin, dass nicht die Migration das Kernproblem für unsere Bildungsrepublik ist, sondern lediglich unter dem Vergrößerungsglas erkennen lässt, dass die Arbeit der Schulen mit Risikoschülerinnen und -schülern ungenügend ist. Im Lichte der derzeitigen Zusatzeffekte durch vor allem auch minderjährige syrische und ukrainische Geflüchtete erlangt diese Feststellung ein besonders belastbares Maß Gültigkeit. Von der sprichwörtlich gewordenen afrikanischen Weisheit, dass es ein ganzes Dorf braucht, um ein Kind zu erziehen, sind wir meilenweit entfernt.

Chronische Unterfinanzierung der Hochschulen

Die chronische Unterfinanzierung bundesdeutscher Hochschulen hat viele Gesichter. Unzureichende Betreuungsschlüssel bei steigenden Studierendenzahlen, fehlende Um-, Aus-, Neubauten von Seminar- und Hörsaalgebäuden sowie nahezu durchweg befristete Beschäftigungsverhältnisse unterhalb der Professuren sind die sichtbarsten Zeichen für die seit vielen Jahren währenden hochschulpolitischen Versäumnisse. Dass weder der Bund noch die Bundesländer darauf reagieren und auch die Kommunen dem sich stetig verschärfenden Mangel an bezahlbarem Wohnraum für Studierende nur verhalten begegnen, ist beachtlich – zumal Einigkeit besteht, dass der Abstand zu den weltweit führenden Universitäten immer größer wird.

Dies zeigt schon die lange Liste der baulichen Mängel an Hochschulgebäuden im gesamten Bundesgebiet. Zu der maroden Bausubstanz kommen die Schadstoffbelastungen wie zum Beispiel die PCB-Belastung in vielen Bauten der 1960er- und 70er-Jahre. An der 1972 errichteten Bergischen Universität Wuppertal sind es neben den von Asbest durchzogenen Wänden die undichten (Flach-)Dächer, die den Betroffenen Sorgen bereiten. Die Studierenden der Friedrich-Alexander-Universität Erlangen-Nürnberg konnten sich glücklich schätzen, dass nicht während des Lehrbetriebs, sondern nachts mehrere Kilo Putz aus der Decke brachen. An der TU Berlin krachte die Zwischendecke tagsüber auf die Tische und Stühle eines zum Glück nicht belegten Seminarraums. An ebenjener Universität waren im Sommer 2023 gleich drei von den mathematisch-naturwissenschaftlichen Fächern genutzte Gebäude geflutet. Aber der »Wissenschaftsstandort« Berlin steht nicht allein mit dem Sanierungsstau. Auch an den Universitäten in Bielefeld, Köln und Oldenburg finden sich an vielen Orten Eimer, um das durch undichte Dächer eindringende Regenwasser aufzufangen. An der Universität Kiel war einige Wochen lang chlorhaltiges Wasser vom

Schwimmbecken ins Grundwasser geflossen. In Bochum brach ein Gabelstapler durch die Bodenplatten des zentralen Uni-Platzes. Und an der Universität Bremen – immerhin eine Zeit lang Exzellenzuniversität – ist die Sanierung von Sportturm und Unibad-Gebäude seit vielen Jahren sichtbar überfällig.

Während staatliche Hochschulen in Deutschland nur rund 12 000 Euro pro Studentin beziehungsweise Student ausgeben, können die acht immer wieder als Referenzinstitutionen genannten US-amerikanischen Ivy-League-Universitäten – darunter Yale, Princeton und Harvard – nicht nur auf jährliche Studiengebühren in Höhe von bis zu 75 000 Euro pro Studienplatz zurückgreifen, sondern auch auf das beachtliche Stiftungsvermögen in Höhe von rund 200 Milliarden Euro und staatliche Overheads für die eingeworbenen Forschungsgelder (allein 1,8 Milliarden Euro für die Ivy-League-Universitäten im Jahr 2022). Dabei bräuchten die deutschen Hochschulen schon aus einem einzigen Grund ebenso dringend wie zwingend mehr Geld: Die Studierendenzahlen steigen – ungeachtet einiger Dellen – seit den 1970er-Jahren stetig. So waren im Wintersemester 2023/2024 rund 2,92 Millionen Studierende an deutschen Hochschulen immatrikuliert. Dessen ungeachtet erfolgte bislang keine auskömmliche Aufstockung der Finanzierung, die der seit Jahrzehnten zu beobachtenden Unterfinanzierung der Hochschulen Rechnung getragen hätte. Personalmangel und daraus resultierende unterdurchschnittliche Betreuungsverhältnisse sind die Folge. Selbst Leuchttürme der Hochschullandschaft ächzen unter den »Studierendenbergen« – zumal der Fokus der Rektorate und Präsidien vielfach nicht mehr auf den Lehraktivitäten liegt, sondern auf drittmittelorientierten Forschungsaktivitäten und den diese anbahnenden Beiträgen in doppelt-blind begutachten Fachzeitschriften. Nach wie vor unverändert haben die Beschäftigungsverhältnisse weit überwiegend (sehr) kurze Laufzeiten. Damit überfüllte Hörsäle und Seminarräume sowie Schlangen vor den Büros der Dozentinnen und Dozenten nicht länger den hochschulischen

Alltag prägen, bräuchte es ebenso dringend wie zwingend mehr Geld für in der Lehre tätiges Personal. Mittel werden den Hochschulen jedoch nach wie vor in erster Linie für die Forschung gewährt. So gilt es die Lücken im Lehrangebot mit Gastprofessorinnen und -professoren, Lehrbeauftragten und Privatdozentinnen und -dozenten zu füllen. Unter langfristig nicht planbaren Lehr- und Prüfungsaktivitäten leiden aber nicht nur die Beschäftigten, sondern gerade auch die Studierenden.

Problematik der Drittmittelfinanzierung

Woher die chronische Unterfinanzierung der Hochschulen rührt, versteht man mit Blick auf deren Einnahmequellen, die sich mit Blick auf die Möglichkeiten ihrer Verausgabung grundlegend unterscheiden: Grund- und Drittmittel. Knapp 90 Prozent der Finanzmittel für die Hochschulen kommen von der öffentlichen Hand als sogenannte Grundmittel, wobei die Bundesländer als Träger der Hochschulen drei Viertel des Budgets beisteuern, während der Bund insbesondere an der Finanzierung von Forschungsprojekten über Sonderprogramme (unter anderem *Hochschulpakt* beziehungsweise *Zukunftsvertrag Studium und Lehre, Exzellenzinitiative* beziehungsweise *Exzellenzstrategie* und *Professorinnenprogramm*) sowie sogenannte Forschungsbauten in die Finanzierung von Hochschulen eingebunden ist (circa 15 Prozent). Rund 10 Prozent der Mittel fließen aus privaten Quellen, die zum Großteil aus der Auftragsforschung und zu einem weitaus geringeren Teil aus privaten Spendentöpfen und Studienbeiträgen stammen.

Darüber hinaus werden an immer mehr Hochschulstandorten Tablets von der Computerindustrie gesponsert, Hörsäle nach kapitalkräftigen Gönnern benannt oder Professuren von Unternehmen gestiftet. Finanzielle Förderung aus privaten Quellen kommt dabei schwerpunktmäßig den Studiengängen zu, die sich unternehmerisch relevanten oder jedenfalls ökonomisch verwertbaren Forschungsgebieten widmen. Eine vom Stifterverband für die

Deutsche Wissenschaft veröffentlichte Studie wies nach, dass private Stifterinnen und Stifter beinahe siebenmal so viel Geld in die Wirtschafts-, Ingenieur- und Naturwissenschaften stecken wie in die Geistes- und Sozialwissenschaften: Betrachtet man alle Fächer, finden sich vier von fünf privat finanzierten Professuren in den Natur- und Ingenieurwissenschaften sowie in der Medizin und der (angewandten) Mathematik. So verstärkt die private Hochschulfinanzierung die Ungleichverteilung der Hochschulbudgets. Schon jetzt fließt den sogenannten MINT-Fächern gemessen an der Zahl der Professuren mehr als doppelt so viel Geld pro Professur zu wie den Sprach- oder Kulturwissenschaften. Diese Förder(un)kultur verstärkt den Trend, bilanzschwache Fächer sukzessive auszubooten. Gleichzeitig werden natur- und ingenieurwissenschaftliche Forschungsschwerpunkte ausgebaut, um nicht nur mehr private Zuwendungen, sondern im Wege des leistungsorientierten Finanzierungsmodells der Bundesländer auch umfangreichere Mittelzuflüsse aus staatlichen Schatullen sicherzustellen.

Angesichts der finanziellen Schwierigkeiten, mit denen sich staatliche Hochschulen schon lange konfrontiert sehen, trat zwar zum Januar 2015 eine Grundgesetzänderung in Kraft, die dem Bund die Möglichkeit eröffnet, nicht nur zur Finanzierung der Forschung, sondern auch der Lehre beizutragen. Nachdem wechselnde Bundesregierungen immer wieder die Auffassung vertreten hatten, dass der Bund nicht in die Grundfinanzierung eingreifen, sondern allenfalls in Richtung gewünschter Entwicklungen Finanzanreize setzen solle, wurde im Sommer 2019 der dauerhafte Einstieg des Bundes in die Finanzierung der Lehre erreicht. Dennoch leben Hochschulen unverändert von Drittmitteln, die auch unmittelbar die Grundfinanzierung betreffen, da ein Kriterium für die von den Bundesländern zu zahlenden Grundmittel auch die Leistungsorientierung ist. So etwa hängen in Nordrhein-Westfalen 20 Prozent der Grundmittel an leistungsabhängigen Kriterien. Diese setzen sich zu 50 Prozent aus den Absolventenzahlen, zu

10 Prozent aus den Promotionszahlen und zu satten 40 Prozent aus der Menge der Drittmittel zusammen. Universitäten, die im Rennen um Drittmittel schlecht abschneiden, werden also doppelt benachteiligt.

Allen Beteuerungen zum Trotz, die bundesrepublikanischen Universitäten mit zusätzlichen finanziellen Kraftanstrengungen an die »Weltspitze« führen und »deutsche Harvards« etablieren zu wollen, reicht die Grundfinanzierung in keinem Bundesland zur Verbesserung von Forschung und Lehre aus. So ist das Bemühen um die als Drittmittel bekannten Forschungsgelder zu einem integralen Bestandteil der Forschungs- und Leitungslogik geworden. Da die eingeworbenen Drittmittel immer häufiger als Gradmesser für die Mittelzuflüsse gelten, müssen Hochschulen inzwischen knapp ein Viertel ihres Budgets über Drittmittelprojekte erwirtschaften, wobei die für die Beantragung von Forschungsprojekten aufzuwendende Zeit für die Betreuung der Studierenden fehlt. Da Drittmittel bevorzugt in lukrative Fächer wie Betriebswirtschaftslehre oder Bauingenieurwesen und weniger in Philosophie, Germanistik oder Romanistik fließen, ist die Fächervielfalt der Universitäten bedroht, was sich unter anderem an der Streichung von »Orchideenfächern« wie Byzantinistik, Indologie, Tamilistik oder Russistik zeigt. Zunehmend werden geisteswissenschaftlichen Instituten die Mittel gekürzt, Stellen und Professuren abgebaut oder ganze Studiengänge eingestellt. Die Fokussierung auf das Einwerben von Drittmitteln durch (exzellente) Forschung führt zudem vielfach dazu, dass die Lehre finanziell und personell benachteiligt wird. Hochschulen, die ihren Fokus auf die Lehre legen, können zudem kaum Drittmittel einwerben und sind damit oft auch deutlich schlechter ausgestattet. Den deutschen Universitäten droht mithin die Aufspaltung in zwei Typen: An Forschungsuniversitäten wird die prestigeträchtige Forschung konzentriert, während an Ausbildungsuniversitäten nach dem Vorbild der vormaligen Fachhochschulen zügig auf einen Beruf hin ausgebildet werden dürfte.

Da die Hochschulausgaben jährlich steigen, die Grundfinanzierung durch die öffentliche Hand aber nicht gleichermaßen wächst, erhöht sich der zur Kostendeckung erforderliche Anteil an Drittmitteln. Zum Erfolg verpflichtet, müssen Hochschulleitungen daher ihre strategischen Überlegungen in besonderer Weise auf deren Einwerbung ausrichten. Soll dieser Drittmittelorientierung, die angesichts der wettbewerblich angelegten Ausschreibungsverfahren auch als Vermarktlichung der Hochschulen gedeutet werden kann, Einhalt geboten werden, braucht es eine grundsätzliche Kehrtwende. Diese kann nicht darauf hinauslaufen, dass erneut die zum Wintersemester 2014/2015 zuletzt in Niedersachsen abgeschafften Studiengebühren eingeführt werden. Diese sind ein weiteres Zeugnis eines auf breiter Front bestehenden politischen Unwillens, mehr Geld in Bildung zu investieren. Zudem verstärken Studiengebühren die ohnehin hohe Selektivität des deutschen Bildungssystems, indem sie Studieninteressierten aus sozioökonomisch weniger privilegierten Bevölkerungsgruppen den Hochschulzugang erschweren oder sie jedenfalls abschrecken. Sie laufen damit dem Ziel zuwider, mehr Menschen ein Hochschulstudium zu ermöglichen.

Nun ruhen viele Hoffnungen auf der *Exzellenzstrategie* des Bundes und der Länder, mit deren Hilfe der Wissenschaftsstandort Deutschland international wettbewerbsfähig werden soll. In der ersten Förderperiode (2020 bis 2026) stehen jährlich rund 148 Millionen Euro zur Verfügung für die Förderung von zehn Exzellenzuniversitäten und einem Exzellenzverbund. Für die zweite Förderperiode (2027 bis 2033) werden bei Erfolg im wettbewerblichen Verfahren bis zu maximal vier neue Förderfälle aufgenommen. Hintergrund der *Exzellenzstrategie* ist die Tatsache, dass sich in internationalen Forschungsrankings wie dem Shanghai-Ranking keine deutschen Universitäten auf den vorderen Plätzen finden. Dabei wird allzu häufig übersehen, dass dies nicht bedeutet, dass die deutschen Universitäten schlechter sind: Zum einen ist das deutsche Hochschulsystem bislang weniger ausdifferenziert gewesen als die Hochschulsysteme anderer Staaten, in denen es wenige Eliteuniversitäten und viele kaum angesehene Hochschulen gibt. Folglich sind zwar keine deutschen Hochschulen in der Spitzengruppe platziert, dafür hingegen zahlreiche im oberen Mittelfeld. Zum anderen findet in Deutschland ein Großteil der Spitzenforschung (formal) außerhalb der Universitäten statt, so zum Beispiel an den 85 Forschungseinrichtungen der Max-Planck-Gesellschaft mit mehr als 24 000 Beschäftigten, 76 Instituten und Forschungseinrichtungen der Fraunhofer-Gesellschaft, 18 Helmholtz-Forschungszentren mit 46 000 Mitarbeitenden sowie 96 Leibniz-Instituten. Diese Forschung wird aber in solchen Rankings nicht berücksichtigt. Überdies lässt sich die finanzielle Ausstattung einzelner deutscher Universitäten nicht mit den wesentlich höheren Budgets der einzelnen internationalen Elitehochschulen vergleichen, woran sich auch durch die Exzellenzstrategie mit ihrer jetzigen Struktur nichts ändern wird. Ohnehin wird allenfalls forschungsorientierte Lehre eine Rolle spielen, aber der Schwerpunkt wird auch weiterhin in der Forschung liegen.

Geradezu traditionell prekär sind die Beschäftigungsbedingungen an hiesigen Hochschulen. Insgesamt 81 Prozent der an bundesdeutschen Hochschulen beschäftigten Wissenschaftlerinnen und Wissenschaftler sind befristet angestellt – ein Wert, der auch im internationalen Vergleich als einzigartig bezeichnet werden muss. Selbst in Großbritannien und den USA als neoliberalen Vorreiterstaaten genießt ein höherer Anteil der Forschenden eine gesicherte Beschäftigungsperspektive. In der deutschen Praxis hingegen addieren sich die befristeten Verträge zu einer maximalen Gesamtlaufzeit von zwölf Jahren (beziehungsweise 15 Jahren für in der Medizin Forschende). Danach droht der GAU: Wem nicht der Sprung auf eine Professur oder eine der anderen raren unbefristeten Stellen gelingt, muss der Wissenschaft den Rücken kehren – oder sich in einem (weiteren) mit Drittmitteln geförderten Projekt verdingen. Wer personelle Kontinuität in der Betreuung, inhaltliche Kontinuität in der Lehre und forschungsorientierte Stringenz in der Ausrichtung von Professuren wünscht, muss dafür verlässliche Beschäftigungsperspektiven bieten.

Privates Engagement statt staatlicher Verantwortung

Unter dem Diktat klammer öffentlicher Kassen haben sich zudem zahlreiche Hochschulen für Werbung privater Unternehmen geöffnet. Der Verkauf von Namensrechten hat nach den Fußballbundesligastadien nun also auch die Hochschulen erreicht. Die Einflussnahme privater Geldgeber wächst, werden doch zwei von drei Stiftungsprofessuren nach Ablauf der vorab festgelegten Vertragslaufzeit gegenwärtig in das Budget der Hochschulen übernommen. Diese wirken mithin als »Trojanische Pferde«, die das Postulat der Wissenschaftsfreiheit zu unterwandern drohen.

Darüber hinaus werden Hochschulen seit nunmehr vier Jahrzenten immer stärker nach den Ideen des *New Public Management* umgestaltet, was zum Beispiel bedeutet, dass sie zunehmend autonom über die Verwendung ihrer Mittel entscheiden dürfen. Diese Autonomie wird in besonderer Weise privaten Hochschulen zugebilligt, die hierzulande nach wie vor ein Nischendasein fristen und trotz einiger spektakulärer Schließungen in den vergangenen Jahren einen rasanten Aufstieg verzeichnen konnten. Ließen sich 1995 gerade einmal 24 private Hochschulen zählen, liegt ihre Zahl nun bei 116. Darunter finden sich die bundesweit bekannte Bucerius Law School in der Freien und Hansestadt Hamburg, die European School of Management and Technology in Berlin oder auch die 2016 unter das Dach des 23 Hochschul- und Campusstandorte zählenden SRH-Hochschulkonglomerats gerutschten European Business School (EBS) in Oestrich-Winkel. Aber auch die äußerst erfolgreiche Frankfurt School of Finance & Management, die bis 2017 vom ehemaligen nordrhein-westfälischen Wissenschafts- und Wirtschaftsminister sowie langjährigen FDP-Landesvorsitzenden

Andreas Pinkwart geleitete Handelshochschule Leipzig, die renommierte Hertie School of Governance in Berlin, die Jacobs University Bremen, die Steinbeis-Hochschule Berlin, die Universität Witten/Herdecke, die WHU – Otto Beisheim School of Management in Vallendar sowie die regelmäßig unter anderem auf ihrer Homepage mit kreativen Annoncen wie »Lust auf frisch gepresste Bildungsangebote« aufwartende Zeppelin-Universität in Friedrichshafen am Bodensee zählen dazu.

Mangels auskömmlicher staatlicher Finanzierung öffnen sich immer mehr Hochschulen für Unternehmen. So verkaufte die Hochschule für angewandte Wissenschaften Würzburg-Schweinfurt die Namensrechte ihres größten Hörsaals an die Supermarktkette Aldi Süd. Würzburger Studierende hören Vorlesungen aber nicht nur im Aldi-Süd-Hörsaal, sondern auch in dem vom Deutschen Sparkassen- und Giroverband finanzierten Sparkassen-Hörsaal der Julius-Maximilians-Universität Würzburg. Dass der Verkauf von Namensrechten nach den Fußballbundesligastadien nun auch die Hochschulen erreicht hat, belegt unter anderem die RWTH Aachen, die Unternehmen auf ihrer Website unter dem Reiter Hörsaalsponsoring ab einer jährlichen Zuwendung in Höhe von 7 500 Euro offensiv anbietet, einen Seminarraum oder Hörsaal nach ihnen zu benennen.

Ein besonders wirkmächtiges Instrumentarium des Agenda-Settings an Hochschulen stellen Stiftungsprofessuren dar, deren Zahl sich seit 2010 verdoppelt hat, sodass ihr Anteil mit 806 Professuren auf 1,6 Prozent angewachsen ist. Zwei von drei der zunächst extern finanzierten Professuren werden anschließend in das reguläre Budget der Hochschulen übernommen. Wenn sich das baden-württembergische Modell durchsetzen sollte, wonach Hochschulen diese Anschubfinanzierung grundsätzlich nur annehmen dürfen, wenn sie sich verpflichten, die Kosten nach Ablauf des Förderzeitraums zu übernehmen, würde sich der inhaltliche Einfluss von privaten Akteuren auf den Hochschulsektor noch weiter verschärfen.

Aber schon jetzt müssen die meisten Hochschulen nach Auslaufen der privaten Fördermittel für Stiftungsprofessuren eine andere Professur auslaufen lassen oder aber umwidmen.

Auch auf anderem Wege nehmen Unternehmensvertreterinnen und -vertreter Einfluss auf Hochschulen. So stammt jedes vierte Mitglied in Hochschulräten aus einem Privatunternehmen, bei den Vorsitzenden der Hochschulräte kommt gar die Hälfte aus Industrie und Wirtschaft. Gewerkschaften oder Nichtregierungsorganisationen nehmen in den Hochschulräten hingegen nur in seltenen Einzelfällen Verantwortung wahr. Und an wenigstens 30 Hochschulen zwischen Flensburg und Passau nimmt die Wirtschaft gleich doppelt Einfluss, indem sie Stiftungsprofessuren finanziert oder Kooperationsverträge unterhält – und zugleich Mitglieder in den Hochschulrat als zentrales Aufsichtsgremium entsendet. Somit unterliegen Unternehmensvertreterinnen und -vertreter einem unauflöslichen Interessenkonflikt, wenn sie sowohl im Namen ihres Arbeitgebers auftreten als auch im Namen der Hochschule urteilen sollen. So ist der Automobilkonzern Daimler allein in Süddeutschland in zehn Hochschulräten vertreten, Mitarbeitende des Technologiekonzerns Siemens bestücken bundesweit mehr als ein Dutzend »Hochschulaufsichtsräte«. Besonders bedenklich ist diese Interessenverquickung deshalb, weil viele der Entscheidungen der meist nicht öffentlich tagenden Hochschulräte weiterreichen als die Beschlüsse des jeweiligen Senats, des höchsten beschlussfassenden Hochschulgremiums, in dem Studierende und Beschäftigte über ihre Belange mitbestimmen (dürfen).

Das Werben der Hochschulen um private Förderer geschieht häufig ausgesprochen offensiv. So verspricht die Hochschule Pforzheim, Förderer könnten bereits für ein paar Euro im Jahr »die Gelegenheit [nutzen], mit Gleichgesinnten in einen exklusiven Austausch zu treten«. Gemeinsam erweitere man die Vitalität und Vielfalt der Einrichtung. Auf Förderer warte ein »einzigartiger Zugang« und ein »exklusiver Klub«. Wer die Hochschule über fünf Jahre unterstütze, werde Mitglied im »Rektors Club«. Damit verbunden ist das Versprechen auf »informelle Gespräche« und »fachlichen Austausch«. Das Angebot scheint für Unternehmer attraktiv zu sein: Neben der Kosmetikfirma La Biosthetique und der Wirtschaftsprüfungsgesellschaft Ernst & Young ist auch die Firma Witzenmann im Rektors Club vertreten, ebenso wie die Sparkasse Pforzheim Calw. Letztgenannte hat noch einen weiteren exklusiven Zugang zur Hochschule: Der Vorsitzende Stephan Scholl ist Mitglied im siebenköpfigen Hochschulrat, das heißt, seine Stimme kann sowohl bei Strukturentwicklungsplänen und Bauvorhaben als auch bei der Wahl des Rektorats den Ausschlag geben. Dem einst ehernen Gebot der Transparenz in wissenschaftlichen Einrichtungen genügen Hochschulräte vielfach nicht.

Diese Autonomie wird insbesondere privaten Hochschulen zugebilligt. Am besten stehen Einrichtungen wie die Bucerius Law School oder die Jacobs University Bremen da, die von solventen und großzügigen Gönnern finanziert werden. Aber das Primat des Privaten funktioniert längst nicht überall. So mussten viele private Hochschulen trotz hoher Gebühren und großer Versprechen nach nur wenigen Jahren geschlossen werden, darunter die Adam-Ries-Fachhochschule in Erfurt (bis 2013), die EDU.CON Hochschule Berlin (bis 2010), die Fachhochschule Schwäbisch Hall (bis 2013), die International Business School of Service Management in Hamburg (bis 2013), die Internationale Hochschule Calw (bis 2011), die Private Fernfachhochschule Sachsen in Chemnitz (bis 2010) sowie die Private Hanseuniversität in Rostock (bis 2009). Die Nachricht von der Schließung der Rostocker Privatuniversität schlug als »Schiffbruch an der Ostseeküste« in der breiteren bildungsinteressierten Öffentlichkeit hohe Wellen, weil die dort auszumachenden Unzulänglichkeiten in der Finanzierungsarchitektur auf andere Privathochschulen übertragbar zu sein schienen. Aber trotz mitunter eindeutiger Fehlentwicklungen in der privaten Hochschullandschaft erfreuen sich die Bildungseinrichtungen nach wie vor eines starken Zulaufs, obwohl sich die von Privatisierungsbefürworterinnen und -befürwortern stets betonten Effizienz- und Leistungsgewinne durch die verstärkte Konkurrenz und das übergeordnete Leistungsprinzip nicht belegen lassen: »Dass sich die privaten Hochschulen durch ein höheres Maß instrumenteller Zweck-Mittel-Rationalität auszeichnen, findet in der empirischen Bildungsforschung keine Stütze«, so die Bildungsforscher Robert Reisz und Manfred Stock.

Der Trend zur Privatisierung entlädt sich aber auch bei den öffentlichen Hochschulen, die in immer weitreichenderer Weise nach denselben Prinzipien funktionieren sollen wie private Hochschulen, sich also verstärkt ökonomischen Maßstäben unterwerfen (müssen). Obwohl die Universitäten seit den 1970er-Jahren stetig steigende Studierendenzahlen zu verzeichnen hatten, gab es keine adäquate Aufstockung der Finanzierung. Personalmangel und daraus resultierende unterdurchschnittliche Betreuungsverhältnisse sind die Folge. »Wie beim Abbau des Sozialstaats wurde das vorsätzlich ›ausgehungerte‹ staatliche Hochschulsystem zum Sündenbock für die Probleme der Hochschullandschaft erklärt« und zum Anlass für tiefgreifende Reformen genommen, so Wolfgang Lieb, ehemaliger Regierungssprecher und Staatssekretär in Nordrhein-Westfalen.

Was vielen Wissenschaftspolitikerinnen und -politikern für staatliche Hochschulen vorschwebt, ist eine Organisation der Lehre nach dem Vorbild privater Anbieter. Sie soll im Einklang mit den Ideen des *lean management* effizienter – es ließe sich auch sagen: »verschulter« – gestaltet und auf Studiengänge ausgerichtet werden, die einen konkreten Anwendungsbezug haben. Verschiedene Spielarten der Betriebswirtschaftslehre zählen ebenso dazu wie mit dem Gesundheitswesen oder der öffentlichen Verwaltung in Verbindung stehende Studieninhalte. Die Forschung soll noch weiter vom Wettbewerbsgedanken geprägt werden, und zwar mithilfe eines Systems, das nach dem Matthäus-Prinzip allein Exzellenz honoriert. Damit wird ein historisch gewachsenes System auf der Ebene der einzelnen Organisationen, aber auch auf der makrosystemischen Ebene auf seine Bestandteile reduziert, die in ihrem jeweiligen Verständnis des Marktprinzips einem (internationalen) Vorbild nacheifern. Es wird verkannt, dass damit die Kohärenz der einzelnen Organisationen wie auch des Hochschulsystems insgesamt langfristig gefährdet sein wird. Auf einer abstrakteren Ebene stellt sich das Problem, dass dieses System aufgrund der fehlenden Einheit von Forschung und Lehre dann den Studierenden nicht mehr die Lerninhalte und -formen bereitstellen kann, die künftig notwendig sein werden.

Dass die viel beschworene Einheit von Forschung und Lehre aufgrund der vielfach zuwiderlaufenden Zielvorgaben unter den derzeitigen Bedingungen nicht eingelöst werden kann, bringt Jürgen Kaube im Vorwort seiner lesenswerten Anthologie *Die Illusion der Exzellenz. Lebenslügen der Wissenschaftspolitik* prägnant zum Ausdruck:

>*Die Universitäten sollen beispielsweise inklusiv und exklusiv sein, Schulen für die Hälfte eines Jahrgangs und Exzellenzuniversitäten, Orte des sozialen Massenaufstiegs durch Bildung und Orte strikter Leistungsorientierung, Stätten der Berufsausbildung und Stätten jenes kognitiven Überbietungsverhaltens um seiner selbst willen, dass man Wissenschaft nennt.«*

Dieser diametralen Gegenüberstellung mag man in der vom Herausgeber der *Frankfurter Allgemeinen Zeitung* gewählten Deutlichkeit nicht folgen, aber klar ist, dass deutsche Hochschulen mit widerstreitenden Zielvorgaben konfrontiert sind. Darunter leiden die Studierenden, die den Geist der Freiheit immer seltener atmen, weil sie für Seminare, die sie belegen wollen, aber laut Studienverlaufsplan nicht müssen, nicht mehr zugelassen werden. Um möglichst viele Studierende auf das Gleis der Regelstudienzeit zu setzen, zielen wir auf die Verschulung der Studiengänge. Hinzu kommt der Versuch, den Sozial- und Geisteswissenschaften die Forschungsformen der Natur- und Ingenieurwissenschaften überzustülpen, was sich zum Beispiel in der Ermöglichung der (kumulativen) Promotion auf Raten über Zeitschriftenartikel zeigt.

Zudem haben sich die Arbeitsbedingungen an den Hochschulen keineswegs verbessert. Selbst auf Professorenebene verfügen die Hochschulleitungen inzwischen über ein wirksames Instrument, mit dem sie den vermeintlichen Müßiggang unter Hochschullehrerinnen und -lehrern verhindern können (beziehungsweise sollen). So sieht das 2005 in Kraft getretene Professorenbesoldungsreformgesetz variable Leistungsbezüge nicht nur in Form von Berufungs- oder Bleibeleistungsbezügen vor. Mit befristeten oder unbefristeten, ruhegehaltfähigen oder nicht ruhegehaltfähigen, dynamisierten oder nicht dynamisierten Leistungszulagen verfügen die Hochschulleitungen über ein ausgesprochen wirksames Steuerungsinstrumentarium, das nahezu ausschließlich Drittmittelaktivitäten boniert. Indes hat die leistungsorientierte Bezahlung mindestens zwei unerwünschte Nebeneffekte: Erstens platzen unzählige Berufungsverfahren, da die Kandidatinnen und Kandidaten ihren Hut oft nur in den Ring werfen, um an ihrer Heimathochschule Bleibeverhandlungen führen zu können – und damit ihre Bezüge zu steigern. Der politisch gewollte, vermeintlich produktive und qualitätssteigernde Wettbewerb entpuppt sich somit für viele Stakeholder des Hochschulwesens als ruinöser Wettbewerb. Und zweitens gerät die ausweislich der Berufsbezeichnung »Hochschullehrerin« beziehungsweise -lehrer konstitutive Lehre aus dem Fokus, um nicht zu sagen aus dem Blickfeld.

Im derzeitigen Anreizsystem wird auch weiterhin den Professorinnen und Professoren ein Nachteil aus der W-Besoldung erwachsen, die sich in der Lehre, in der akademischen Selbstverwaltung oder bei der Förderung des wissenschaftlichen Nachwuchses engagieren, jedoch keine nennenswerten Drittmittel einwerben. Dies wird nicht nur das Verhältnis zwischen den im selben fachlichen Umfeld tätigen Hochschullehrenden verändern, sondern auch die Kluft zwischen den Disziplinen noch weiter vertiefen. Wer sich mit Romanistik, Tamilistik oder Russistik befasst, wird auch in Zukunft kaum Chancen haben, sich mit den drittmittelstarken Kolleginnen und Kollegen aus den Natur- und Ingenieurwissenschaften oder der Medizin zu messen. Sollten die Ministerien die Zulagentöpfe auch künftig deckeln, sodass der Personalhaushalt der Hochschulen identisch bleibt, muss der Einkauf von akademischen Spitzenverdienerinnen und -verdienern weiterhin notwendigerweise zulasten der Kolleginnen und Kollegen gehen, die in weniger drittmittelstarken Disziplinen tätig sind.

Studierende im Abseits

Den Studierenden hingegen erwächst aus dieser Personalpolitik kein Vorteil. Ihnen wäre nicht nur im Studiengang Jura, der gegen Ende schon traditionell von außeruniversitären Anbietern – sprich: kommerziellen Repetitorien wie Alpmann Schmidt, Jura Intensiv oder hemmer – begleitet wird, eher mit Tutorien, Schreibwerkstätten und attraktiv(er)en Lernorten wie zum Beispiel länger geöffneten Bibliotheken oder dortigen (Gruppen-)Lernkabinen geholfen. Aber auch andere Qualitätsmerkmale von Hochschulen, von denen Studierende profitieren würden, werden in der Hochschulplanung und -finanzierung nur unzureichend berücksichtigt: Unzählige Fakultäten – darunter auch sehr große – müssen an deutschen Hochschulen ohne ein auch nur näherungsweise ansprechendes gastronomisches Angebot auskommen. Dies gilt für die Qualität des Essens ebenso wie für die Öffnungszeiten von Mensen und Cafeterien. Viele von ihnen schließen schon bald nach der Mittagszeit, sind in der vorlesungsfreien Zeit geschlossen oder halten nur unzureichende Sitzplatzkapazitäten vor. Wie beim studentischen Wohnraum oder beim Sport- und Freizeitangebot setzen Hochschulleitungen auch beim gastronomischen Angebot, das bestenfalls zum abendlichen Verweilen auf dem Campus einlädt, immer häufiger auf private Betreiber. Dabei sind auf dem Campus angesiedelte Restaurants, Cafés, Theater und Sportstätten nur auf den ersten Blick unbedeutende Standortfaktoren. Tatsächlich können sie der Generation der Digital Natives wertvolle Räume für direkte Begegnungen eröffnen. Zweifellos ist ein lebendiger und lebenswerter Campus für ein akademisch inspirierendes Umfeld entscheidend. Diese durch unzählige Studierendenbefragungen gestützte Erkenntnis sollte den Landesregierungen Grund genug sein, ihre Schatullen für die Hochschulen zu öffnen.

4 Keine schöne neue Schulwelt

In entwickelten Industriestaaten wie Deutschland ist die Schule der zentrale institutionelle Erfahrungs-, Schutz- und Sozialisationsraum. Und natürlich lässt sich trefflich darüber streiten, ob die Lehrpläne entrümpelt, der Fächerkanon verändert und das Prinzip der zentralen Lernstandserhebungen aufgegeben werden sollten. Aber es bleibt dabei, dass die Schule einen entscheidenden Beitrag zur Bildung jedes und jeder Einzelnen leistet. So ist vollkommen unstrittig, dass es neben einer hochwertigen frühkindlichen Bildung auch ein qualitativ ansprechendes Schulsystem braucht, um soziale Mobilität zu fördern, Chancenungleichheit zu reduzieren und bestmögliche individuelle Bildungsverläufe zu eröffnen. Wenn nun sowohl in den Medien wie auch in der Bevölkerung und Bundespolitik Einigkeit darüber herrscht, dass sich Deutschlands Schulen in einer »Bildungskrise« von historischem Ausmaß befinden, ist es an der Zeit, die system- und kulturbedingten Defizite ohne bildungsideologische Scheuklappen zu benennen, um die längst überfälligen Veränderungen herbeizuführen.

Blamable Unterfinanzierung der Schulen

Angesichts der gewaltigen Herausforderungen forderten Gewerkschaften, Bildungsverbände sowie Eltern- und Schülervertretungen im Juni 2023 spürbare Investitionen von Bund und Ländern in die Bildung. In einem gemeinsamen Appell forderten sie die Bereitstellung eines *Sondervermögens Bildung* in Höhe von mindestens 100 Milliarden Euro für Kitas und Schulen. Ein sich zunehmend verschärfender Lehrkräfte- und Erziehermangel treffe auf ein »veraltetes, unterfinanziertes und segregiertes Bildungssystem, das sozial ungerecht ist«, heißt es in dem flammenden Appell des Bündnisses *Bildungswende jetzt!*. Überdies forderten die Verfasserinnen und Verfasser unter Verweis auf die beim Bildungsgipfel 2008 getroffenen Vereinbarungen jährliche Ausgaben von mindestens zehn Prozent des Bruttoinlandsprodukts für Bildung und Forschung. Zugleich wird in dem Appell für einen Staatsvertrag plädiert, mit dem sich alle Bundesländer darauf verpflichten, genügend Lehrkräfte auszubilden und Studienabschlüsse wechselseitig anzuerkennen. Und auch die baulichen Mängel der Bildungseinrichtungen werden immer wieder thematisiert, denn nach wie vor entspricht die bundesrepublikanische Bildungsrealität nicht den Ansprüchen einer Bildungsrepublik.

Leben von der bröckelnden (Bau-)Substanz

Zerborstene Fenster, demolierte Schränke und verstopfte Toiletten symbolisieren die seit Jahrzehnten während Unterfinanzierung des deutschen Schulsystems, die Lehrkräften, Schülerinnen und Schülern sowie Eltern aus der täglichen Anschauung leidig bekannt ist. Heinz-Peter Meidinger, Vorsitzender des Deutschen Lehrerverbands, skizzierte die Missstände an deutschen Schulen schon 2017 in ebenso drastischen wie trefflichen Worten:

>*Der Zustand vieler Schulen mit undichten Flachdächern, Mäusen und Ratten in den Versorgungsschächten, untragbaren hygienischen Bedingungen auf den Toiletten, mangelhafter Wärmedämmung und bröckelndem Putz an den Innen- und Außenwänden sowie fehlender regelmäßiger Reinigung ist eine Schande für den Kulturstaat und Hochtechnologiestandort Deutschland.«*

Ein Viertel der Berliner Schülerinnen und Schüler gibt an, immer oder oft weniger zu essen und zu trinken, um nicht die Schultoiletten aufsuchen zu müssen. Eine beträchtliche Zahl von Schulen gibt ein Bild ab, das nicht zur fünftgrößten Volkswirtschaft der Welt passen will – und dies bundesweit. Allein in Bayern und Nordrhein-Westfalen wird der aktuelle Sanierungsstau auf rund 14,5 Milliarden Euro geschätzt. Für Wiesbaden ermittelte das *Bündnis Schulsanierung* einen Investitionsbedarf von 400 Millionen Euro, in Kassel sind es 150 Millionen Euro, in Frankfurt am Main rund eine Milliarde Euro und in Berlin sogar 3,9 Milliarden Euro.

Trotz dieses gigantischen Sanierungsstaus an zahlreichen Schulen lässt ein kontinuierliches Investitionsprogramm für Schulrenovierungen und -sanierungen auf sich warten, nachdem der Bund finanzschwachen Schulträgern 2018 immerhin 3,5 Milliarden Euro zur Verfügung gestellt hatte. Aus diesem Schulsanierungsprogramm mit dem sperrigen Titel *Kommunalinvestitionsförderungsgesetz, Kapitel 2* hatten die Kommunen bis zum Jahresende 2022 jedoch nicht einmal die Hälfte des Geldes abgerufen, was sicherlich nicht nur als Beleg für unzureichende Kooperationsbemühungen zwischen den gebietskörperschaftlichen Ebenen gedeutet werden kann, sondern auch als verfehlte Investitionspolitik der Gemeinden. Wie viele Städte leisten sich prestigeträchtige Konzerthäuser, versäumen es aber, in ihre Schulen (und Kitas) zu investieren, obwohl die Hebelwirkung für erfolgreiche Bildungsverläufe bekannt ist?

Bei Neubau- und Sanierungsvorhaben gelten Öffentlich-Private-Partnerschaften (ÖPP) nun vielerorts auch in diesem einst originär staatlichen Bereich als Erfolg versprechender Weg. Privatunternehmen bauen, renovieren und betreiben Schulen und werden mitunter sogar mit der Einstellung von Hausmeistern und Reinigungspersonal betraut. So wurden seit 2012 mehr als ein Dutzend Berufsschulen in Hamburg mit einem Investitionsvolumen von 320 Millionen Euro nach diesem Modell saniert, umgebaut oder gar neu errichtet. Vorreiter war der Landkreis Offenbach, der bereits 2004 die Sanierung und Bewirtschaftung der 90 Schulen des Kreises im ÖPP-Gesellschaftsmodell mit insgesamt 223 Millionen Euro aufzubringenden Investitionskosten an Privatunternehmen übertrug – im Westen an die Mannheimer SKE GmbH, im Osten an den Baukonzern Hochtief. Einer der bundesweiten Vorreiter war auch die Stadt Monheim, die 2004 einen viel beachteten, auf 25 Jahre angelegten ÖPP-Vertrag mit der Hermann Kirchner Projektgesellschaft schloss, der sowohl die Finanzierung als auch die Realisierung aller Sanierungs- und Neubauvorhaben in städtischen Schulgebäuden sowie in sämtlichen Sport- und Turnhallen vorsieht. Anfänglich war in Monheim das private Dienstleistungsunternehmen Serco beteiligt, das über eine Tochtergesellschaft unter anderem die Justizvollzugsanstalt Hünfeld betreibt und bis 2008 in der Altmark das modernste Gefechtsübungszentrum der Bundeswehr betrieb. Auch an vier Schulen in Frankfurt am Main wurden Neubau und Sanierung sowie das Gebäudemanagement nebst Instandhaltung im Jahr 2007 für zwei Jahrzehnte an Hochtief übertragen. Ähnliche Entwicklungen brechen sich gegenwärtig in Berlin Bahn. 5,5 Milliarden Euro sollen im Rahmen der *Schulbauoffensive* bis 2026 in die städtische Schulinfrastruktur fließen, um unter anderem rund 60 neue Schulen zu errichten. Durch den Vertrag mit den kommunalen Trägern profitieren die Unternehmen nicht nur von vergleichsweise hohen, sondern zugleich von langfristig verlässlichen Einnahmen.

Aber unabhängig davon, wie die Schulaus- und -neubauten von den Kommunen organisiert werden, ziehen sich die Bauvorhaben übergebührlich in die Länge. «Pauken im Container», lautet an vielen Standorten das über viele Jahre verfolgte Konzept, weil die Baugenehmigungen nicht erteilt, die Bauten nicht freigegeben oder die beauftragten Bauunternehmen Konkurs gegangen sind. In Brandbriefen prangern Lehrkräfte »Unterricht zwischen Sperrmüll und Umzugskartons« an, wie unlängst eine Grundschule im Berliner

Stadtteil Wedding – war das Hauptgebäude doch so verschimmelt, dass es nicht mehr freigegeben werden durfte. Vielerorts fühlt man sich an britische Verhältnisse erinnert. Mehr als 100 Schulen konnten jenseits des Ärmelkanals nach den Sommerferien im August 2023 nicht mehr geöffnet werden, weil der in vielen Flachdächern und Mauern bis Mitte der 1990er-Jahre verbaute Porenbeton – letztlich erwartungsgemäß – nach rund 30 Jahren brüchig geworden war. Manche Schulen mussten schließen, andere konnten – zumindest vorübergehend – auf alternative Gebäude ausweichen und viele waren gezwungen, auf Digitalunterricht umzustellen. Angesichts der stetig länger werdenden Liste von in den Medien berichteten Fällen scheint es nur noch eine Frage der Zeit zu sein, bis uns eine solche flächendeckende Hiobsbotschaft auch in Deutschland erreicht.

Garantierter Unterrichtsausfall statt Unterrichtsgarantie

Indessen äußert sich der Substanzverzehr aber nicht nur in geschlossenen, maroden oder privatisierten Schulgebäuden, sondern auch in dem derzeit besonders viele Schlagzeilen produzierenden Unterrichtsausfall. Dabei kommt der Aufschrei überraschend spät. So erhielten in Thüringen schon vor einigen Jahren Hunderte Klassen Zeugnisse, die seltsam anmuteten. Weil der Fachunterricht in Fächern wie Physik oder Kunst so häufig ausfallen musste, wurden keine Noten vergeben, sodass auf den Zeugnissen sichtbare Lücken klafften.

Und schon eine im August 2017 veröffentlichte Studie der Wochenzeitung *Die Zeit* warf ein methodisch überzeugendes Schlaglicht auf das Thema »Unterrichtsausfall«. Da nicht erteilte Unterrichtsstunden bis zum heutigen Tag in keiner offiziellen bundesweiten Statistik erfasst werden, befragte die *Zeit*-Redaktion 1787 Lehrerinnen und Lehrer, 1110 Eltern sowie 746 Schülerinnen und Schüler. Im Anschluss wurden die erhobenen Daten unter Mithilfe von Meinungsforschenden gewichtet, sodass es sich um eine zumindest näherungsweise repräsentative Studie handelt. Das zentrale Ergebnis lautete, dass – anders als oft behauptet – nicht nur zwei Prozent des Unterrichts ausfallen, sondern deutlich mehr. Laut der Umfrage würden vielmehr fünf Prozent des Unterrichts ganz ausfallen und zudem fünf Prozent Vertretungsunterricht stattfinden. Zusammengerechnet bedeutet dies, dass zu zehn Prozent irregulärer Unterricht stattfindet. In diesem Zusammenhang konnte ebenso die Qualität des Vertretungsunterrichts näher beleuchtet werden. Was längst vermutet wurde, bewahrheitete sich: Es sieht nicht gut aus, denn in lediglich einem Fünftel der Fälle wissen die Vertretungslehrkräfte, was genau sie zu unterrichten haben, weil sie konkrete Anweisungen zur Unterrichtsgestaltung erhalten haben. Weiterhin interessant ist die fachliche Qualifikation der Vertretungslehrerinnen und -lehrer, die nur selten eine adäquate Gestaltung des zu vertretenden Faches erlaubt: So werden die Fächer Chemie, Erdkunde und Spanisch zu über 70 Prozent fachfremd vertreten; in Kunst, Musik und Französisch sind es sogar mehr als 80 Prozent.

Besonders hervorzuheben ist in diesem Zusammenhang der eklatante Unterschied zwischen armen und reichen Schulbezirken. Dadurch, dass bei der Umfrage auch der sozioökonomische Status der Eltern gemessen wurde, konnte auf die Unterschiede im Unterricht eingegangen werden, die Kinder wohlhabender und weniger wohlhabender Familien erhalten. Es bestätigt das Bild einer Zweiklassengesellschaft auch im Schulsystem. Demnach fällt in Regionen, in denen das Nettohaushaltseinkommen besonders oft unter 3 000 Euro beträgt, der Unterricht zu 12 Prozent aus; in Regionen, in denen das Nettohaushaltseinkommen häufig über 5 000 Euro beträgt, dagegen nur zu 3 Prozent. Anders ausgedrückt bedeutet diese Gerechtigkeitslücke, dass Kinder aus ärmeren Familien vier Mal häufiger Unterrichtsausfall erleben (meist übrigens auch, weil die Personalausstattung dort schlechter ist).

Dass es neben der ausreichenden Zahl von Lehrkräften noch weitere Faktoren gibt, die mit Bildungserfolgen und der (Unter-)

Finanzierung des Schulsystems zusammenhängen, konnte in zahlreichen Studien nachgewiesen werden. So wies eine in den Jahren 2009/2010 in Dänemark durchgeführte Untersuchung in über 700 Klassenzimmern einen Zusammenhang zwischen der Luftqualität im Unterrichtsraum und dem Schulerfolg nach. Darin wurde deutlich, dass bei steigender CO_2-Konzentration im Klassenzimmer die Schülerinnen und Schüler verhältnismäßig häufiger schlecht bei landesweiten Tests abschnitten. In einer Studie aus den Vereinigten Staaten wurden in den Jahren 2008 und 2009 Messungen in 70 verschiedenen Schulen durchgeführt, um den Einfluss von CO_2-Konzentration und Temperatur auf Schulleistungen zu erforschen. Auch hier konnten signifikante Unterschiede zwischen den verschiedenen Lernbedingungen nachgewiesen werden. Konkret wurden um bis zu 14 Prozent bessere Leistungen im Fach Mathematik von den Schülerinnen und Schülern gemessen, die unter günstigeren Bedingungen lernten hinsichtlich Luftqualität und Raumtemperatur. Trotzdem gibt es nur in den wenigsten deutschen Schulen überzeugende Belüftungskonzepte – ganz zu schweigen von Klimaanlagen oder alternativen Kühltechniken.

Die Forderung nach einer auskömmlichen Finanzierung der Schulen zielt aber nicht nur auf deren Raum-, Sach- und Materialausstattung, sondern auch auf eine Verbesserung des Personalschlüssels. Dabei geht die Schere zwischen den Bundesländern in Sachen Finanzierung immer weiter auseinander: Während die Stadtstaaten Berlin und Hamburg – über alle Schularten hinweg gerechnet – 10 000 beziehungsweise 10 100 Euro pro Kopf ausgeben, sind es in Nordrhein-Westfalen nur 6 800 Euro. Dies widerspricht der grundgesetzlich festgeschriebenen Gleichwertigkeit der Lebensverhältnisse. Im digitalen Zeitalter liegt es nahe, die IT-Infrastruktur an Schulen weiter auszubauen, aber bestenfalls erst dann, wenn undichte Dächer, verdreckte Toiletten, verschimmelte Wände, zugige Fenster und defekte Heizungen der Vergangenheit angehören. Laut einer vom Deutschen Institut für Urbanistik (Difu) im

Auftrag der Kreditanstalt für Wiederaufbau (KfW) durchgeführten Umfrage verzeichnen Städte und Gemeinden allein im Bereich der Schulen einen Investitionsrückstand von rund 55 Milliarden Euro. Die im internationalen Vergleich (zu) niedrigen Ausgaben für das Schulsystem sind der zentrale Grund, warum Bildungschancen hierzulande nach wie vor in besonderer Weise vom sozioökonomischen Hintergrund abhängen. Schulen sollten so finanziert werden, dass sie als Quartierschulen über ein Hallenbad, eine Bibliothek, einen bestenfalls schuleigenen Garten, ein Programmkino und auch Sportstätten im unmittelbaren Umfeld verfügen.

Wenig segensreiche Folgen der Digitalisierung

Ende 2022 schlug die textgenerative Software ChatGPT des US-amerikanischen Unternehmens OpenAI, zu dessen Geldgebern neben Bill Gates auch libertäre Milliardäre wie Elon Musk und Peter Thiel gehören, wie ein Lauffeuer ein. Und tatsächlich dürfte mit der Erfindung die weitreichendste Revolution im Bildungswesen seit der Erfindung des Buchdrucks eingeläutet worden sein. Sämtliche Lernaufgaben, Leistungskontrollen und Abschlussarbeiten werden nicht länger fair bewertet werden können, wenn sie mithilfe von generativer künstlicher Intelligenz erstellt wurden. Dies gilt ungeachtet der Tatsache, dass Simone Fleischmann, ihres Zeichens Präsidentin des Bayerischen Lehrer- und Lehrerinnenverbandes (BLLV), frühzeitig zu Protokoll gab, man »wisse [...] ganz genau, wie man KI in ein gutes Bildungssystem integrieren kann«, um sogleich zu fordern, dass sich nun die Leistungsmessung ändern müsse. Denn ausgereifte Ideen, wie Schulen und Hochschulen auf diese digitale Disruption reagieren sollen, existieren bislang nicht einmal im Ansatz.

Im Gegenteil: Chatbots wie ChatGPT, die auf einer Art des maschinellen Lernens und einer Unterart künstlicher Intelligenzen basieren und aus im Internet verfügbaren Informationen einen vermeintlich sinnvollen Text transformieren, betreiben lediglich die Simulation von Wissen, nicht aber die für Bildungsprozesse unverzichtbare Produktion von Wissen. Wie die Jenaer Soziologin Marlen van den Ecker schreibt, sind Chatbots gewissermaßen klug, weil sie Zugriff auf schier unfassbare Mengen textförmigen Wissens haben. Doch sie sind keineswegs intelligent, denn originäre Konzepte kreieren sie nicht. Stattdessen reproduzieren sie beispielsweise rassistische oder sexistische Diskriminierung, die auf der einprogrammierten Befangenheit der Programme basiert, verursachen einen gigantischen Ressourcen- und Energieverbrauch und verfestigen zudem die Monopolmacht der Tech-Giganten im Silicon Valley.

Mit an Sicherheit grenzender Wahrscheinlichkeit werden sie zu Produktivitätssteigerungen im produzierenden Gewerbe oder in der Logistikbranche beitragen, doch wesentliche Kulturtechniken werden auch in Zeiten künstlicher Intelligenz zu erlernen sein. Wenn nun also Bildungspolitikerinnen und -politiker oder überforderte Eltern fordern, binomische Formeln oder den Satz des Pythagoras nicht länger im Schulkontext zu vermitteln, offenbaren sich die verfehlten Vorstellungen, die letztlich einmal mehr auf die Abkehr von Bildung im bestmöglichen Sinne zielen. Wird Bildung aber auf das reduziert, was den Anwendungskriterien der Arbeitsmaterialien entspricht, anstatt sie als Zweck an sich zu begreifen, dann erscheint jede technische Neuerung als nützliches Instrument, um uns letztlich von ihr abzuhalten. Die Beurteilung und Bewertung von Denkleistungen in Institutionen der Bildung daran anzupassen, was Maschinen und künstliche Intelligenz uns abnehmen können, verlässt endgültig den Pfad, den wir einschlagen müssen, um Bildung mit Wissen zu paaren.

Die Frage, ob – und wenn ja, inwieweit – die Klassenräume für Technologiekonzerne in infrastrukturell-technischer Hinsicht geöffnet werden sollten, müsste aber auch angesichts des mas-

siven Engagements der *Big Five* der US-amerikanischen Digital-
wirtschaft auf der bildungspolitischen Agenda ganz oben stehen.
Apple, Alphabet (Google), Meta (Facebook), Amazon und Microsoft drängen nicht nur mit aller Macht auf die Schulhöfe, sondern
auch in die Klassen- und Lehrerzimmer. Umfängliche Digitalisie-
rungsstrategien der Bundesländer, Initiativen der Kultusministerkonferenz sowie der im Frühjahr 2019 vom Deutschen Bundestag
verabschiedete *DigitalPakt Schule* legen Zeugnis von der schul-
politischen Zeitenwende ab. Und die von der Ampel-Regierung
angekündigte Neuauflage unter der Chiffre *Digitalpakt 2.0* zeigt,
dass der Hype nicht verflogen, sondern allgegenwärtig ist. Die Digitalisierung, so scheint es, wird von Politikerinnen und Politikern
als universelle Verheißung angesichts der eklatanten und zuletzt
durch das neuerliche Pisa-Debakel offengelegten Mängel unseres
Schulwesens angesehen. Natürlich muss die Digitalisierung der
Lebens- eine Digitalisierung der Bildungswelten nach sich ziehen,
aber die damit einhergehenden Gefahren bleiben in dem sich auch
medial befeuerten technologischen Solutionismus vollkommen
unterbelichtet.

So verdrängt die Frage des praktischen »Wie« bildungswissenschaftlich notwendige Überlegungen über das »Wozu«. Der blinde
Glaube daran, dass der desaströsen Schreib- und Lesekompetenz
deutscher Schülerinnen und Schüler mit der flächendeckenden
Ausgabe von Tablets, der Einspeisung digitaler Lernmaterialien
in den Unterricht und der Verfügbarmachung von Online-Tools
begegnet werden könne, ist bestenfalls naiv. Dasselbe gilt für die
derzeit im medialen Diskurs allgegenwärtigen KI-basierten Tools.
ChatGPT wird das Humboldt'sche Bildungsideal nicht retten: »Ein
schlechter Unterricht wird durch digitale Medien nicht besser, obschon ein guter Unterricht von digitalen Medien profitieren kann«,
hat der Bildungsforscher Klaus Zierer zutreffend festgestellt.

Empirische Schulforschung bremst die Euphorie

Einer Auswertung internationaler Metastudien zufolge lässt sich für den schulischen Einsatz digitaler Medien kein positiver Effekt auf die fachlichen Leistungen von Lernenden feststellen. Zu desillusionierenden Ergebnissen kommt auch John Hattie in der 2023 veröffentlichten Neuauflage seiner für die empirische Bildungsforschung richtungsweisenden Metastudie *Visible Learning*. Die positiven Lerneffekte der Implementierung digitaler Techniken sind im Vergleich zu anderen Maßnahmen zur Steigerung der Unterrichtsqualität bestenfalls durchschnittlich. Resümierend bricht er seine Befunde auf die Formel »*But it is not IT; it is ITT – It's the Teaching*« herunter. Zudem spielen kontextuelle Faktoren wie die Frage nach dem passenden Einsatz und die Fähigkeiten der Lehrkraft die entscheidende Rolle für die Wirksamkeit digitaler Medien. Per se von positiven Wirkungen digitaler Medien auszugehen, lässt sich empirisch nicht untermauern. Glücklicherweise werden immer mehr Stimmen laut, die vor den lernhinderlichen Auswirkungen der Digitalisierung von Lehr- und Lern-Arrangements warnen.

Hinsichtlich des nach wie vor empirisch nicht belegten positiven Zusammenhangs zwischen dem Einsatz digitaler Medien einerseits und dem Lernzuwachs von Lernenden anderseits lässt sich unter anderem feststellen, dass Computer und Tablets für viele unterrichtliche Vorhaben nicht – oder jedenfalls schlechter – geeignet sind. Eine Forschungsgruppe der Universität Kiel verglich beispielsweise Texte von Schülerinnen und Schülern, die entweder am Computer oder per Hand verfasst wurden. Das Ergebnis: Am Computer schrieben sie zwar durchschnittlich mehr Wörter, produzierten aber relativ mehr Rechtschreibfehler als handschriftlich. Auch der niederländische Bildungsforscher Joost Meijer untersuchte, welches Medium in welchem Bildungskontext erfolgreicher ist. Er kam zu dem Ergebnis, dass simple Arbeiten – etwa das Lernen von Vokabeln – relativ gut am Computer ausgeführt werden können. Komplexere Lernprozesse aber bedürften nach wie vor des Buchs und des Hefts. Auch nahm Meijer die Motivation der Lernenden in den Blick, konnte dabei allerdings ein oft vorgebrachtes Argument für Tablets und Co. nicht stützen: dass die Arbeit mit diesen die Lernenden zusätzlich motiviere. In mehreren Untersuchungen zeigte er auf, dass Computer und Tablets für Kinder und Jugendliche dann interessant sind, wenn sie damit Filme anschauen oder spielen können. Im schulischen Kontext – will heißen: in der maßgeblichen Lernumgebung – hingegen verlören sie schnell ihre Faszination.

Außerdem gibt es Hinweise darauf, dass der Einsatz digitaler Medien bestehende soziale Ungleichheiten verstärkt. 2019 etwa förderte eine Studie der Universität Helsinki zutage, dass nur solche Schülerinnen und Schüler vom Einsatz digitaler Medien profitieren, die über eine ausreichende Konzentrationsfähigkeit verfügen, während die wachsende Zahl von Lernenden mit einer geringeren Aufmerksamkeitsspanne Nachteile zu erleiden scheint. Es ist auch dieser Studie zu verdanken, dass die Schülerinnen und Schüler in Finnland zwar seit einigen Jahren landesweit mit Tablets arbeiten, aber die aus kognitions- und entwicklungspsychologischer Sicht problematische Abschaffung der Schreibschrift dort gegenwärtig intensiv diskutiert wird. Und auch in Deutschland gibt es Untersuchungen, die nahelegen, dass der Einsatz digitaler Werkzeuge vor allem in der Grundschule nicht angebracht ist. So fokussierte eine Studie von Erziehungswissenschaftlerinnen und -wissenschaftlern um die Dortmunder Bildungsforscherin Nele McElvany den Wortschatz und das Leseverhalten von Viertklässlerinnen und -klässlern. Während der mittlere Wortschatz anwuchs, je mehr Bücher die Kinder lasen, stellten die Forschenden einen umgekehrten Zusammenhang bei der Nutzung digitaler Geräte zum Lesen außerhalb der Schule fest. Hier war der Wortschatz entsprechend im Mittel umso kleiner, je intensiver die Geräte zum Lesen eingesetzt wurden.

Als besonders prominentes Beispiel der jüngeren Vergangenheit ist die Stellungnahme des bei Stockholm beheimateten und in Fachkreisen äußerst renommierten Karolinska Instituts aus dem Jahr 2023 zu nennen. Hierin äußerten Entwicklungspsychologinnen und -psychologen sowie Neurowissenschaftlerinnen und -wissenschaftler scharfe Kritik an einer Gesetzesinitiative der schwedischen Regierung, Vorschulen verpflichtend mit digitalen Endgeräten auszustatten. Sie begründen dies mit Studien, die Kindern und Jugendlichen Verschlechterungen in den Bereichen Konzentrationsfähigkeit, Leseverständnis und Informationsaufnahme attestieren. Zugleich machten sie darauf aufmerksam, dass der Nutzen für den Wissenserwerb junger Kinder mit Tablets und internetbasierten Tools bislang nicht in wissenschaftlichen Studien nachgewiesen werden konnte, sondern sogar negative Auswirkungen auf ebenjenen hätten. Ihren ursprünglichen Plan gab die schwedische Regierung zuletzt auf.

Stattdessen vollzieht sich in Schweden augenblicklich ein regelrechter Rollback, nachdem die Lesegeschwindigkeit, der Wortschatz und das Leseverständnis bei den Schülerinnen und Schülern in der gesamten Breite zurückgegangen sind. So fordert Schulministerin Lotta Edholm nun eine Rückkehr zu Schulbüchern. 60 Millionen Euro stellte Schwedens Regierung allein 2023 zur Verfügung, um die Bücher wieder zurückzuholen. Die Begründung der liberalen Politikerin: »Digitale Lehrmittel sind etwas für ältere Kinder. Wir wissen, dass kleine Kinder nach den Erkenntnissen der Hirnforschung überhaupt nicht mit Bildschirmen in Berührung kommen sollten.« Geht es nach Schwedens amtierender Regierung, sollen Lehrkräfte insbesondere kleine Kinder von den Bildschirmen locken, haben doch auch Eltern zu verstehen gegeben, dass sich mit einem Buch leichter nachvollziehen lässt, was ihre Kinder bis zum nächsten Test zu lernen haben. Die schwedische Regierung reagiert damit auf einen häufig ignorierten Befund. So empfehlen die meisten einschlägigen Forschungen, Tablets und Co. erst im Kontext der weiterführenden Schulen zum Einsatz zu bringen, idealiter im Alter von 12 bis 14 Jahren, das heißt, wenn die meisten Jugendlichen die kognitiven Grundlagen erworben haben, um sich die notwendigen Kompetenzen des digitalen Zeitalters anzueignen. Auf die kognitive und sozial-emotionale Entwicklung von Grundschülerinnen und -schülern wirken sich digitale Werkzeuge hingegen in erster Linie negativ aus.

Silicon Valley im Klassenzimmer

Unabhängig davon, ob und wie vorteilhaft die Digitalisierung von Bildungsprozessen ausfällt, steht die Frage im Raum, welche dem digitalen Wandel innewohnenden institutionellen Gefährdungen mit Blick auf die unzureichende Ausstattung hiesiger Schulen in der Regel unerwähnt bleiben. So ist mit der Digitalisierung nicht nur ein historisch einzigartiger Informationsreichtum geschaffen worden, sondern auch ein bislang unbekannter Informationsirrgarten. Der Zugang zu Faktenwissen ist so niedrigschwellig wie nie zuvor, aber es kann Informationen auch immer weniger getraut werden. In ihren tausendfach genutzten Filterblasen verbreiten Populistinnen und Populisten ihre Verschwörungstheorien und rufen zum Widerstand des »Volkes« gegen ein vermeintlich herrschendes Kartell aus Politik, Wirtschaft und Presse auf.

Alphabet, Amazon, Microsoft und Meta sind neue Zentren der Macht, die sie in einem bisher unbekannten und kaum einzuhegenden Maße nun auch auf dem Bildungssystem ausüben. Doch nicht nur sie drängen auf den Bildungsmarkt, sondern auch Stiftungen, Non-Profit-Organisationen und Verbände. Beflügelt von der Idee, Bildung neu zu denken, engagieren sie sich mittels Projektfinanzierungen und Medienkampagnen für die Etablierung digitaler Markt- und Infrastrukturen an Schulen und Hochschulen. Akteure wie das Bündnis für Bildung oder das Forum Bildung Digitalisierung werben mit ihrer vermeintlichen Neutralität, meinen damit aber häufig lediglich, dass sie produktneutral agieren. Sie werben also nicht für bestimmte Produkte, betonen aber bei jeder Gelegenheit, dass digitale Produkte in jedem Fall genutzt werden sollen. Um möglicher Kritik vorzubeugen, argumentieren sie mustergültig mit Partizipation, demokratischer Teilhabe oder Gemeinschaft und finden auch dadurch nicht nur Resonanz in der Öffentlichkeit, sondern auch Akzeptanz in der Politik.

Wie erfolgreich die Tech-Giganten und ihre Vorfeldorganisationen dabei sind, ohne Regularien auf den Markt zu stoßen, zeigt sich geradezu mustergültig am *DigitalPakt Schule*. In dessen Rahmen investierte der Bund insgesamt fünf Milliarden Euro, wobei der Betrag 2020 im Kontext der Corona-Pandemie um weitere 1,5 Milliarden Euro aufgestockt wurde. Auch wenn diese Summen auf den ersten Blick beeindrucken mögen, zeigen Berechnungen von Forscherinnen und Forschern der Universität Bremen, dass die veranschlagten Mittel mitnichten ausreichen, um die Schulen mit den finanziellen Ressourcen zu versorgen, die es für die von der Kultusministerkonferenz formulierten Ansprüche bräuchte. Selbst unter Berücksichtigung der Erhöhung standen den Schulen im Mittel gerade einmal 32 500 Euro jährlich zur Verfügung. Nach Berechnungen des Informatikers Andreas Breiter würden die Schulen jedoch jährlich zwischen 71 000 und 136 000 Euro benötigen, wenn sich fünf Schülerinnen und Schüler einen Computer teilen. Soll jedes Kind einen Laptop oder ein Tablet erhalten, bedürfte es sogar Investitionen in Höhe von 242 000 bis 349 000 Euro pro Schule und Jahr. Statt die Schulen also annähernd ausreichend zu finanzieren, entstehen diesen hohe Folgekosten für Technik und Systemwartung, die sie mit Einsparungen an anderer Stelle tragen müssen.

Doch damit nicht genug. Mit dem *DigitalPakt Schule* wurde offenbart, dass die Digitalisierung des Bildungswesens bislang in erster Linie durch handfeste ökonomische Interessen und nicht durch pädagogische Konzepte geprägt war. Wie weit das Einfallstor für Unternehmensinteressen aufgestoßen wurde, zeigt sich daran, dass neben dem südkoreanischen Unternehmen Samsung alle US-amerikanischen *Big Five* hinter die Schultore getreten sind. So wirbt etwa der im kalifornischen Cupertino beheimatete Tech-Gigant Apple für eine intensive Einbindung seiner Produkte in den Unterricht:

»*Seit 40 Jahren unterstützt Apple Lehrerinnen und Lehrer dabei, das kreative Potenzial jedes einzelnen Schülers freizusetzen. Heute tun wir das auf mehr Arten als je zuvor. Und das nicht nur mit leistungsstarken Produkten. Sondern auch mit Werkzeugen, Inspirationen und Programmen, die Lehrkräften dabei helfen, geradezu magische Lernerlebnisse zu schaffen.*«

Und auch Alphabet mit Sitz im benachbarten Mountain View drängt in die Klassenzimmer, wie der SZ-Journalist Claus Hulverscheidt schon 2017 feststellte:

»*Der Konzern tut seit Jahren einiges, um gerade Lehrer für sich zu gewinnen. Sie werden gezielt eingeladen, an der Entwicklung lernunterstützender Programme mitzuarbeiten und sich in sogenannten Google-Erziehergruppen untereinander und mit dem Konzern auszutauschen – online und auf Partys. Allein in den USA gibt es mehr als 60 solcher Gruppen.*«

Der Technologiekonzern Samsung wirbt nicht nur mit seinen Produkten, sondern auch mit seiner Vision für das Lernen mittels digitaler Endgeräte:

»*Inspirieren Sie Ihre Schülerinnen und Schüler zu neuen Höchstleistungen. Das Samsung Literacy Lab ist eine umfassende mobile Lernlösung, die entwickelt wurde, um die Lesefähigkeit von Schülerinnen und Schülern der Jahrgangsstufen 3 bis 12 zu fördern. Das Literacy Lab kombiniert ein Samsung Chromebook 3 oder Galaxy Tab E mit dem branchenführenden Leseprogramm iLit von Pearson. Es handelt sich um eine mobile Lösung, die leicht transportiert werden kann, um die Schülerinnen und Schüler dort zu erreichen, wo sie sich aufhalten.«*

Insbesondere mit Blick auf den parteienübergreifend begrüßten *DigitalPakt Schule* stellt sich die Frage, wer angesichts der chronischen Unterfinanzierung des deutschen Schulsystems die mit der Digitalisierung verbundenen Kosten tragen soll. Das sowohl mit hohen Einmalinvestitionen als auch mit kontinuierlichen Kosten für Betriebswartungen, (Neu-)Anschaffungen und Systempflegearbeiten verbundene Digitalisierungsprogramm ist angesichts der chronischen Unterfinanzierung der öffentlichen Haushalte ohne eine Neujustierung der Steuer- und Abgabenarchitektur auf privatwirtschaftliche Unterstützung angewiesen. Droht Schulen, Lehrkräften und Lernenden eine dauerhafte Abhängigkeit von privatem Sponsoring? Wird die Einflussnahme durch Digitalkonzerne wie Apple, Microsoft und Samsung in Kauf genommen, um die digitale Infrastruktur für die Generation der Digital Natives attraktiv zu machen? Sehen sich Lehrkräfte künftig nicht mehr nur gezwungen, auf analoge Unterrichtsmaterialien großer Privatunternehmen zuzugreifen, sondern auch auf deren digitale Bildungspakete, weil die unzureichende Ausstattung der Schulen die regelmäßige Neuanschaffung von Schulbüchern nicht erlaubt? Droht die Methodenkompetenz von Lehrkräften zu verkümmern, wenn sie verstärkt auf per App gesteuerte Lehr- und Lernszenarien setzen? Und zu guter Letzt steht die Frage im Raum, ob die Bildschirmzeit von Schülerinnen und Schülern, die im Alter zwischen 12 und 13 Jahren ohnehin schon täglich 91 Minuten pro Tag Fernsehen schauen und 83 Minuten das Internet nutzen, noch ausgeweitet werden sollte. Die Relevanz dieser Fragestellung vergrößert sich, wenn man davon ausgeht, dass ein interaktiver Unterricht, der sich einem motivierenden Lernumfeld verpflichtet sieht, auch im traditionellen – will heißen: analogen – Schulunterricht erreichen lässt.

Apple: iPads, Classroom-Apps und *Education Pricing*

Apple etwa wirbt für eine intensive Einbindung seiner Produkte in den Unterricht und verspricht Schulen und Lehrkräften im Silicon-Valley-typischen Duktus der breitspurigen Selbstinszenierung, gemeinsam »Großes zu erreichen«. Wie wichtig es dem momentan zweitwertvollsten Unternehmen der Welt ist, dass mehr iPads und MacBooks in die Schulen kommen, wird auch daran ersichtlich, dass Hochschulangehörigen und Lehrkräften im Rahmen des *Apple Education Pricing* pauschale Vergünstigungen sowie kostenlose Weiterbildungsprogramme angeboten werden. Letztere führen in die *Apple Education Community* und berechtigen zum Titel *Apple Teacher*. Lehrkräfte werden zu zertifizierten Markenbotschafterinnen und -botschaftern eines Konzerns, der seit Jahren für seine überaus fragwürdigen Steuerpraktiken in der Kritik steht. Strategisches Ziel ist es, dass Kinder sich zum Beispiel an iOS-basierte Betriebssysteme gewöhnen, sodass sie ihre Kaufentscheidungen dauerhaft an den aus Schulzeiten vertrauten Produkten ausrichten. Darüber hinaus bietet Apple Apps und Programme an, die auf die eigenen Produkte und deren Nutzung im Schulunterricht zugeschnitten sind.

So wird Lehrkräften nahegelegt, sich in kostenlosen Weiterbildungsprogrammen mit Apple-Produkten vertraut zu machen und Kompetenzen zu erwerben, um diese im Schulalltag einzusetzen. Dabei verspricht der Konzern Folgendes:

> *»Lehrer können Kompetenzen rund um iPad und Mac aufbauen, die ihnen direkt im Unterricht mit ihren Schülern nützlich sind. Sie erhalten Anerkennung für neu Gelerntes und werden für die großartige Arbeit, die sie jeden Tag leisten, belohnt.«*

Zugleich bietet Apple die Dienste eines Apple Solution Expert an, das heißt, Mitarbeitende des Unternehmens gewährleisten Unterstützung für Apple-Produkte an Schulen. So etwa kooperierte der

Schulbuchverlag Cornelsen mit Apple von Mai bis Juli 2017 im Rahmen des Projekts *Apple Professional Learning*. Ziel des befristeten Pilotprojektes war es, im Rahmen von Workshops Aussagen zu Qualitätskriterien von Fortbildungsmaßnahmen für Lehrkräfte zu gewinnen.

Im Unterricht soll nach Vorstellung des Technologieriesen mit der *Classroom App* gearbeitet werden. Sie ermöglicht es den Schülerinnen und Schülern, Lernaufgaben über iPads und iMacs zu bearbeiten, wobei sie gleichzeitig digital von Lehrkräften beobachtet werden können. Selbst digitale Gruppenarbeit ist möglich. Dabei stellt sich nicht nur die Frage nach der Notwendigkeit derartiger Programme, sondern insbesondere auch danach, wie Apple – oder andere Unternehmen, die Hard- und Software im Unterricht zur Verfügung stellen – die von den Schülerinnen und Schülern auf den Endgeräten generierten Daten nutzt. Der Umgang des Konzerns mit Kundendaten zeigt sich bei der Entdeckungsreise mit Apple für Schülerinnen und Schüler im Apple-Verkaufsladen, bei der sie mit Apple-Produkten arbeiten und ihre Ergebnisse als Ergänzung in den Unterricht einbringen können. Der Konzern hatte sich das Recht vorbehalten, Fotos und Videomitschnitte der Teilnehmenden zu verwerten. Erst nach einer Abmahnung durch den Bundesverband Verbraucherzentrale (vzbv) hat Apple inzwischen eine Unterlassungserklärung abgegeben und die Teilnahmebedingungen dahingehend verändert, dass die Eltern minderjähriger Schülerinnen und Schüler nun explizit zustimmen müssen, wenn die Aufnahmen für Unternehmenszwecke genutzt werden sollen.

Einen weiteren Schwerpunkt bildet die für iPads nutzbare App Schoolwork:

»Mit ihr ist es ganz leicht, Aufgaben zu verteilen und einzusammeln, die Fortschritte von Schülern in Lernapps im Auge zu behalten und mit einzelnen Schülern von überall aus in Echtzeit zusammenzuarbeiten.«

Für Lehrkräfte dürfte die App insofern eine wegweisende Entlastung darstellen, als sie mit ihr Unterrichtsinhalte von externen Anbietern einbinden können: Ein zentrales Wesensmerkmal des Programms besteht nämlich darin, dass sich weitere Apps wie zum Beispiel *GeoGebra AR, Kahoot!* oder *Duolingo* in die digitale Lernumgebung einfügen lassen. Die Nutzung der App bedeutet also, dass die Lernenden nicht nur den Werbeeinflüssen von Apple-Produkten ausgesetzt sind, sondern auch den Unterrichtsinhalten von privaten Lernmaterialanbietern. Weiterhin muss davon ausgegangen werden, dass Apps von Drittanbietern ihre Positionierung im *Schoolwork*-Gefüge gegen Bezahlung entsprechend beeinflussen können. Apple profitiert mithin gleich zweifach von seinen Schulmarketingaktivitäten – zum einen als Plattformanbieter und zum anderen als Dienstleister.

Das »Meta-Vorhaben«:
Bildungspolitik und personalisierte Lehrpläne

Geprägt von seiner Studentenzeit an der Harvard University begann sich Mark Zuckerberg, Gründer und Vorstandsvorsitzender des Unternehmens Meta – ehemals Facebook –, zu einem vergleichsweise frühen Zeitpunkt in seiner Karriere für Bildungsfragen zu engagieren. So spendete er noch vor dem im Mai 2012 lancierten Börsengang des Technologieriesen, zu dem neben dem sozialen Netzwerk Facebook die Video- und Foto-Sharing-App Instagram und der Messenger WhatsApp gehören, 100 Millionen US-Dollar für die Schulen der Stadt Newark (New Jersey). Gemäß der im Silicon Valley regelmäßig ausgegebenen Losung »*Think Big*« setzte er auf die Revolution der Schulbildung: Sein Engagement zielte zunächst vor allem auf *Summit Public Schools*, das heißt auf öffentliche Schulen in den USA, die keine Unterrichtsgebühren erheben. Metas strategisches Interesse an *Summit Public Schools* liegt unter anderem darin begründet, dass sie in landesweiten Vergleichsstudien stets hervorragende Ergebnisse erzielen: 99 Prozent der Absolventinnen und Absolventen immatrikulieren sich anschließend an Universitäten oder für vierjährige Collegeprogramme; mehr als die Hälfte davon schließt das Studium erfolgreich ab (fast doppelt so viele wie im nationalen Durchschnitt). Somit erreicht Meta besonders begehrte potenzielle Kundinnen und Kunden, nämlich Kinder, die beste akademische Ausbildungen erhalten und entsprechend hohe Einkommen und Erbschaften erwarten dürfen.

Summit Public Schools verwenden kaum noch traditionelle Unterrichtsmaterialien wie Schulbücher und setzen in besonders weitreichender Art und Weise auf digitalisierten und individualisierten Unterricht. Der fragend-entwickelnde Unterricht soll durch online zur Verfügung gestellte Inhalte und Aufgaben entlastet und somit nicht mehr notwendigerweise in der Unterrichtsstunde durch die Lehrkraft erfolgen, das heißt, Lehrkräfte treten mit den Schülerinnen und Schülern insbesondere dann in direkten Austausch, wenn sie gemeinsam an Projekten arbeiten. Meta benennt diese digitalisierte Lehr-, Lern- und Arbeitsweise zwar als Grund für die im landesweiten Vergleich extrem guten Ergebnisse von *Summit Public Schools*, empirisch belegt ist das indes nicht. Mit dem für die *Summit Public Schools* entwickelten Programm *Personalized Learning Plan* (PLP) werden Lernziele und -fortschritte personalisiert, was die Motivation der Lernenden erhöhen soll, weil diese selbst entscheiden könnten, auf welche Ziele sie hinarbeiten, wie viel Zeit sie dafür veranschlagen und wie weitreichend sie vom Lehrpersonal unterstützt werden (möchten). Meta beabsichtigt nun, das Programm namens PLP weiterzuentwickeln, um es an weiteren US-amerikanischen Schulen zu installieren – »kostenfrei, an jeder Schule in den USA, die es wünscht«. Dahinter steht der Wunsch, dass die Lernenden frei zugängliche Materialien aus dem Internet nutzen, die sie auf *Chromebooks* abrufen.

Unstrittig verfolgt Meta mit seinem sich auf mehrere Hundert Millionen US-Dollar belaufenden Engagement im Bildungssektor das Ziel, mittels Lernplattformen Zugriff auf personenbezogene

Daten der Schülerinnen und Schüler zu gewinnen. Allen philanthropischen Verlautbarungen ihres Gründers Mark Zuckerberg zum Trotz zielt das in Palo Alto ansässige Unternehmen letztlich darauf ab, Daten in Geld zu verwandeln. Die beiden US-amerikanischen Forscher Alex Molnar and Faith Boninger haben dies 2018 in einem Beitrag für die *Washington Post* deutlich gemacht:

»Basierend auf unseren Forschungsergebnissen haben wir wiederholt Gesetzesänderungen und Regulierungen gefordert, um die Privatsphäre zu schützen, Daten zu sichern, Transparenz einzufordern und Rechenschaftspflicht zu gewährleisten. Unsere Ergebnisse zeigen, dass Plattformen wie Facebook trotz ihrer philanthropischen Rhetorik darauf ausgelegt sind, Daten zu Geld zu machen, und eine starke öffentliche Aufsicht benötigen, um Missbrauch zu verhindern. [...] Die wohltätigen Präsentationen des Gründers Mark Zuckerberg und die unermüdliche Wiederholung von Klischees (›Die Förderung des menschlichen Potenzials bedeutet, die Grenzen dessen zu verschieben, wie großartig ein menschliches Leben sein kann‹) und technischen Tropen (›Das Internet ist so wichtig, dass für jede zehnte Person, die einen Internetzugang erhält, eine Person aus der Armut befreit und ein neuer Arbeitsplatz geschaffen wird‹) haben dazu beigetragen, einen rhetorischen Nebel zu erzeugen, der die Tatsache verschleiert, dass Facebook eine multinationale Werbeagentur ist. Es sammelt Daten über seine Nutzer, ihre Freunde und alle ihre Kontakte. Dann nimmt es diese Daten, destilliert sie und richtet Inhalte und Werbung an Einzelpersonen.«

Die Googlefizierung des Klassenzimmers

Als weltweit bekannteste Internet-Suchmaschine hat Google es mit dem aus dem Unternehmensnamen abgeleiteten Verb »googeln« bereits 2004 in den Duden geschafft. Inzwischen werden durchschnittlich pro Sekunde 65 000 Suchanfragen über die Suchmaschine des Unternehmens gestellt. Mit Diensten wie Google Maps,

Google Chrome, Google Docs, Google Calendar oder auch der Videoplattform YouTube ist das Unternehmen, das inzwischen mehr als 500 Millionen aktive Nutzende zählt, in nahezu sämtlichen Bereichen des modernen Lebens präsent – so auch in den Klassenzimmern. Beinahe die Hälfte der deutschen Schülerinnen und Schüler greift laut einer Studie des Rats für kulturelle Bildung auf YouTube als digitales Leitmedium zu, verbunden mit einer Nutzungsquote von 86 Prozent für schulisches Lernen.

Doch die Videoplattform schaltet vor nahezu alle Clips einen Werbespot, sodass die Schule als werbefreier Erfahrungs-, Schutz- und Sozialisationsraum zunehmend gefährdet wird. Der Rat für kulturelle Bildung konstatiert in seiner im Juni 2019 veröffentlichten Studie mit dem Titel *Jugend/YouTube/Kulturelle Bildung*:

»Die Video-Plattform [YouTube] ist mittlerweile Teil des Geschäftsmodells von Google; die Zahl der Klicks, die Dauer des Aufenthalts und die durch Algorithmen gesteuerte gezielte Werbung sind die zentralen Erfolgskriterien. Mit Blick auf die Nutzung für Information, Unterhaltung, Übung, Bildung etc. ist YouTube offen. In diesem Kontext gewinnt YouTube eine unerwartet hohe Bedeutung für den Bildungsbereich und nimmt einen Stellenwert ein, der sich stark auf das Lehren und Lernen auswirkt. Sehr viele Jugendliche nutzen YouTube-Videos ganz selbstverständlich als Hilfsmittel für ihre Lern- und Bildungsprozesse.«

Seit 2017 hält Google in Berlin, München und Hamburg »Zukunftswerkstätten« vor, in denen sich neben Unternehmerinnen und Unternehmern auch Lehrkräfte fortbilden lassen können. Google lockt »[m]it flexiblen und individuellen Online- oder Vor-Ort-Schulungen, die [...] helfen, erfolgreich zu sein«. Ein zentrales Motto, das sich Google für seine Schulungszentren auf die Fahne schreibt, ist das der Chancengleichheit: »Digitale Chancen für alle«, lautet einer der Slogans. Es gehe darum zu lernen, wie man mit Onlinestrategien produktiver und nachhaltiger arbeiten könne. In der Google Zukunftswerkstatt für Lehrkräfte werden neben Lehrvideos und Schulungen für Lehrkräfte auch Unterrichtsmaterialien angeboten. Letztere können zum Beispiel in Verbindung mit virtuellen Klassenreisen (Google Expeditions) für die Jahrgangsstufen 3/4 und 5/6 genutzt werden, damit Lehrkräfte diese in ihren Unterricht einbetten können. Neben Orten wie dem antiken Rom, der Elbphilharmonie und der Zisterzienserabtei Veruela können die Lernenden unter den Stichwörtern »Artensterben«, »Erdbeben« und »Polarlichter« bedeutsame naturwissenschaftliche Phänomene erkunden. Mit diesen Angeboten speist Google eigene Lehr- und Lernmaterialien (gerade auch in Gestalt eigener Produkte) in das Schulsystem ein.

Unter dem Stichwort »Google Classroom« trägt das Unternehmen mit Broschüren und Fortbildungen zur Gestaltung virtueller Lernumgebungen im Klassenzimmer bei. Augen- und auffällig ist die Tatsache, dass Google die Onlinekurse, die Trainings vor Ort, die virtuellen Klassenreisen sowie die Workshops für Lehrkräfte inklusive Materialien unentgeltlich anbietet. Die Kostenfreiheit der Angebote ist bemerkenswert, weil zur Erstellung dieser Ressourcen Zeit und Geld aufgewendet werden müssen. Auch deshalb geriet die Einführung des Einplatinencomputers Calliope mini, mit dem bereits Grundschulkinder Programmiersprachen erlernen sollen, in die Kritik. Während die sächsische Landesregierung in erster Linie wettbewerbsrechtliche Bedenken gegen die Verwendung des Minicomputers formulierte, kritisierten andere den ungefilterten Zugang des Digitalkonzerns zu den Schulen.

Für den Computer Calliope mini macht sich auch die Berliner Professorin Gesche Joost stark, die zwischen 2014 und 2018 als Internetbotschafterin der Bundesregierung fungierte. Sie erhielt nach Recherchen des Nachrichtenmagazins *Der Spiegel* und des ARD-Magazins *Report Mainz* vom Bundeswirtschaftsministerium jährlich 50 000 Euro für ihre Dienste. Obwohl sie laut Vertrag keine Aufgaben übernehmen durfte, die ihre Unabhängigkeit gefährden, zog sie 2015 in den Aufsichtsrat von SAP ein, das mit dem Schulprojekt *Calliope* betraut ist – gegen eine Vergütung von »zuletzt fast 200 000 Euro im Jahr«. Vor diesem Hintergrund verwundert es kaum mehr, wenn sich Joost auf der *Calliope*-Website dafür ausspricht,»dass digitale Bildung ab der Grundschule als fester Baustein im Curriculum verankert und von den Ländern angemessen budgetiert« werden soll. Das Beispiel illustriert eindrücklich, wie stark die auf die Digitalisierung der Schule zielenden unternehmerischen Initiativen von der Politik unterstützt werden.

Auch Googles Initiative Computer Science First – für gewöhnlich als CS First ausgewiesen – wirbt damit, kostenlose Unterrichtsmaterialien bereitzustellen, um Schülerinnen und Schülern den Zugang zum Programmieren im engeren und zu Fragestellungen der Informatik im weiteren Sinne zu erleichtern. Darüber hinaus stellt das Unternehmen fertig ausgearbeitete Lehrkonzepte zur Verfügung, sodass das auf der Webseite gegebene Versprechen durchaus als eingelöst gelten kann:»Jeder kann CS First unterrichten. Vorkenntnisse in Informatik sind nicht erforderlich.« Die Lernenden werden dabei mittels anleitender Videos durch die Aktivitäten geführt. Dass sich zahlreiche Lehrkräfte darauf einlassen, ihren pädagogischen Einfluss an für die CS-First-Plattform programmierte Lehrkonzepte abzutreten, wird durch die laut Unternehmensangaben allein am CS-First-Programm registrierten weltweit mehr als eine Million teilnehmenden Schülerinnen und Schüler deutlich. Für die einzelnen Varianten ihrer Produktpalette können sich Lehrkräfte vom Konzern schulen lassen, um fortan als von Google zertifizierte Lehrkraft zu firmieren oder sich als ausgezeichnete Google for Education Champions in den Dienst der weiteren Ausbreitung von Google-Produkten im Bildungssystem zu stellen.

Wortwörtlich kapert der von der US-Ökonomin Shoshana Zuboff als »Pionier des Überwachungskapitalismus« titulierte Konzern den Unterricht mit dem kostenlosen Tool Google Classroom, womit das analoge Klassenzimmer digital abgebildet werden soll, um Kurse zu organisieren oder weitere Funktionen aus dem Unternehmensportfolio wie Google Meet für das Abhalten von Videokonferenzen zu nutzen. Dabei gehört es zum Google Workspace for Education, der zentralen Lernplattform im unternehmenseigenen Bildungs-Ökosystem, auf der die verschiedenen Programme mit ihren speziell für Schulen nutzbaren Funktionen zusammenlaufen und über deren Offenheit gegenüber Diensten außerhalb des Google-Netzwerks das Unternehmen selbst entscheidet.

Microsoft: Programmierkenntnisse zur Codierung des Lebens

In ähnlicher Weise bewirbt Microsoft seine Produkte für den Einsatz in Schulen. Aufgrund der Angebotsvielfalt kann sich Microsoft als Betreiber weitreichender infrastruktureller Arrangements digitaler Natur präsentieren. Mit Teams steht eine auch in deutschen Schulen intensiv genutzte Plattform bereit, auf der die vielfältigen Dienste zusammenlaufen. Im Rahmen des Microsoft Education Centers werden Schulungen und Zertifizierungskurse für Lehrkräfte angeboten. Microsoft Learn Communities bieten die Gelegenheit zur Vernetzung. Mit Code your Life wurde eine Initiative ins Leben gerufen, um 8- bis 16-Jährigen das Programmieren nahezubringen, wobei das mitschwingende und auf die Rekrutierung zukünftigen Personals zielende strategische Eigeninteresse unverhohlen artikuliert wird.

Überdies stellt Microsoft Software für die Produkte anderer Digitalkonzerne bereit, so zum Beispiel das Handbuch für den von Google vermarkteten Einsteigercomputer Calliope mini, die Sonic Pi-Software zur Programmierung des Minicomputers Raspberry Pi, ein Minecraft-Handbuch zur Integration des digitalen Lego sowie einen Editor, der das einfache Programmieren vor allem für Grundschülerinnen und -schüler mit dem BBC micro:bit ermöglicht, dem Vorläufer des Minicomputers Calliope. In den Unterlagen werden detaillierte Lehrkonzepte vorgeschlagen, die nicht nur den fachlichen Bezug verdeutlichen, sondern auch wesentliche (fach-)didaktische Parameter wie die Passfähigkeit der Jahrgangsstufe, den zu erwartenden Zeitaufwand, die erforderliche Technik, die erwarteten Vorkenntnisse der Schülerschaft sowie den Lehrplanbezug berücksichtigen.

Auch Microsoft vermarktet seine Lobbyarbeit unter dem Bildungsauftrag der Chancengleichheit:»Grenzenlose Lernchancen eröffnen« und»Engagement für Barrierefreiheit und Inklusion« lauten die Slogans. Mithilfe der von Microsoft angebotenen Soft- und Hardware sollen Schülerinnen und Schüler jeweils individuell gefördert werden, wodurch»personalisierte Lernerfahrungen« und die»Chance für jeden Schüler, in der Schule und im Leben Erfolg zu haben«, in Aussicht gestellt werden. In einem der Werbevideos wird dezidiert auf die Möglichkeiten eingegangen, die ein digitales Lernumfeld für Menschen mit Behinderung bietet. Nur wenige Zeilen später wirbt Microsoft dann für die eigenen Produkte: Es wird erläutert, inwiefern das Programm Microsoft Office 365 und das Betriebssystem Windows für auf Inklusion zielende Unterrichtsvorhaben notwendig sind. Dazu werden verschiedene Workshops und Materialien teils kostenfrei zur Verfügung gestellt.

Um das Ziel des personalisierten Lernens umzusetzen, setzt der Bildungszweig von Microsoft auf kostengünstige und vielseitige Geräte sowie Programme, die nicht nur einen besseren Lernerfolg, sondern auch Zeitersparnis für Lehrerinnen und Lehrer versprechen. Lehrkräften werden Tools zur Unterrichtsvorbereitung, -gestaltung und -analyse angeboten,»damit Sie mehr Zeit haben, um sich auf das Wichtigste zu konzentrieren: Ihre Schüler«. So stellt Microsoft die Behauptung in den Raum, dass Schulen, die Microsoft 365 mit Programmen wie Word, Excel oder Outlook einführen, eine deutlich höhere Unterrichtseffizienz erfahren würden, wobei rund 200 Stunden pro Jahr»eingespart« werden könnten. Die auf dem Windows-Betriebssystem basierenden Werkzeuge werden ebenso kostenfrei zur Verfügung gestellt wie die Mitgliedschaft in der sogenannten Microsoft-Lehrer-Community, der Lehrkräfte unverbindlich beitreten können, um zum Beispiel kostenfrei an Workshops teilnehmen zu können.

Amazon zwischen Lesefreuden und Schreibwettbewerben

Wie strategisch weitreichend das Engagement von Amazon im Bildungsbereich ist, zeigt sich in geradezu beeindruckender Weise daran, dass das Tochterunternehmen Amazon Web Services (AWS) die digitale Infrastruktur für Bildungsunternehmen wie das indische Byju liefert, das als größtes Unternehmen der global wachsenden *educational technology* über 100 Millionen Lernende weltweit erreicht.

Aber während Alphabet, Apple und Samsung mit der Verbreitung von Hard- und Software an Schulen vergleichsweise leichtes Spiel hatten und haben, traf Amazon frühzeitig auf Widerstände. Der Kindle-Storyteller-Kids-Schreibwettbewerb, der die Lese- und Schreibfähigkeit von Grundschulkindern fördern sollte, wurde 2016 in Baden-Württemberg, Hessen, Nordrhein-Westfalen und Rheinland-Pfalz unter Verweis auf das an Schulen geltende Werbeverbot unterbunden. Die zuständigen Ministerien wiesen auf das Werbeverbot an Schulen hin, welches sie durch den Wettbewerb als gefährdet ansahen. So etwa meinte das Hessische Kultusministerium, der Zweck der Leseförderung trete hinter den eigentlichen vom Unternehmen intendierten Zweck – nämlich den der unternehmerischen Selbstdarstellung – zurück: »Nach unserer Ansicht ist dieser Wettbewerb mit den schulrechtlichen Vorschriften zum Werbeverbot in Schulen nicht vereinbar.« Es sei »offensichtlich, dass es dem Unternehmen ausschließlich um das eigene Image in der Öffentlichkeit geht«.

Während die oben genannten Bundesländer den Wettbewerb verboten, konnte ihn Amazon in anderen Bundesländern – zum Beispiel in Sachsen – erfolgreich einführen. Die Nichtregierungsorganisation LobbyControl verweist auf unkritische Berichte, die nach erfolgten Amazon-Wettbewerben in Lokalzeitungen veröffentlicht wurden, und auch die teilnehmenden Schulen loben den Wettbewerb vielfach, so etwa die Schulleiterin der bei Leipzig gelegenen Grundschule in Rötha. Silke Kruppa vertritt die Auffassung, der Lesespaß habe im Mittelpunkt des Wettbewerbes gestanden – und nicht Amazon als Unternehmen. Den Eindruck, den Amazon mit der Siegerehrung am Standort Leipzig und mit dem Verteilen von 30 Kindle eBooks sowie zahlreichen digitalen Büchern bei Kindern hinterlässt, blendete sie (weitestgehend) aus. Vielmehr berichtete sie von Eltern, die der Siegesfeier ebenfalls beiwohnten und

»vor allem begeistert davon [waren], dass sie einen Rundgang durch das Logistikzentrum machen durften, weil man ja sonst in dieses Logistikzentrum nicht kommt – ja, die waren begeistert von ihren Kindern, natürlich, die Geschichte wurde dort vorgelesen. Es stand dort überhaupt nicht das Gerät im Vordergrund, sondern es stand die Geschichte im Vordergrund.«

Felix Kamella, langjähriger Campaigner bei LobbyControl, verweist indes darauf, dass durch solche Wettbewerbe »auch langfristige Kontakte zu den im Bildungssektor Verantwortlichen aufgebaut werden« sollen. So etwa hatten für den Wettbewerb »[i]n den allermeisten Fällen [...] vor Ort die Bürgermeister eine Schirmherrschaft [...] übernommen« und »sich [...] positiv zu Amazon geäußert«. Somit hat der Konzern dort bereits einen Fuß in der Tür, was insofern von strategischer Weitsicht des Unternehmens zeugt, als sich eine eindeutige geografische Ballung der Wettbewerbe im Umfeld von Grundschulen beobachten lässt, die in der Nähe von Amazon-Logistikzentren liegen.

Gewinn- statt Gemeinwohlorientierung

Die Unternehmen senden mit ihrem Bildungsengagement eine Botschaft aus, die sie als allgemeinwohlorientiert oder gar altruistisch erscheinen lassen soll. Dass dies gerade bei den US-amerikanischen *Big Five* als fragwürdig wahrgenommen werden muss, lässt sich daran ablesen, dass sie trotz ihrer schieren Omnipräsenz in den EU-Staaten weitaus weniger Steuern entrichten als beispielsweise die DAX-Konzerne, deren Steuerquote in der Regel zwischen 15 und 25 Prozent liegt. Apple dagegen soll nach Schätzungen der EU-Kommission bis 2014 auf eine Million Euro Gewinn durchschnittlich gerade einmal 50 Euro Steuern entrichtet haben. Aber auch danach – in den Jahren 2015 bis 2017 – sollen den EU-Staaten durch Apples Steueroptimierungsmodelle Einnahmen in Höhe von 4 bis 21 Milliarden Euro entgangen sein, versteuert der Konzern seine europäischen Gewinne doch auch gegenwärtig geschätzt nur mit zwei bis neun Prozent. Die über das Engagement im Bildungssektor suggerierte Gemeinwohlorientierung der Digitalkonzerne droht insbesondere bei den jüngeren Generationen das Bewusstsein für die Fakten zu kaschieren, die wiederkehrend dazu führen, dass die EU-Kommission steuer-, kartell- oder datenschutzrechtliche Verstöße zum Anlass nimmt, Strafzahlungen gegen Apple, Meta, Alphabet oder Microsoft zu verhängen. So geriert sich der Mehrheitseigentümer des Konzerns Amazon, Jeff Bezos, im Bildungskontext immer wieder als vermeintlich selbstloser Mäzen, wie zuletzt im November 2018 bei der Gründung des *Bezos Day One Fund*, der unter anderem Schulen in sozial schwachen Gegenden unterstützen soll.

Insbesondere Apple, Alphabet und Microsoft mit ihrem breit gefächerten Schulproduktsortiment aus Soft- und Hardware eröffnet sich die Möglichkeit, als Bereitsteller umfassender digitaler Infrastrukturen zu agieren, um Schulen, Lehrkräfte und Lernende durch Lock-in-Effekte in ihre geradezu hermetisch abgeschirmten soziotechnischen Netzwerke einzuschließen. Im Zusammenspiel mit ebenfalls strategisch forcierten Gewöhnungseffekten erhöht dies die Wechselkosten und erschwert die Abkehr von aus Schulzeiten vertrauten Anbietern. So wird das öffentliche Bildungssystem für die Besitzwahrungsansprüche privater Unternehmen im ohnehin bereits bedenklich konzentrierten kommerziellen Internet, wo die *Big Five* weite Teile der Zugänge kontrollieren, instrumentalisiert. Dass mit Bildung Geld zu verdienen ist, wird im Silicon Valley noch viel besser verstanden als hierzulande.

Nicht nur vor dem Hintergrund der stetig wachsenden Haushaltslöcher offenbart sich dabei eine besondere Perfidie. Auf der einen Seite brachten die fragwürdigen Verschiebungen der exorbitanten Unternehmensgewinne in das Niedrigsteuerland Irland und die möglicherweise wettbewerbsrechtlich unzulässigen Steuerpraktiken Apple eine Rückforderung der EU-Kommission in Höhe von 13 Milliarden Euro ein. Auch die anderen Technologieunternehmen, die das öffentliche Gut Bildung monetarisieren, fallen durch enorme Gewinnverlagerungen auf. Bei Meta fließen sie ebenfalls in beträchtlichem Ausmaß in Richtung der in Dublin beheimateten Europa-Zentrale. Im Falle von Microsoft beläuft sich die Summe der in Steueroasen verbuchten Profite nach Schätzungen einer jüngst veröffentlichten Studie seit 1999 auf 300 Milliarden Euro. Alphabet nutzt nicht nur die massive Steuersenkung der seinerzeitigen Trump-Administration in den USA, sondern auch die seit Langem ausgesprochen unternehmensfreundlichen Steuergesetzgebungen in Singapur und – einmal mehr – Irland, um die Steuerquote auf maximal 16 Prozent zu drücken. Aus einer von Christoph Trautvetter, Koordinator und wissenschaftlicher Referent des Netzwerks Steuergerechtigkeit, vorgelegten Studie geht hervor, dass es sich keineswegs um ein durch diverse internationale Abkommen zur Schließung der Schlupflöcher überwundenes Phänomen handelt, sondern fortwährend neue Steuervermeidungsmodelle entwickelt werden, um sich dem steuerpolitischen Zugriff zu entziehen. Amazon gelang es, die eigenen Umsätze derart trickreich zu bilanzieren, dass ein Großteil des Gewinns unversteuert verbucht werden konnte. Auf der anderen Seite drängt man im Gewand philanthropischer Bekundungen in geschilderter Weise in jene fiskalischen Lücken, die man selbst aufgerissen hat. Das öffentliche Gut Bildung wird kommodifiziert. Profaner ausgedrückt: Wir kaufen für unsere staatlichen Bildungseinrichtungen Apple-Produkte aus Steuereinnahmen, zu denen das Unternehmen nichts oder nur verschwindend wenig beiträgt. Es wäre naheliegend, wenn die Beschaffung von IT-Produkten bei staatlichen Einrichtungen endlich an die Bedingung geknüpft würde, dass deren Hersteller auch hierzulande Steuern entrichten. Dies gilt auch deshalb, weil insbesondere Apple und Alphabet für ihre Produkte und Dienstleistungen staatlich finanzierte Grundlagenforschung nutzen. Das Internet, das GPS-Navigationssystem, die führenden Mikroprozessoren, das Spracherkennungsprogramm Siri sowie die ersten Multitouch-Bildschirme – all diese technologischen Innovationen wurden in staatlichen oder staatlich finanzierten Programmen entwickelt.

Lernmaterialien aus dem World Wide Web

Ein weiteres Risiko der kopflosen Digitalisierungsstrategie zwischen Flensburg und Passau ergibt sich aus dem Umstand, dass digitale Lehrmethoden den Lehrkräften weitaus größere Freiheiten bei der Gestaltung des Unterrichts einräumen. Damit einher gehen nicht selten erhebliche Potenziale, doch droht vor allem die Gefahr, dass weniger digitalisierungsaffine Lehrkräfte auf Materialien aus dem riesigen Pool kostenloser Materialien im Internet zurückgreifen. Diese unterliegen in der Regel keiner Qualitätsprüfung und entstammen nicht selten der Feder finanzkräftiger Wirtschaftsunternehmen, die ihre Produkte der Schülerschaft nahebringen möchten. Längst beschränkt sich der Einfluss von BASF und Bayer, Deutscher Bank und Deutscher Börse oder BMW und Daimler nämlich nicht mehr nur auf Geld- und Sachspenden; vielmehr stellen die Produktion und Distribution von Unterrichtsmaterialien für Unternehmen ein wesentliches Vehikel dar, um die Vor- und Einstellungen Heranwachsender zu beeinflussen. Drei von vier DAX-Unternehmen vertreiben inzwischen Unterrichtsmaterialien. Dabei fungieren Schülerwettbewerbe vielfach als Türöffner. So etwa richtete nicht nur Amazon den *Kindle-Storyteller-Kids*-Schreibwettbewerb aus.

Google brachte bereits 2013 gemeinsam mit den Gruppen Freiwillige Selbstkontrolle Fernsehen und Freiwillige Selbstkontrolle Multimedia-Dienstanbieter eine Reihe von offen zugänglichen Unterrichtsmaterialien zu aktuellen medialen Erscheinungen durch den Wettbewerb *Digitales Lernen in der Praxis – Ideen für den Unterricht* in Umlauf. Derartige – meist kostenfreie – Lehrund Lernmaterialien werden häufig überaus positiv von Lehrkräften aufgenommen, eröffnen sie doch in vermeintlich einzigartiger Weise (fach-)didaktische Zugänge zu den digitalisierten Lebenswelten der Lernenden. In erster Linie jedoch wäre der Unabhängigkeit von Schulen gedient, »wenn die öffentlichen Etats für Medienfortbildungen, für die IT-Ausstattung an Schulen und für Lehr- und Lernmittel aufgestockt würden«, wie Martina Schmerr von der Gewerkschaft Erziehung und Wissenschaft ausführt. Ergänzt werden müssten diese Bemühungen um eine kritische Medienpädagogik, die sich der inhaltlichen Einflussnahme, der zielgerichteten Werbung sowie der grassierenden Datenunsicherheit widmet.

Denn die Digitalkonzerne nehmen mittels Unterrichtsmaterialien (direkten) und über die zur Verfügung gestellten Medien (indirekten) Einfluss auf die (Art und Weise der) im Klassenzimmer vermittelten Inhalte. Zugleich ist an einer rasant wachsenden Zahl US-amerikanischer Schulen zu beobachten, dass die *Big Five* ihre Produkte und Dienstleistungen durch die mitunter gar nicht so unauffällige Schleichwerbung an Lehrende und Lernende herantragen, um zugleich ihre digitalen Medien zu den tragenden Säulen oder gar dominanten Treibern von Lehr- und Lernprozessen werden zu lassen. Nicht nur mit dem Prinzip des »*Bring your own device*«, sondern auch durch die insbesondere von Apple, Alphabet, Microsoft und Samsung angebahnte Digitalisierung der Schulwelt wird das digitalen Medien (noch) innewohnende Innovationspotenzial für die Gestaltung des Unterrichts zum Anlass genommen, klassische Medien wie zum Beispiel das Schulbuch, zentrale fachdidaktische Zugänge wie zum Beispiel die Problemorientierung oder etablierte methodische Arrangements wie zum Beispiel die Pro-Contra-Debatte an den Rand zu drängen oder gar ganz auszuschalten. Einen bemerkenswerten Schritt gegen diese Entwicklungen ging im Frühjahr 2019 die in Sydney beheimatete Reddam House's Primary and Junior High School. Nachdem die Schülerinnen und Schüler die vergangenen fünf Jahre mit auf iPads verfügbaren E-Books gelernt hatten, entschloss sich die Schulleitung, »zu traditionellen Printfassungen von Texten zurückzukehren, weil die Aufmerksamkeitsspanne sowie das Verständnis der Lernenden unter den digitalen Medien gelitten habe«. Ob das Beispiel Schule machen wird, lässt sich nur mutmaßen, aber die Risiken einer rigorosen Digitalisierung von Lehr- und Lernprozessen scheint zumindest allmählich in das Bewusstsein der breiteren Öffentlichkeit zu rücken.

Angesichts der Vielzahl von Unterrichtsmaterialien privater Content-Anbieter muss der Forderung nach einer staatlichen Prüfstelle für diese nachgekommen werden. Gemeinsam mit den Ländern sollte die Kultusministerkonferenz eine unabhängige Monitoringstelle für externe Unterrichtsmaterialien einrichten, die zugleich als Informations- und Anlaufstelle für Lehrkräfte dient. Die Finanzierung des *Materialkompasses Verbraucherbildung* des vzbv durch den Bund auf Dauer sicherzustellen, erscheint dabei als Erfolg versprechende Möglichkeit. Ein eindeutiges Qualitätssiegel böte auch denjenigen Lehrkräften Orientierung, die Fächer ohne eine entsprechende Fakultas unterrichten (müssen). Zugleich würde die Zweiklassenbehandlung zwischen Schulbüchern einerseits und übrigen Lehr- und Lernmaterialien andererseits ein Ende finden.

Nicht zuletzt, weil Letztere inzwischen in deutlich höheren Auflagen als Schulbücher in die Klassenzimmer gelangen, gibt es keinen plausiblen Grund, warum Schulbücher in den meisten Bundesländern ein engmaschiges Begutachtungsverfahren durch das zuständige Schul- oder Kultusministerium durchlaufen, Unterrichtsmaterialien, die von Unternehmen, unternehmensnahen Stiftungen oder entsprechenden Initiativen finanziert werden, hingegen nicht. So muss zum Beispiel die Lernmittelfreiheit, die schon im Forderungskatalog der Revolution von 1848 zu finden ist, endlich bundesweit umgesetzt werden. Es kann nicht sein, dass Bundesländer wie Nordrhein-Westfalen oder Brandenburg weiterhin einen Eigenanteil von den Eltern einfordern. Dies gilt erst recht, als Atlanten, Taschenrechner und Ausflüge ins Theater oder Fahrten ins Schullandheim dabei noch nicht inbegriffen sind.

Bildungspolitische Schlussfolgerungen

»Wir brauchen mehr Tablets und weniger Büchertaschen«, verkündete Bayerns Ministerpräsident Markus Söder schon im Frühjahr 2018. Zu häufig entsprach die bisherige Digitalisierung der Schulen einer solch aktionistischen Devise, sodass sie mitunter eher einer Technisierung der Schulen gleichkam. Die Digitalisierungsstrategie offenbart hier eine verengte Orientierung am technisch-ökonomischen Fortschritt, der ein problematisches Menschenbild zugrunde liegt, das Menschen nicht mehr zum Subjekt, sondern zum Objekt der technischen Entwicklung erklärt, wie Heike Schmoll, die Redakteurin der *Frankfurter Allgemeinen Zeitung*, in mehreren Artikeln überzeugend herausgestellt hat. Doch ist es müßig, mit Technik Probleme lösen zu wollen, die auf ganz anderen Ebenen des Bildungswesens angesiedelt sind. Vor diesem Hintergrund erscheint es auch fragwürdig, die internationale Wettbewerbsfähigkeit Deutschlands in Abrede zu stellen, weil hierzulande weniger digitale Technologien im Unterricht eingesetzt werden, als dies etwa in den USA der Fall ist.

Natürlich ist es begrüßenswert, wenn digitale Hilfsmittel Lehrkräfte entlasten können, sodass diesen mehr Zeit zur individuellen Förderung der Schülerinnen und Schüler zur Verfügung steht. Wenn diese Zeitersparnisse allerdings mit zusätzlichen Aufgaben, ausfallender Unterrichtszeit oder gar Personalabbau aufgewogen werden, ist der positive Effekt der digitalen Tools schnell dahin. Stattdessen fallen die möglichen Vorteile dann dem betriebswirtschaftlichen Imperativ zum Opfer.

Es sollte daher nicht in Vergessenheit geraten, dass Schulen im Zeitalter der Digitalisierung auch deshalb auf finanzielle, materielle und personelle Unterstützung durch Konzerne wie Amazon, Apple, Meta und Microsoft angewiesen sind, weil sie unter anderem aufgrund von steuerrechtlichen Ausnahmetatbeständen zugunsten ebenjener Global Player unterfinanziert sind. Die Finanzierung des Schulwesens ist aber nach wie vor eine Kernaufgabe der öffentlichen Hand, auch wenn die verschiedenen Gebietskörperschaften ihrer Pflicht in der Vergangenheit völlig unzureichend nachgekommen sind. Nur eine deutlich umfänglichere Finanzierung des Schulwesens wird dafür sorgen (können), dass Schulen nicht in eine strukturelle Abhängigkeit privatwirtschaftlicher Unternehmen geraten.

Die Ausführungen zeigen, dass die Digitalisierung des Bildungswesens sowohl US-amerikanischen Technologieunternehmen als auch in Deutschland ansässigen Betrieben und ihren Interessenvertretungen die Klassentüren weit aufgestoßen hat. Längst haben sie die Schule als Geschäftsfeld und Werbeplattform erschlossen. Obschon die Bedeutung von Theorie-Praxis-Kooperationen an Schulen unbestritten ist, lassen die Ausmaße der intensiven und extensiven unternehmerischen Aktivitäten erkennen, dass es eines staatlichen Regelwerks bedarf, welches die »säkulare« Trennung zwischen Schule und Privatwirtschaft, zwischen Gewinn- und Gemeinwohlorientierung, auch im digitalen Raum garantiert. Denn während die bemühte Semantik der Unternehmen eine Begegnung auf Augenhöhe suggeriert, reichen die Aktivitäten über eine gleichberechtigte Kooperation hinaus. Was das Verhältnis der Digitalkonzerne zum öffentlichen Sektor angeht, spricht Vieles für eine in vielerlei Hinsicht einseitige Vorteilnahme zugunsten Ersterer.

Die Schieflage zwischen staatlichen Institutionen einerseits und privatwirtschaftlichen Akteuren andererseits geht ferner zulasten solcher Einrichtungen, die nicht über die nötigen (finanziellen) Ressourcen für schulische Lobbyarbeit verfügen – wie zum Beispiel Sozial- und Umweltverbände, Einrichtungen der Kinder- und Jugendhilfe oder auch Gewerkschaften. Von einem pluralistischen Ausgleich durch die Gleichbehandlung widerstreitender Interessengruppen kann daher nicht die Rede sein. Zwar vergrößern sich die Gestaltungs- und Ermessensspielräume der Lehrkräfte durch die Vielfalt digitaler Lehr- und Lernmaterialien. Zugleich aber fällt ihnen damit eine noch größere Verantwortung bei der Auswahl von Unterrichtsmaterialien zu. Da Kinder und Jugendliche im Umgang mit Meinungen vergleichsweise unerfahren sind, müssen die ihnen vorgetragenen Standpunkte behutsam ausgewählt und hinsichtlich ihrer Stoßrichtung austariert werden. Denn weder können sich die Umworbenen den unterrichtlich eingebetteten Werbeveranstaltungen entziehen, noch wissen Heranwachsende den im Rahmen des Unterrichts vermittelten Eindruck von Seriosität und Neutralität in jedem Einzelfall zu enttarnen. Schon deshalb müssen sie vor tendenziösen Lehr- und Lernmaterialien, denen mit ihrer Einbeziehung in den Unterricht die soziokulturelle Geltung und Autorität des Schulwissens verliehen werden, geschützt werden. Die Förderung der diskursiven Positionierung von Schülerinnen und Schülern ist anerkanntes Ziel einer mündigkeitsorientierten Bildung. Keinesfalls sollte sie jedoch ohne Gegendarstellung im Unterrichtsmaterial angelegt sein und dadurch die Herausbildung einer eigenständigen Haltung vorwegnehmen.

Der bereits problematisierte hohe Anteil fachfremd erteilten Unterrichts sowie die vielerorts rasant gewachsene Zahl studentischer Vertretungslehrkräfte und die im Vergleich zu erfolgreichen

Bildungsnationen überdurchschnittlich vielen zu leistenden Unterrichtsstunden einer Lehrkraft bieten indes Anlass zu Zweifeln bezüglich der Vorbereitung von Lehrkräften in Anbetracht dieser Anforderungen. Der sich kurz- und mittelfristig zuspitzende Lehrkräftemangel verschärft die Bedenken und unterstreicht, dass bei aller Sinnhaftigkeit außerschulischer Kooperationen eine systematische Prüfung privatwirtschaftlicher Einflussnahme angezeigt ist. Das gilt darüber hinaus mit Blick auf hiesige datenschutzrechtliche Bestimmungen, die US-amerikanische Digitalunternehmen – wie zuletzt Apple und Meta – immer wieder verletzen.

Um zu erfolgreichen Bildungsnationen wie Finnland oder Estland aufzuschließen, reicht es nicht, die Schulen zu digitalisieren. Tech-Unternehmen mögen ihre Produkte noch so sehr mit dem Versprechen der Vereinfachung von Lernprozessen aufladen – die grundlegende Grammatik des Lernens bleibt bestehen und Bildung somit trotz audiovisuell ansprechender Aufbereitung von Inhalten und Gamification eine Herausforderung, die eine angestrengte und intensive Auseinandersetzung erfordert. Der Bildungsforscher Klaus Zierer bilanziert in diesem Sinne treffend: »Lernen bleibt folglich Lernen – ob digital oder nicht.«

Wenn aber die digitale Infrastruktur von Schulen oder die Einsatzquote onlinebasierter Unterrichtsmaterialien zum alleinigen Qualitätsmerkmal erhoben wird, gerät angesichts zweifelhafter Evidenz außer Acht, dass die Digitalisierung der Schulen bislang eher von ökonomischen Interessen als von pädagogischen Konzepten geprägt ist. Um die sich unbestritten bietenden Möglichkeiten zu nutzen, braucht es eine Sensibilisierung hierfür und aus diesem Grund sollten die Entwicklungen von der gebotenen konstruktiven Skepsis begleitet werden. Der Medienwissenschaftler Ralf Lankau hat dies treffend beschrieben:

»Ein Beispiel ist der IT-Unterricht an Schulen. Anstatt die Logik und Funktionsweise von Hardware, Algorithmen oder Programmierspra-

chen zu lernen, wird Software-Bedienung geschult. Dann können
Schülerinnen und Schüler zwar im Betrieb schneller Adobe- oder Mi-
crosoft-Produkte bedienen, aber wissen immer noch nicht, was eigent-
lich passiert, wenn sie sich ins Netz einloggen oder welche Meta-Daten
mit einem WhatsApp-Post mitgesendet werden.«

Insgesamt muss dem Totalitätsanspruch von Digitalität ein Konzept der digitalen Emanzipation entgegengehalten werden, welches eine selbstbestimmte Rolle der Lernenden im technologischen Entwicklungsprozess vorsieht. Mimik und Gestik, Stimmung und Emotion sowie Freude können nur im Präsenzunterricht zur Geltung kommen. Und Online-Tutorials fördern weder soziale noch emotionale Kompetenzen. Stets gilt es zu bedenken, dass den Vorteilen einer zeit- und ortsflexibleren Bildungsstruktur im digitalen Zeitalter die Risiken einer blinden Digitalisierungseuphorie gegenüberstehen. Wir sollten nicht in Vergessenheit geraten lassen, dass Unternehmen wie Alphabet und Meta in erster Linie die Extraktion und kommerzielle Verarbeitung von Daten in Form von personalisierten Werbeplätzen in den Kreis der wertvollsten Unternehmen der Welt gebracht hat. Dies erklärt die Vehemenz des Vordringens der Technologiekonzerne in den Bildungssektor, wo mit dem Absatz der eigenen Produkte und der Generierung von Daten ein doppelter Gewinn abgeschöpft werden kann. Leidtragende sind die Lernenden, die die Schule nicht mehr als freien Raum eines freien Geistes erfahren, sondern als einen von kommerziellen Beweggründen geprägten Raum.

Schulen im Fadenkreuz der Lobbyisten

Ihren Ausdruck findet die Entstaatlichung schulischer Bildung nicht nur in der Einführung unternehmensähnlicher Steuerungselemente sowie in wettbewerblich angelegten Anreizsystemen.

Denn den Weg in Richtung schulischer Managementstrukturen weisen nicht nur Unternehmen, Industrie- und Handelskammern oder Thinktanks. Als bildungspolitisch noch weitaus einflussreicher erweisen sich hierzulande die über 21 000 Stiftungen, von denen 37 Prozent im Bereich Bildung und Erziehung, 34 Prozent in Kunst und Kultur sowie 19 Prozent in Wissenschaft und Forschung tätig sind. Einer der wirkmächtigsten Player in der bildungspolitischen Debatte ist die Bertelsmann Stiftung, deren operatives Wissen, funktionales Know-how und personelles Rückgrat sie zu *einem* – wenn nicht gar *dem* – zentralen privaten Akteur in der bundesdeutschen Bildungslandschaft hat werden lassen.

Gemeinsam mit der Reinhard-Mohn-Stiftung und der BVG-Stiftung vereint die Bertelsmann Stiftung vier Fünftel des Kapitals des größten europäischen Medienkonzerns, der Bertelsmann Group, auf sich. Als Vorfeld- und Geschäftsanbahnungseinrichtung engagiert sich die Stiftung mit rund 60 Millionen Euro pro Jahr in nahezu sämtlichen wirtschafts- und gesellschaftspolitischen Fragen, vor allem aber im Bildungswesen. Noch bevor die im Vorstand der Stiftung tonangebende Elisabeth »Liz« Mohn in der Tradition ihres verstorbenen Mannes gemeinsam mit der Verlegerin Friede Springer ein enges Netzwerk zur vormaligen Bundeskanzlerin Angela Merkel (CDU) flocht, hatten die »Bertelsmänner« bereits 1995 mit dem damaligen NRW-Ministerpräsidenten Johannes Rau (SPD) eine Bildungskommission eingerichtet, die den Bericht *Zukunft der Bildung – Schule der Zukunft* vorlegte. Dieser empfahl unter anderem selbstverwaltete Budgets einzelner Schulen.

Thomas Höhne und Bruno Schreck zeigen am Herzstück der Gütersloher Stiftungsprojekte – dem bis 2015 umgesetzten Instrument namens *Selbstevaluation in Schulen* (SEIS) –, wie es der Bertelsmann Stiftung gelang, »das Konzept zu entwickeln und die vielfältige sprachliche, kulturelle und technologische Übersetzung besagten [...] Evaluationsmodells zu leisten«. Seinen Niederschlag fand die Kooperation nicht nur in einer auf das Projekt *Eigenverant-*

wortliche Schule zielenden Vereinbarung der Stiftung mit dem Bundesland Niedersachsen. Schon zwischen 2005 und 2010 setzte die nordrhein-westfälische Landesregierung unter Führung von CDU und FDP das Projekt *Selbstständige Schule* um, das Schulen inzwischen bundesweit auf ihrem Weg zu einer eigenverantwortlichen Organisation unterstützt. Die bildungspolitischen Vorgaben des Landes Nordrhein-Westfalen eröffneten spätestens mit dem Runderlass vom 2. Juli 2012 bis dato unbekannte Ermessensspielräume für die Schulleitungen. Und auch in Hessen genießen *Selbständige Schulen* das Recht,

>*Abweichungen von bestehenden Rechtsvorschriften bei der Unterrichtsorganisation und -gestaltung [...], bei der Bildung von Lerngruppen, bei Formen der äußeren Differenzierung, der Ausgestaltung der Leistungsnachweise sowie bei den Lehrplänen und Stundentafeln«*

Platz greifen zu lassen. In die vermeintlich universelle »Rhetorik der Freiheit« fügt sich die in immer mehr Bundesländern vollzogene Auflösung der Schulbezirke, die es Eltern unabhängig vom Wohnort ermöglicht, die Grundschule ihrer Kinder zu wählen.

Private Interessen an öffentlichen Schulen

Wer an den lobbyistisch motivierten Absichten von Unternehmen zweifelt, braucht nicht nur auf die von den Digitalkonzernen im Zuge der Corona-Pandemie mit Verve betriebene »Invasion« in die Klassen- und Lehrerzimmer zu blicken. Denn hinter diesem jungen Phänomen stehen langjährig verfolgte und politisch beharrlich forcierte Interessen. Um dies zu erkennen, reicht es aus, sich einen Augenblick die Aussage eines auf Schulmarketing spezialisierten Anbieters auf seiner Website vor Augen zu führen:

>*Die Vorteile liegen auf der Hand: Durch den Einsatz von Werbematerialien wie Plakaten oder Postkarten können Schülerinnen und*

Schüler direkt vor Ort angesprochen werden. [...] Erfolgreiches Schulmarketing geht über traditionelle Werbemaßnahmen hinaus und schafft eine Verbindung zwischen Bildungszielen und der Wirtschaftswelt, wobei der Mehrwert für die Schülerinnen und Schüler im Mittelpunkt steht. Von der Bereitstellung kostenloser Lehrmaterialien mit Werbebotschaften bis zur Einbindung der Markenbotschaft in digitale Bildungsangebote – die Möglichkeiten sind vielfältig.«

Die schonungslose Offenheit, mit der hier für Lobbyaktivitäten im einstigen Schonraum Schule geworben wird, lässt erkennen, dass auf die Jüngsten zielendes unternehmerisches Engagement inzwischen auf breite Akzeptanz bei Eltern-, Lehrer- und Schülerschaft zu stoßen scheint.

Das Sponsoring mittels Lehr- und Lernmaterialien oder über Sachspenden wird aufgrund der bereits skizzierten chronischen Unterfinanzierung öffentlicher Schulen zunehmend akzeptiert, wenn nicht gar ausdrücklich begrüßt. Weiterhin ursächlich für das schulische Engagement von Unternehmen ist neben gefühlten und tatsächlichen Überlastungserscheinungen von Lehrkräften, sinkenden Schulbuchetats, gedeckelten Kopierkontingenten und zahlreichen fachfremd unterrichtenden Lehrkräften auch die (Teil-) Abschaffung der Lernmittelfreiheit. In die dadurch aufgerissene Lücke stoßen Unternehmen und ihnen nahestehende Stiftungen, indem unter philanthropischem Vorwand kostenlose Unterrichtsmaterialien bereitgestellt werden, die Lehrkräfte niedrigschwellig und bequem über das Internet beziehen können. Aufgrund ihrer herausragenden Bedeutung für die inhaltliche Aufbereitung des Unterrichts und ihre durch den Einsatz in der Schule evozierte institutionelle Legitimität erscheinen Unterrichtsmaterialien als attraktives Medium, um im eigenen Sinne gefärbte Inhalte wirkungsvoll im Unterricht zu platzieren. Zahlreiche exemplarische Untersuchungen stützen die Befürchtungen, dass auf diese Weise manipulative Inhalte mit interessengeleiteten Themenführungen in die Schule gelangen.

Finanzierung, Entwicklung und (kostenlose) Verbreitung von Unterrichtsmaterialien stellen heute *das* zentrale Vehikel zur Einflussnahme auf Unterricht dar. Dabei sind Kinder und Jugendliche im Umgang mit Meinungen vergleichsweise unerfahren, weshalb die ihnen vorgetragenen Standpunkte behutsam ausgewählt und hinsichtlich ihrer Stoßrichtung austariert werden müssen. Denn weder können sich die Umworbenen den unterrichtlich eingebetteten Werbeveranstaltungen entziehen, noch wissen Heranwachsende den im Rahmen des Unterrichts vermittelten Eindruck von Seriosität und Neutralität in jedem Einzelfall zu enttarnen. Schon deshalb müssen sie vor tendenziösen Lehr- und Lernmaterialien, denen mit ihrer Einbeziehung in den Unterricht die soziokulturelle Autorität des Schulwissens verliehen wird, geschützt werden.

Eine Vielzahl von Unternehmen entfaltet neben dem Engagement in der Produktion und Distribution von Unterrichtsmaterialien noch weitergehende Aktivitäten, um die eigenen Bildungsanliegen in eine möglichst breite Öffentlichkeit zu tragen, Markenbindungen zu etablieren und zukünftiges Personal anzuwerben. Dazu zählen Expertenbesuche in Schulen, Lehrkräftefort- und -weiterbildungen, die Finanzierung und Ausrichtung von (Fach-)Tagungen und (Bildungs-)Kongressen sowie die Auslobung von Schul-, Klassen- und Schülerwettbewerben. Das Sponsoring von Schulfesten gehört ebenso zu dieser Infiltrationsstrategie wie die Integration von sogenannten Bildungsinitiativen wie *business@ school, Schüler im Chefsessel, Schulbanker* oder *Unternehmergeist in die Schulen* in den Regelschulunterricht. Häufig unverhohlen geäußertes Ziel derartiger Kampagnen ist die Verankerung einer Kultur des unternehmerischen Denkens und Handelns im Weltbild nachwachsender Generationen (Stichwort: *entrepreneurship education*). Mehr denn je nutzen Unternehmen, Wirtschaftsverbände, Industrie- und Handelskammern sowie Unternehmensstiftungen die (politisch verantwortete) Finanznot der Schulen (aus), um ihr Image zu pflegen, ihre Reputation wiederherzustellen, Schülerinnen und Schüler mit ihren Produkten vertraut zu machen, Personal zu rekrutieren, Vor- und Einstellungen der nachfolgenden Generation zu prägen oder Einfluss auf die in den Curricula festgeschriebenen Lehr- und Lerninhalte zu nehmen.

So nehmen insbesondere Verbände und unternehmensnahe Stiftungen im Streit, wie ökonomische Frage- und Problemstellungen im Unterricht zu behandeln sind, maßgeblich Einfluss. Im Bündnis Ökonomische Bildung (BÖB), das mit seinen inzwischen mehr als 100 institutionellen Mitgliedern öffentlichkeitswirksam auf die Einführung eines eigenständigen Unterrichtsfachs Wirtschaft drängt, engagieren sich etwa die PwC-Stiftung, der Verband der Familienunternehmer und der Bundesverband deutscher Banken. In sozialwissenschaftlichen Fächern sind es neben großen Geschäftsbanken die Joachim-Herz-Stiftung mit dem Portal *Teach Economy* sowie das am Kölner Rheinufer ansässige und von Wirtschafts- und Arbeitgeberverbänden finanzierte Institut der deutschen Wirtschaft (IW) mit der Plattform *Wirtschaft und Schule*, die mit einem besonders weitreichenden Angebot aufwarten. Dabei bieten sich gerade in diesen Fächern im besonderen Maße offene Flanken für einseitige Darstellungen und die Beeinflussung von Weltbildern, werden doch weniger naturgesetzliche Phänomene als vielmehr offene Fragen zur Gestaltung von Wirtschaft, Gesellschaft und Politik verhandelt.

Vielfältige Lobbyaktivitäten

Doch nicht nur Verbände investieren Zeit und Geld, um ihren Einfluss in der Bildung geltend zu machen. Auch Unternehmen engagieren sich zunehmend direkt in Form von Kooperationen mit Schulen. So machte die Supermarktkette Rewe in jüngerer Vergangenheit gleich mehrfach Schlagzeilen. Im Frühsommer 2017 organisierte der zweitgrößte Lebensmitteleinzelhändler Deutschlands die sogenannte »Sauberhafte Rallye«. Im Rahmen dieser Veranstaltung wurden – ähnlich wie im Fall »Amazon« – Schulklassen in Rewe-Supermärkte eingeladen, um diese für nachhaltige Produktentscheidungen und Müllvermeidung zu sensibilisieren. Im Anschluss erhielten die Kinder zahlreiche Geschenke, wie zum Beispiel Einkaufstaschen oder Kühlschrankmagnete, auf denen das Rewe-Logo prangte. Nur vordergründig scheint es hierbei um Wertevermittlung zu gehen; eher scheinen die Teilnehmenden zur Zielscheibe von PR- und Marketingmaßnahmen zu werden. Zwar wurde die Aktion *Sauberhafte Rallye* vom hessischen Kultusministerium nach öffentlichem Druck der Gewerkschaft Erziehung und Wissenschaft (GEW) und der NGO LobbyControl gestoppt, doch nur wenige Monate später sorgte der Kölner Konzern zur Weihnachtszeit erneut für Aufregung.

In der niedersächsischen Landeshauptstadt Hannover betraten 70 Grundschülerinnen und -schüler während der Unterrichtszeit die Einkaufshallen und stimmten in die Melodie eines Weihnachts-Klassikers ein: »Rewe hat, was jeder mag, heisa, welch ein Freudentag.« Die Gesangseinlage gehörte zur Rewe-Initiative *Weihnachtswette*, für die der Förderverein der Schule im Gegenzug einen mit dem Unternehmenslogo versehenen Scheck über 500 Euro erhielt. Weniger freudig fiel die Reaktion einiger Eltern aus – gerade die offensichtlichen Werbeinhalte des Liedtextes und die geopferte Unterrichtszeit sorgten für Entsetzen. Letzteres fing der Schule eine Rüge der niedersächsischen Schulbehörde ein. Die Aktion hätte außerhalb der Schulzeit auf freiwilliger Basis stattfinden müssen und dürfe keinesfalls wie eine schulische Aktivität wirken. Rewe erklärte, dass solche Aktionen seit mindestens zehn Jahren bundesweit durchgeführt würden und als gesellschaftliches Engagement zu betrachten seien. Man darf also davon ausgehen, dass der Kölner Konzern sich auch in Zukunft im Schulmarketing tummelt.

Das Schulmarketing umreißt in der Werbebranche mittlerweile gar eine eigene Sparte. In dieser präsentieren sich Agenturen Unternehmen als Türöffner für die Klassenzimmer. Auf der Seite der Agentur junges herz etwa heißt es:»Wir unterstützen Unternehmen, um Jugendliche gezielt in der Schule zu erreichen.« Für Anzeigen im agentureigenen Jugendmagazin wird mit der »Sichtbarkeit im täglichen Blickfeld der Generation Z« und der »direkten Ansprache von über 4 Millionen Schüler*innen in der Schule« geworben. Überdies belegt eine Umfrage, die der Verband Bildung und Erziehung und der vzbv in den Schulministerien der Länder durchgeführt haben, dass unternehmerische Aktivitäten in den Schulen kaum kontrolliert werden und es an Problembewusstsein mangelt. Seitens der Schul-, Kultus- und Bildungsministerien werden Lehrkräften in dieser Hinsicht wenig Unterstützungsangebote unterbreitet und auf ihre Eigenverantwortung abgestellt. Um das Einfallstor mittels der sogenannten Bildungspartnerschaften zu schließen, braucht es ein generelles Werbeverbot an Schulen. Andernfalls droht nicht zuletzt die öffentliche Wahrnehmung des Lehrerberufs und die damit verbundene professionsbezogene Ausbildung einen nachhaltigen Reputationsverlust zu erleiden.

Kommerzielle Anbieter von Lehrkräftefort- und -weiterbildungen

Dass der in der öffentlichen Wahrnehmung nur selten fokussierte Fort- und Weiterbildungsmarkt für Lehrkräfte zunehmend von privaten Anbietern mit kommerziellen Interessen in den Blick genommen wird, ist unstrittig. Unternehmen und unternehmensnahe Stiftungen investieren pro Mitarbeiterin und Mitarbeiter rund dreimal so viel Geld für diesbezügliche Angebote wie die Bundesländer für ihre Lehrkräfte. In ebenjene Lücke springen private Anbieter – insbesondere Stiftungen, Verbände und Verlage. Gleichzeitig drückt sich das vergleichsweise geringe Interesse der Schul-, Kultus- und Bildungsministerien an der dritten Phase der Lehrkräftebildung auch darin aus, dass die Frage, wie viel Geld die Länder in deren Fortbildung investieren, mangels Erfassung bundeslandspezifisch nicht zuverlässig beantwortet werden kann.

Die Beispiele für privat finanzierte Lehrkräftefort- und -weiterbildungen sind indes zahlreich. So etwa unterstützt der Verband der Chemischen Industrie (VCI) über seinen Fonds der Chemischen Industrie (FCI) in Zusammenarbeit mit der Gesellschaft Deutscher Chemiker (GDCh) beinahe ein Dutzend dezentrale Einrichtungen zur Lehrkräftefortbildung im Fach Chemie. Die an Universitäten und Hochschulen angebundenen Fortbildungszentren bieten kostenfreie Kurse für alle Schulstufen und -arten an, in denen unter anderem Referentinnen und Referenten aus den beteiligten Unternehmen informieren. Darüber hinaus wird eine didaktische Aufbereitung für den schulischen Alltag angeboten, um so möglichst praxisnah und aktuell Hilfestellungen für Lehrkräfte bieten zu können. Der FCI fördert den Chemieunterricht aber nicht nur über das breite Angebot an Lehrkräftefortbildungen, sondern auch über die *Schulpartnerschaft Chemie*, die auf die Ausstattung von Chemieräumen, die Zurverfügungstellung anderer Unterrichts- und Informationsmaterialien sowie die Ausschreibung von Wettbewerben und Preisen für Schülerinnen und Schüler zielt.

Die Stiftung des Selfmade-Multimilliardärs, Mäzens und Mitbegründers des Softwareunternehmens SAP, Dietmar Hopp, unterstützt über die von seinem ältesten Sohn Oliver gegründete Hopp Foundation for Computer Literacy & Informatics Lehrkräfteworkshops in den Bereichen Informatik, Medienbildung und neue Lehr- und Lernmethoden. Die kostenfreien Lehrkräfteseminare zielen darauf,»Informatik und Medienbildung an den Schulen in der Metropolregion Rhein-Neckar nachhaltig zu verankern«. Zu den Angeboten zählen beispielsweise Workshops zu Physical Computing, Smart Cities oder Künstliche Intelligenz und Maschinelles Lernen. Erklärtes Ziel ist es, Kinder möglichst frühzeitig an einen kompetenten Umgang mit Computern heranzuführen. Die vermeintliche Großzügigkeit der Konzerne kann durchaus als *after-sales manage-*

ment gedeutet werden: Und gerade, wenn die Seminare kostenfrei angeboten werden, stellen diese kommerziellen Anbieter eine veritable Konkurrenz zu universitären Angeboten oder auch zu den kultus-, schul- oder bildungsministeriell (teil-)finanzierten Lehrkräftefort- und -weiterbildungen dar.

Dort, wo sich Schulen gegenüber unternehmerischen Einflüssen offen zeigen, wird die Privatisierung des Bildungssystems besonders sicht- und spürbar. Die angestrebte Öffnung von Schule führt zu einer Verschiebung der Akteurskonstellationen im öffentlichen Bildungssektor, die gravierende Auswirkungen auf das Verständnis von Schule als neutraler Bildungsinstanz hat: Gewinn- und Gemeinwohlorientierung prallen aufeinander. Zugleich wirft das privatwirtschaftliche Engagement ein Schlaglicht auf den Zustand unserer Schulen. Schlecht muss es um sie bestellt sein, wenn Chips- und Schokocreme-Hersteller Sporttage sponsern, Versicherungen und Banken ihre Mitarbeitenden in Schulklassen entsenden und Unternehmen, Stiftungen und Interessenverbände kostenfreie Unterrichtsmaterialien zu mit ihren Geschäftsaktivitäten verbundenen Schwerpunktthemen anbieten. Gerade weil die Mehrzahl der Schulen inzwischen für jeden Euro dankbar ist, müssen die Bundesländer endlich schärfere gesetzliche Schwerter zum Einsatz bringen. So heißt es zum Beispiel im niedersächsischen Schulgesetz lediglich:»Zuwendungen, die mit einem Werbeeffekt verbunden sind (Werbung, Sponsoring), können entgegengenommen werden, wenn der Werbeeffekt hinter dem pädagogischen Nutzen deutlich zurückbleibt.« In Bremen gilt:

>»Öffentliche Schulen können Verträge mit Dritten über Sponsoring oder andere Formen der Werbung abschließen, wenn die Schulkonferenz dem jeweiligen Vertrag vor Abschluss zustimmt und die Werbungsziele mit den gesetzlichen und den durch besondere Vorgaben des Senators für Bildung und Wissenschaft festgelegten Zielen der Schulen vereinbar sind.«*

Auch in Brandenburg wird auf die Vereinbarkeit mit einem in diesem Zusammenhang nicht weiter explizierten »Bildungs- und Erziehungsauftrag« verwiesen – in diesem Fall ist Werbung »an und in Schulgebäuden« zulässig. Die Entscheidung wird der Schulleitung respektive dem Schulträger überlassen, was in Anbetracht des eklatanten Investitionsstaus eher großzügigen Pragmatismus als restriktive Prinzipientreue erwarten lässt. Nahezu alle 16 Bundesländer bieten Unternehmen und Interessengruppen rechtliche Schlupflöcher dergestalt. Anzeigen in Schülerzeitungen genießen eine sogar noch ausgeprägtere Toleranz gegenüber Werbung. Derartige Bestimmungen sind zu schwammig. Hier braucht es mehr Klarheit, Eindeutigkeit und Entschiedenheit.

Während den Schulen selbst immer weniger Geld für dringend benötigte Investitionen zur Verfügung steht, wenden mehr und mehr Verbände, Unternehmen und Stiftungen große Summen auf, um den Kampf um die Köpfe der Kinder aufzunehmen. So etwa wurde die von den Arbeitgeberverbänden der Metall- und Elektroindustrie finanzierte Initiative Neue Soziale Marktwirtschaft (INSM) auch ins Leben gerufen, um das schulische Feld erreichbar zu machen. Ursprünglich gegründet als Reaktion auf eine Studie des Instituts für Demoskopie Allensbach, der zufolge Misstrauen gegenüber marktförmigen Arrangements in der Bevölkerung vorherrsche sowie der Wunsch, Alternativen zwischen Kapitalismus und Demokratie auszuloten, ist die vom Arbeitgeberverband Gesamtmetall mit inzwischen knapp 200 Millionen Euro finanzierte INSM längst nicht mehr nur in konventionellen Kanälen der öffentlichen Meinung aktiv, sondern hat inzwischen auch die Schulen für sich entdeckt.

Über das Internetportal *Wirtschaft & Schule* versucht sie gezielt, angehende Lehrkräfte direkt zu erreichen. Außerdem veröffentlicht die INSM zahlreiche Rankings wie das Städteranking, das Bundesländerranking, das Gründerranking, das Hochschulranking et cetera. Der jährlich erscheinende Bildungsmonitor, der zeigen soll,

»inweit das Bildungssystem eines Bundeslandes zum Wachstum und Wohlstand der Wirtschaft beiträgt«, zählt mittlerweile ebenso zum festen Bestandteil der interessengeleiteten Berichterstattung. Und auch bei dieser PR-Maßnahme des Thinktanks fallen die Anstrengungen auf fruchtbaren Boden: Insgesamt sieben Bundesländer kommentierten im Jahr 2016 den Bildungsmonitor (Baden-Württemberg, Bayern, Hamburg, Hessen, Mecklenburg-Vorpommern, Saarland und Sachsen), 2017 waren es sechs (Bayern, Brandenburg, Mecklenburg-Vorpommern, Saarland, Sachsen, Schleswig-Holstein). Diese Länder nahmen ihn also nicht nur zur Kenntnis, sondern sahen sich veranlasst, zu ausgewählten Punkten Stellung zu nehmen. In der Breite handelte es sich um unkritische Stellungnahmen, die die Ergebnisse des Bildungsmonitors als Erfolg beziehungsweise als Ansporn für weitere Anstrengungen werteten.

Exemplarisch genannt sei der langjährige hessische Kultusminister und amtierende Finanzminister Alexander Lorz (CDU), der die Wertung für sein Bundesland als Indikator bildungspolitischen Erfolgs ansah: »Wir freuen uns sehr über das gute Abschneiden und insbesondere über die besondere Hervorhebung unserer Bemühungen im Ganztagsausbau und bei der Bildungsintegration.« Und er fährt fort: »Wir sehen in den Ergebnissen auch eine Bestätigung unserer Schwerpunktsetzung bei den Themen Ganztag, Sozialindex, Sprachförderung und Inklusion.« Ähnliche Stellungnahmen konnten im selben Jahr aus dem sächsischen Kultus- sowie dem bayerischen Bildungs- und Wissenschaftsministerium vernommen werden. In all diesen Fällen können die unkritischen Stellungnahmen der zuständigen Ministerien bereits als voller Erfolg für den Wirtschaftsverband gezählt werden: Differenzierte Äußerungen hätten auf die hinter der INSM stehenden Interessen eingehen können, vor allem aber methodische Mängel beziehungsweise bewusste Verzerrungen hervorheben können, wie beispielsweise die starke Gewichtung der MINT-Fächer in der Bewertung des Bildungsmonitors, was im Interesse der Chemie und Metall verarbeitenden Arbeitgeber liegt.

Diese subversive Form des Lobbyismus gibt vor, sich um die gesellschaftliche Prosperität verdient zu machen, indem sie Inputeffizienz, Infrastruktur und Schulqualität misst. In Wahrheit aber trägt sie Wettbewerb als ordnungspolitisches Prinzip in das Bildungssystem, wie Udo Ehrich in seinem inzwischen in fünfter Auflage erschienenen und neu betitelten Buch seinerzeit unter dem Titel *INSM & Co. Wie die Wirtschaft unser Bewußtsein steuern will* in prägnanter Form zum Ausdruck bringt:

»Der Bildungsmonitor folgt dem unseligen Zeitgeist, Bildung und Ausbildung vor allem unter ökonomischen Gesichtspunkten zu sehen, und gesellschaftliche Ziele wie das der Herausbildung einer mündigen und kritischen Persönlichkeit zu vernachlässigen.«

Interessengeleitete Einflussnahme mittels Unterrichtsmaterialien

Auf fruchtbaren Boden fällt mittlerweile auch die privatwirtschaftliche Produktion und Distribution von Unterrichtsmaterialien. Ursächlich für das schulische Engagement von Unternehmen ist neben gefühlten und tatsächlichen Überlastungserscheinungen von Lehrkräften, sinkenden Schulbuchetats, gedeckelten Kopierkontingenten und zahlreichen fachfremd unterrichtenden Lehrkräften auch die (Teil-)Abschaffung der Lernmittelfreiheit. Die frappierende Schieflage zwischen staatlichen Institutionen einerseits und privatwirtschaftlichen Akteuren andererseits geht ferner zulasten solcher Interessengruppen, die nicht über die nötigen finanziellen und personellen Ressourcen für schulische Lobbyarbeit verfügen – wie zum Beispiel Wohlfahrts- und Umweltverbände, Einrichtungen der Kinder- und Jugendhilfe, aber auch Gewerkschaften oder klassische Nichtregierungsorganisationen. Wenn Apple, Alphabet & Co. nun auf die Digitalisierung der Lebenswelten die Digitalisierung der Bildungswelten folgen lassen, stellt sich dringlicher denn je die Frage, welche Folgen es bei Lernenden zeitigt, wenn sie den Werbeeinflüssen durch Unternehmensprodukte ausgesetzt sind. Über die Angebote der US-amerikanischen Tech-Giganten wird auch einheimischen Konzernen das Eindringen in die Unterrichtspraxis erleichtert. So stellt inzwischen die Mehrheit der im DAX gelisteten Unternehmen entweder über die eigene Marketingabteilung oder aber über Stiftungen kostenfreie digitale Unterrichtsmaterialien bereit. Die Digitalisierung ermöglicht es ihnen, die für konventionelle Schulbücher in den meisten Bundesländern fälligen, zwecks Qualitätssicherung der Bildungsmaterialien etablierten kultusministeriellen Prüfverfahren zu umgehen. Dabei muss angenommen werden, dass die Aktivitäten gewinnorientierter Unternehmen nicht in Gänze uneigennützig motiviert sind und sie – ähnlich dem Gebaren der Tech-Unternehmen – auf die möglichst frühe Markenbindung eines jungen Kundenstamms gerichtet sind. Aufgrund ihrer herausragenden Bedeutung für die fachdidaktische Strukturierung und inhaltliche Aufbereitung des Unterrichts erscheinen Unterrichtsmaterialien als attraktives Medium, um im eigenen Sinne gefärbte Inhalte wirkungsvoll im Unterricht zu platzieren. Zahlreiche exemplarische Analysen von Materialien dieser Art stützen die Befürchtungen einer dadurch induzierten lobbyistischen Einflussnahme im Klassenzimmer.

Neben werblichen Zwecken zielen die digitalen Lehr- und Lernmaterialien auf die Weltbilder von Heranwachsenden und die Prägung ihrer politischen Vor- und Einstellungen. Es verwundert daher nicht, dass zahlreiche privatwirtschaftliche Akteure wie der Deutsche Sparkassen- und Giroverband, der Bundesverband deutscher Banken oder die Flossbach-von-Storch-Stiftung auf den Plan treten, um mit eigens produzierten Inhalten im Feld der ökonomischen Bildung zu reüssieren. Googelt man nach Arbeitsblättern oder Unterrichtsentwürfen zu ökonomischen Themen, sind es ihre Angebote, die in Reaktion auf die Suchanfragen weit vorne zu finden sind. Dabei kommt ihnen zusätzlich der in den sozialwissenschaftlichen Unterrichtsfächern häufig geforderte Aktualitätsbezug zugute, den Schulbücher mit ihren langwierigen Veröffentlichungsprozessen schlicht nicht sicherstellen können.

Eine umfangreiche Untersuchung der Inhalte von Unterrichtsmaterialien im Feld der (sozio-)ökonomischen Bildung durch Forscher der Universität Bielefeld förderte zutage, dass diese paradigmatische Engführungen im Hinblick auf affirmative Haltungen zur Wirtschaftsform der sozialen Marktwirtschaft und eine perspektivische Verschränkung zugunsten eines mikroökonomischen Bias aufweisen, wobei die untersuchten externen Materialien aus privatwirtschaftlichen Zusammenhängen negativ hervorstechen. Erschwerend kommen die für sozialwissenschaftliche Unterrichtsfächer in allen Bundesländern, in denen Zahlen dazu vorliegen, bekannten, dadurch aber nicht minder besorgniserregenden Ausmaße fachfremd erteilten Unterrichts hinzu. In Ermangelung eines einschlägigen Studiums müssen fehlende fachdidaktische und -wissenschaftliche Kompetenzen aufseiten der unterrichtenden Lehrpersonen vermutet werden, die wiederum für die angemessene Auswahl und kritische Einordnung der ungeprüften Lehr- und Lernmaterialien vonnöten sind.

Weiterhin bedarf es eines geschärften Bewusstseins für die Interessen verschiedener in den einstmals pädagogischen »Schonraum« des Bildungswesens drängender Akteure. So wie Lehramtsstudierende sich im Laufe ihres Studiums nahezu allerorten mit den Herausforderungen von Inklusion und Digitalisierung befassen müssen, sollen sie sich auch mit dem auf Ökonomisierung setzenden Zeitgeist – und dabei speziell mit Lobbyismus an Schulen – auseinandersetzen (müssen), und zwar sowohl erziehungs- und bildungswissenschaftlich als auch unterrichtsfachspezifisch. In der Aus-, Fort- und Weiterbildung von Lehrkräften aller Schulformen sind verpflichtende Module einzuführen, die nicht nur für die Gefahren der Einflussnahme von Lobbygruppen auf den Unterricht sensibilisieren, sondern auch Kriterien zur Identifikation solcher Einflussnahmen ausweisen. Nur wenn (künftige) Lehrkräfte lobbyistisch gefärbte Unterrichtsmaterialien erkennen, können sie eine sachgerechte Auswahl entsprechender Lehr- und Lernmaterialien treffen. Zugleich müssen die Institutionen namentlich Erwähnung finden, die das Material finanzieren, produzieren und distribuieren.

Leeranstalten statt Lehranstalten

Obwohl das Problem des Lehrkräftemangels seit Jahren bekannt ist, kommt nach wie vor keine bildungspolitische Debatte ohne den Verweis auf den grassierenden Lehrkräftemangel aus. Bundesweit fehlen allein an Grundschulen knapp 11 000 Lehrstellen; in der Mittelstufe und in Berufsschulen mangelt es bis 2030 jedes Jahr mindestens an durchschnittlich rund 3 000 Lehrkräften. War die Prognose der Kultusministerkonferenz (KMK) im Jahr 2013 noch von sinkenden Schülerzahlen ausgegangen, sind für das Jahr 2025 2,15 Millionen Schülerinnen und Schüler zu erwarten. Dabei fehlt es gerade in den Bezirken an ausgebildeten Lehrkräften, wo pädagogische Kompetenz aufgrund der herausfordernden Zusammensetzung der Lerngruppen in besonderer Weise gefragt wäre. Quer- und Seiteneinsteigerinnen und -einsteiger sind ebenso wie Vertretungslehrkräfte überproportional häufig an Schulen in sozialen Brennpunkten zu finden. Beispielhaft steht dafür die Situation in Berlin, wie die dortige GEW verdeutlicht: »In den Bezirken Mitte, Spandau, Neukölln und Marzahn-Hellersdorf verfügen mehr als 70 Prozent der neu eingestellten Lehrkräfte über keine Lehramtsausbildung.«

Schon 2018 ergab eine im Auftrag des Verbandes Erziehung und Wissenschaft durchgeführte repräsentative Studie, in deren Rahmen 1 200 Schulleitungen in Deutschland nach ihren Problemen, Sorgen und Wünschen an die Politik befragt worden waren, ein eindeutiges Bild. Auf die Frage nach dem größten Problem an ihren Schulen gaben schon damals 57 Prozent der Befragten mit sehr großem Abstand den Lehrkräftemangel an. Im Durchschnitt gab jeder dritte Befragte (36 Prozent) sogar an, unbesetzte Stellen an der eigenen Schule zu haben beziehungsweise sich mit Lehrermangel konfrontiert zu sehen. Dabei gingen deutliche Unterschiede zwischen den einzelnen Schulformen hervor, denn während an Gymnasien »nur« 25 Prozent der befragten Schulleitungen den Lehrkräftemangel beklagten, waren es an Grundschulen 35 Prozent. Für die Kollegien bedeutet die ungleiche Verteilung von Quereinsteigerinnen und -einsteigern insbesondere an Schulen mit einer ohnehin betreuungsintensiven Klientel eine zusätzliche Belastung, sodass eine stärkere Steuerung der Umverteilung solcher nachträglich Qualifizierter aus- und nachdrücklich zu empfehlen ist.

Aber auch jenseits regionaler schulischer Problemlagen stellt sich die Frage, woher der Lehrkräftemangel rührt und wie ihm begegnet werden kann. So ist bereits aktuell eine ungleiche Verteilung der Lehrkräfte zwischen den Schulformen, Unterrichtsfächern und Regionen erkennbar. Beispielsweise überschreitet das Lehrkräfteangebot ausweislich des 2022 veröffentlichten Gutachtens der Ständigen Wissenschaftlichen Kommission (SWK) bei den Lehrämtern für die Sekundarstufe II sogar den eigentlichen Bedarf. Um die Unterrichtsversorgung (in Zukunft) sicherstellen zu können, hat die SWK am 27. Januar 2023 gemeinsam mit der KMK eine außergewöhnlich viel beachtete Stellungnahme zum Umgang mit dem bereits vorherrschenden Lehrkräftemangel veröffentlicht.

Von den sechs Empfehlungen wurden insbesondere drei trotz ihrer zu erwartenden positiven Wirkungen zur Behebung des Unterrichtsversorgungsengpasses besonders kontrovers diskutiert: (1.) die Erschließung von Beschäftigungsreserven bei qualifizierten Lehrkräften, (2.) die Ausweitung des Potenzials an qualifizierten Lehrkräften sowie (3.) die Flexibilisierung des Einsatzes von Lehrkräften. Angesichts der Tatsache, dass sich eine große Zahl von Lehrkräften erst seit Kurzem im Ruhestand befindet beziehungsweise nur jede vierte Lehrkraft bis zur Regelaltersgrenze im Beruf verweilt, wurde unter anderem die Gewinnung von bereits pensionierten Lehrkräften vorgeschlagen. Dabei soll durch die Länder geprüft werden, ob und wie rechtliche Voraussetzungen zur Weiterbeschäftigung verbessert werden können. Zudem empfiehlt die SWK, eine Ergänzung der Arbeitszeitverordnung zu prüfen. In diesem Zuge sollen Reduktionen der Unterrichtsverpflichtungen aus Altersgründen mit außerunterrichtlichen Tätigkeiten kompensiert werden.

Maßgebliche Potenziale wurden jedoch auch mit Blick auf die Möglichkeiten der Reduktion von Arbeitszeit gesehen. Die im Vergleich zu anderen Erwerbstätigen deutlich höhere Teilzeitquote von Lehrkräften von circa 42 Prozent bildet dabei einen zentralen Ausgangspunkt. So können Lehrkräfte ihren Teilzeitanspruch ohne weitere Angabe von Gründen, das heißt unabhängig von Kriterien wie gesundheitlichen Beeinträchtigungen, Erziehungspflichten oder Pflegeverpflichtungen gegenüber Angehörigen, geltend machen. Aufgrund des außergewöhnlich hohen Anteils an Teilzeitstellen empfiehlt die SWK, die Möglichkeiten zur Teilzeitarbeit zu begrenzen, da hier die größte Beschäftigungsreserve liegt. Und tatsächlich stellt sich die Frage, wieso Lehrkräfte in Zeiten eines eklatanten Unterrichtsversorgungsengpasses frei von Kriterien ihre Arbeitszeit um bis zu 50 Prozent reduzieren können sollen, während Arbeitgeber außerhalb der Schultore sogar bewilligte Urlaubsanträge zurückziehen dürfen, wenn der Inanspruchnahme des Urlaubs betriebliche Gründe entgegenstehen.

Zusätzlich sollen nach Auffassung der 16-köpfigen SWK Möglichkeiten wie das berühmte Sabbatjahr – wohlgemerkt »nach Prüfung«, wie es in der Empfehlung mit dem Titel *Empfehlungen zum Umgang mit dem akuten Lehrkräftemangel* heißt – befristet eingeschränkt werden. Und tatsächlich lässt sich über das Sabbatjahr als eine absolute Ausnahmeregelung im öffentlichen Dienst trefflich streiten. Im Gegensatz zu regulären Angestellten haben verbeamtete Lehrkräfte einen gesetzlich verbrieften Anspruch auf diese drei- bis zwölfmonatige Auszeit. Dafür verzichten sie über einen Zeitraum von zwei bis sieben Jahren auf einen Teil ihrer Bezüge, bevor sie dann ohne jede dienstliche Verpflichtung freigestellt werden. Und in den vergangenen Jahren wurde das Freistellungsjahr in den Lehrerzimmern immer beliebter. Knapp 20 000 Lehrkräfte haben allein in Baden-Württemberg seit 2001 ein Sabbatjahr eingelegt. Immer häufiger nutzen Lehrkräfte ein Sabbatjahr aber auch, um früher in Pension gehen zu können, wie Zahlen des baden-württembergischen Kultusministeriums offenbaren. Zumindest die Tatsache, dass nach wie vor in allen Bundesländern die Möglichkeit besteht, auch mehrmals ein Sabbatjahr zu nehmen, scheint angesichts des grassierenden Lehrkräftemangels und aufgrund der wenigstens 75 unterrichtsfreien Werktage, die Lehrkräften aufgrund von Schulferien und beweglichen Ferientagen zustehen, in Krisenzeiten wie derzeit diskussionswürdig.

Überdies empfiehlt die SWK weitere Maßnahmen, die den Lehrkräftemangel – erst recht bei einer gleichzeitigen Umsetzung – massiv abmildern könnten. Dazu zählt die Möglichkeit einer befristeten Erhöhung der Unterrichtsverpflichtung mit finanzieller Abgeltung ebenso wie die vereinfachte Anerkennung von Lehrkräften mit ausländischen Abschlüssen. Überdies sollten Gymnasiallehrkräfte – befristet – für einen Einsatz an nichtgymnasialen Schulformen gewonnen werden, wobei der Wechsel an andere Schulformen auch dadurch an Attraktivität gewinnen soll, dass eine spätere Einstellungsperspektive am Gymnasium eröffnet sowie eine Besoldung nach A13 auch an der nichtgymnasialen Schulform realisiert wird. Generell befürwortet die SWK eine Ausweitung von Nachqualifikationen für Mangelfächer, wobei auch diese bislang allein im Ermessen der Lehrkräfte liegen, das heißt, weder Schulleitung noch Schulamt oder Kultusbürokratie können Lehrkräfte zu derartigen Fortbildungen verpflichten. Auch dies scheint in Zeiten lebenslangen Lernens nicht mehr zeitgemäß. Und bis heute bleiben Potenziale ungenutzt, wie etwa die Möglichkeiten des Einsatzes von Ein-Fach-Lehrkräften, der Einbindung von Pädagoginnen und Pädagogen mit ausländischen Hochschulabschlüssen oder der Erhöhung der Klassenfrequenzen, wo Maximalgrößen aktuell »aus nicht belegten Gründen unterschritten werden«, wie die SWK schreibt.

Besondere Herausforderungen im Lehrkräfteberuf

Laut des 2023 im Auftrag der Robert-Bosch-Stiftung vorgelegten Deutschen Schulbarometers bewerten Lehrkräfte das Verhalten ihrer Schülerinnen und Schüler sowie die hohe Arbeitsbelastung als die größten Herausforderungen in ihrem Arbeitsalltag. 63 Prozent der in Teilzeit arbeitenden Lehrkräfte können sich eine Aufstockung grundsätzlich vorstellen, knüpfen dies jedoch an eine Verbesserung der Arbeitsbedingungen. Tatsächlich sind Lehrkräfte heute den größten Teil ihrer Arbeitszeit damit beschäftigt, die Brände zu löschen, die sozial, emotional und kommunikativ eingeschränkte Kinder mit ihrem Verhalten inner- wie außerhalb des Unterrichts legen. Uschi Kruse, Landeschefin der GEW in Mecklenburg-Vorpommern, kritisiert dann auch den erschreckenden Anstieg des Krankenstandes. Dem aktuellen Gesundheitsbericht für Lehrkräfte in Mecklenburg-Vorpommern zufolge stieg der Krankenstand unter Lehrkräften seit dem Schuljahr 2018/2019 von 6,4 Prozent auf 7,9 Prozent im Schuljahr 2021/2022. Durchschnittlich waren dies in jenem Schuljahr 29,7 Tage, wenngleich 40 Prozent der insgesamt anfallenden Ausfälle den 2,5 Prozent langzeiterkrankten Pädagoginnen und Pädagogen zuzuschreiben sind.

Auch im übrigen Bundesgebiet treten psychische und psychosomatische Leiden bei Lehrkräften immer häufiger auf, sodass die rasant gestiegene Zahl krankheitsbedingter Frühpensionierungen nicht verwundert. Wurden Unterrichtsstörungen früher mit Pausenverboten, Strafaufgaben oder Schulverweisen belegt, sind derartige Sanktionen heutzutage verpönt, sodass Lehrkräfte ihre Handlungsmöglichkeiten nicht zuletzt aufgrund befürchteter Klagen seitens der Eltern bei Grenzüberschreitungen nur noch selten ausschöpfen. Nicht wenige Schulexpertinnen und -experten kommen zu dem Schluss, dass das heutige Schulsystem Lehrkräften pädagogisch wirksames Handeln unmöglich mache, da klare Grenzen zu setzen auch von Eltern nicht mehr akzeptiert werde. Neun von zehn Lehrkräften geben an, dass ihnen massive Belastungen aus Lärm erwachsen. Und sie haben recht: Während als wohltuend empfundene Gespräche Lärmbelastungen von 30 bis 45 Dezibel vertragen, liegt der durchschnittliche Schallpegel in Schulklassen doppelt so hoch, weshalb eine wachsende Zahl von Lehrkräften mit Stimmbandproblemen kämpft. Viele Lehrerkräfte sind aber auch deshalb gestresst und erschöpft, weil ihre Entscheidungs- und Handlungsspielräume durch die ministeriell vorgegebene Standardisierung der Lehr- und Lernprozesse eingeschränkt und ihre Mitbestimmungsmöglichkeiten ausgehöhlt werden.

Paaren sich geringe Einflussmöglichkeiten mit steigenden Herausforderungen, führt dies in jedem Beruf zu Unmut, Frustration und innerer Emigration. Die Folgen lassen sich am hohen Krankenstand von Lehrkräften ablesen. So ergab eine 2014 veröffentlichte Befragung des Aktionsrats Bildung zur Gesundheit und Arbeitsbelastung von Lehrkräften, dass rund 30 Prozent von ihnen unter zu hohen Belastungen leiden. Sechs Jahre später wies die Studie sogar zwei Dritteln der Lehrkräfte eine hohe oder sehr hohe Belastung des Berufs nach. Als häufigster Grund wurde die Unzufriedenheit mit den (zu) großen Leistungsunterschieden zwischen den Schülerinnen und Schülern angegeben (95 Prozent), aber auch ein zu hohes Arbeitspensum (90 Prozent), keine ausreichenden Pausen im Schulalltag (72 Prozent) und eine zu lange Arbeitszeit (36 Prozent) sowie eine Zunahme an Aufgaben (32 Prozent) wurden genannt. Verschärfend kommen schulinterne (Abstimmungs-) Probleme, persönliche Belastungen wie Vorerkrankungen oder verbale und immer häufiger auch tätliche Angriffe durch Schülerinnen und Schüler oder deren Eltern hinzu.

Laut einer im April 2024 veröffentlichten Umfrage des Meinungsforschungsinstituts Forsa geben 60 Prozent der Schulleiterinnen und Schulleiter an, dass die Zahl der Kolleginnen und Kollegen an ihrer Schule, die langfristig aufgrund von physischen oder psychischen Erkrankungen ausgefallen sind, in den letzten fünf Jahren erneut zugenommen hat. Die Ursachen sind vielfältig. Zu nennen ist zum einen die vielfach schlampige Organisation des Schulalltags. Lehrkräfte werden am Sonntag vor Beginn des neuen Halbjahres informiert, dass sie nun Englisch zu unterrichten haben, obwohl sie das Fach nie studiert haben. Die Möglichkeit, sich als fachfremde Lehrkraft auf die neue Herausforderung vorzubereiten, wird einem genommen. Überforderung ist bei denjenigen, die keine *native speakers* sind, die logische Konsequenz. Kaum ein Lehrerzimmer genügt den Ansprüchen der Berufsgenossenschaften an einen Arbeitsplatz. Warum gibt es an den Schulen keine Rückzugsorte für Lehrkräfte, die korrigieren oder Schüler- und Elterngespräche führen müssen? Gleichzeitig erschweren gedeckelte Kopierkontingente den Lehrkräften die Unterrichtsvorbereitung. Wertschätzung am Arbeitsplatz? Fehlanzeige.

Verschärfend kommt die ungleiche Verteilung des Arbeitspensums in Abhängigkeit von der Fächerkombination hinzu. Während die Lehrkräfte, die Sport, Kunst, Musik oder Religion unterrichten, nahezu ohne jede Korrektur durch ein Schuljahr kommen, sehen sich Pädagoginnen und Pädagogen, die zwei Hauptfächer vertreten, mit intensiven Spitzen in Korrekturphasen konfrontiert. Und während ihre reinen Nebenfachkolleginnen und -kollegen nur selten mit Klassenführungsaufgaben betraut werden, fallen ihnen umfängliche Verwaltungsaufgaben und Dokumentationspflichten zu. Eine stärkere Differenzierung der Stundendeputate in Abhängigkeit von den wahrgenommen Korrektur-, Klassenleitungs- und Verwaltungsaufgaben ist dringend geboten. Des Weiteren gilt die zumindest empfundene mangelnde Distanz zwischen Arbeits- und Privatleben als Belastungspunkt. Das Argument, dass für zu wenige Aufgaben und Ämter eine Reduzierung der Unterrichtszeit ermöglicht wird, obwohl Lehrkräfte in Deutschland im EU-Vergleich weit oben stehen, wenn es um die Zahl der zu erteilenden Unterrichtsstunden geht, lässt sich mit den europaweit dritthöchsten Gehältern (nach Luxemburg und der Schweiz) sowie der nach maximal fünf Jahren im Beamtenverhältnis auf Probe garantierten Lebenszeitanstellung inklusive Beihilfe- und Pensionsansprüchen relativieren.

Wie steigern wir die Attraktivität des Lehrkräfteberufs?

Wie aber lässt sich die Attraktivität des Lehrkräfteberufs für bereits im Dienst befindliche Pädagoginnen und Pädagogen sowie angehende Akademikerinnen und Akademiker erhöhen? Vorurteile über die Berufswahl gibt es bekanntlich reichlich. Sie reichen von Postkartensprüchen wie »Lehrer haben vormittags recht und nachmittags frei« bis hin zu dem Vorurteil »Die faulsten Schüler werden Lehrer«. Dabei erreichen Gymnasial-Lehramtsstudierende im Mittel eine Abitur-Durchschnittsnote von 2,25 und haben damit vergleichbare Schulabschlüsse wie Nichtlehramtsstudierende (2,21). Schlechtere Schulabschlüsse weisen hingegen die nichtgymnasialen Lehramtsstudierenden auf, für die im Mittel eine Negativselektion hinsichtlich ihrer Leistung im Vergleich zu durchschnittlichen Studierenden aller Fächer besteht. Dass die besten Schülerinnen und Schüler mit einem Einser-Abiturdurchschnitt selten in den Lehrkräfteberuf drängen, liegt offenkundig auch daran, dass die Entwicklungs- und Aufstiegsmöglichkeiten begrenzt sind. Diesbezüglich bedarf es dringend einer Änderung – insbesondere auch mit Blick auf Fort- und Weiterbildungsangebote. Dass die Sicherheit des Arbeitsplatzes durch die regelmäßig auf Lebenszeit angelegte Verbeamtung, die sehr gut mögliche Vereinbarkeit der beruflichen Verpflichtungen mit Familie und Freizeit, die lange unterrichtsfreie

Zeit und der im Vergleich zu anderen Akademikerinnen und Akademikern um durchschnittlich neun Prozent höhere Verdienst für viele Lehrkräfte den Ausschlag für die Berufswahl geben, lässt sich ebenso wissenschaftlich wie anekdotisch belegen.

Und dennoch scheut eine wachsende Zahl von Studierenden den von zahlreichen Stressoren im Unterrichtskontext geprägten Beruf. Wie also lassen sich mehr junge Menschen für den individuell erfüllenden und gesellschaftlich höchst relevanten Beruf jenseits von immer wieder geforderten Imagekampagnen gewinnen? Einmal mehr gilt das Schulsystem Finnlands als vorbildlich, erfahren Lehrkräfte dort als *trusted professionals* doch eine besondere gesellschaftliche Anerkennung. Dies mag auch daran liegen, dass der Wettbewerb um die Studienplätze deutlich höher ist als in Deutschland, sodass lediglich zehn Prozent der an einem Lehramtsstudium Interessierten einen entsprechenden Studienplatz erhalten. Im Wettbewerb um die geeignetsten Bewerberinnen und Bewerber findet ein mehrstufiges Auswahlverfahren statt, das eine landesweite Vorauswahl sowie ein internes universitäres Verfahren einschließt. Das Bestehen des schriftlichen Multiple Choice VAKAVA-Auswahltests gilt als Voraussetzung, um mit einem Lehramtsstudium zu beginnen. Die finnische Lernkultur mit einem Fokus auf sozial-emotionale Kompetenzen und die damit verbundene Beziehungsarbeit von (angehenden) Lehrkräften spielt eine bedeutende Rolle in diesem Verfahren, da ein ressourcenorientierter Blick auf die Lernenden als Qualitätsmerkmal der Lehrkräfte gefordert wird. Die Zielvorgaben der finnischen Kultusbürokratie zielen auf die Ausbildung eigenständig kooperierender und selbstverantwortlich agierender Lehrkräfte, die sich stetig weiterentwickeln dürfen – und müssen.

Was die »Bildungsrepublik Deutschland« braucht, sind nicht nur bestens ausgebildete Lehrkräfte, sondern auch solche, die über besondere persönliche Fähigkeiten verfügen: Derzeit zählen nur 10 bis 13 Prozent der am Lehrkräfteberuf interessierten Abiturientinnen und Abiturienten hohes Selbstvertrauen, Resilienz gegenüber Rückschlägen und die Fähigkeit, vor Gruppen zu reden, zu ihren besonderen Stärken. Dabei sind diese Defizite nichts Neues. Für Aufruhr hatte schon 2006 die *Potsdamer Lehrerstudie* gesorgt. Bei einem »nicht geringen Teil« der 2500 befragten Lehramtsstudierenden hatten sich »problematische Voraussetzungen« gezeigt. Dazu gehörten »Einschränkungen der Widerstandskraft, Defizite in sozialen und kommunikativen Kompetenzen und ein nur mäßig ausgeprägtes Selbstbewusstsein«, wie es der Psychologe Uwe Schaarschmidt seinerzeit formulierte. Versuche, die persönliche Eignung von am Lehramt Interessierten vor der Aufnahme des Studiums zu prüfen, sind jedoch bislang leergelaufen. Entweder steht obligatorischen Eignungstests die in Artikel 5 des Grundgesetzes verankerte Freiheit der Berufswahl entgegen oder aber die Hochschulen drängen gemeinsam mit den Schul- und Wissenschaftsministerien darauf, möglichst viele Lehramtsstudierende zu immatrikulieren, um dem inzwischen chronischen Lehrkräftemangel zu begegnen oder die Grundfinanzierung der Hochschulen nicht zu gefährden.

Dies allein dürfte indes nicht ausreichen, um finnische Verhältnisse zu schaffen. Dort haben Schulen weitaus mehr Freiheit bei der Einstellung von Lehrkräften, können systematische Aufstiegs- und Qualifizierungssysteme anbieten und erhalten auf ausgeschriebene Stellen nicht selten zehn Bewerbungen. Dies liegt auch daran, dass in Finnland besondere Möglichkeiten eröffnet wurden, Unterricht »von unten« zu entwickeln. Ein positives Beispiel sind zudem die Niederlande. Dort werden 85 Prozent der relevanten Entscheidungen vor Ort in den Schulen getroffen. In Deutschland hingegen sind es lediglich 13 Prozent. Lehrkräfte, die den Schulalltag bereichernde Projektideen haben, werden allzu häufig von den Schulleitungen oder der Kultusbürokratie ausgebremst. Mit der Klasse zum Tag der Menschenrechte nach Berlin? – Schwierig. Ein finanzierter Aufenthalt in Haiti, um dort beim Bau von Schulen mitzuhelfen? – Nahezu unmöglich. Anerkennung einer AG Latein als regulärer Oberstufenkurs? – Nicht zulässig. Allzu häufig lässt das Schulsystem keine oder nur geringe Gestaltungsmöglichkeiten, sodass auch kreative, motivierte und engagierte Lehrkräfte mit der Zeit ermatten. Wer aber selbst nicht brennt, kann auch kein Feuer bei anderen entfachen, und zwar weder im Klassen- noch im Lehrerzimmer.

Boom der Privatschulen

Diese teils unhaltbaren Zustände rauben dem staatlichen Regelschulsystem den Rückhalt. Getrieben von dem Wunsch, ihre Kinder ganztägig in kleinen Lerngruppen optimal fördern zu lassen, um gleichzeitig Familie und Beruf (besser) vereinbaren zu können, entscheiden sich immer mehr Eltern für das bundesweit wachsende Privatschulsystem. Stellte das mitunter horrende Schulgeld keinen Hinderungsgrund dar, würde laut einer Forsa-Umfrage mehr als die Hälfte der Eltern ihre Kinder an einer Privatschule anmelden. Nachdem bisweilen jede zweite Woche eine neue Privatschule eröffnet wurde, befindet sich nun jede zehnte allgemeinbildende deutsche Schule in privater Trägerschaft. Privatisierung, Rationalisierung und Kommerzialisierung offerieren jedoch keine Lösungsansätze für das öffentliche Gut Bildung. Denn mit jeder Entstaatlichung von Bildungseinrichtungen wird die im internationalen Vergleich ohnehin hohe soziale Selektivität weiter verschärft.

Der Trend, dass diejenigen, die über die nötigen sozialen und finanziellen Ressourcen verfügen, für ihre Kinder Privatschulen ansteuern, ist jedenfalls ungebrochen. So werden staatliche Schulen den gestiegenen Anforderungen immer seltener gerecht, obwohl die wachsende bildungsbewusste Mittelschicht immer weiter schrumpft und sich angesichts wachsender Ungleichheit sowie sinkender sozialer Mobilität zunehmend in ihrem Statuserhalt bedroht fühlt. Privatschulen hingegen kommen nicht nur diesen Bedürfnissen nach, sondern bieten vielbeschäftigten Doppelverdienenden durch großzügigere Betreuungszeiten zugleich weitreichende Möglichkeiten, Familie und Beruf (besser) vereinbaren zu können. Im Schatten des Versagens zahlreicher staatlicher Schulen und im Lichte ausgewählter Privatschulen entscheiden sich immer mehr Eltern für das bundesweit wachsende Privatschulsystem. Dessen rasantes Wachstum lässt sich schon daran ablesen, dass zeitweilig alle zwei Wochen eine neue Privatschule ihre Pforten öffnete, sodass sich die Zahl der Privatschülerinnen und -schüler in den vergangenen 30 Jahren beinahe verdoppelt hat. Lag die Quote der Privatschülerinnen und -schüler 1992 noch bei knapp fünf Prozent, besucht inzwischen jeder zehnte Schüler beziehungsweise jede zehnte Schülerin eine Privatschule. Deren Bestand ist von 1992 bis 2020 um 82 Prozent auf knapp 6 000 angewachsen; die Zahl der privaten Grundschulen hat sich in den letzten 20 Jahren sogar vervierfacht. Dabei sammeln sich unter dem breiten Dach der Privatschulen nicht nur klassische Internate wie die bundesweit bekannten Internatsgymnasien Schloss Salem und Schloss Torgelow, sondern insbesondere auch konfessionsgebundene Schulen, International Schools, Eliteschulen für Sport, Musik und Kunst sowie Berufs-, Förder- und Waldorfschulen.

Wo lernen Privatschülerinnen und -schüler?

Überwiegend lernen Privatschülerinnen und -schüler hierzulande an kirchlichen Schulen (insgesamt 1 167 Schulen mit 425 744 Lernenden), an Privatschulen in nichtkirchlicher Trägerschaft (410 Schulen mit 109 650 Lernenden) und an Waldorfschulen (221 Schulen mit 83 562 Lernenden), wie der Bildungsforscher Klaus Klemm mit seinem Team nachwies; etwa 7 500 Schülerinnen und Schüler besuchen eine der 93 bundesweit zu findenden Freien Alternativschulen. Die übrigen Privatschülerinnen und -schüler

lassen sich unter anderem dem stetig wachsenden Markt der privaten Förderschulen zurechnen, wobei bei allen Privatschulen zwischen Ersatz- und Ergänzungsschulen zu unterscheiden ist. An
Ersatzschulen streben die Schülerinnen und -schüler dieselben
oder jedenfalls gleichwertige Abschlüsse an wie an öffentlichen
Einrichtungen. Ist die Ersatzschule offiziell staatlich anerkannt, hat
diese das Recht, mit gleicher Wirkung wie öffentliche Schulen
Zeugnisse auszustellen und unter Vorsitz einer staatlichen Prü-
fungsleitung Prüfungen abzuhalten. Bei Ersatzschulen eigener Art
(zum Beispiel Waldorfschulen) müssen Schülerinnen und Schüler
die Abschlussprüfungen jedoch extern absolvieren. Zu den Ergänzungsschulen zählen unter anderem Internationale Schulen, aber
auch viele berufsbildende Schulen. Werden gewisse Vorgaben ein-
gehalten, erfüllt auch der Besuch einer Ergänzungsschule die gesetzliche Schulpflicht.

Wenngleich die empirischen Befunde bezüglich der Frage, welche Umstände Eltern zur Entscheidung gegen das staatliche und
für das Privatschulsystem bewegen, vergleichsweise spärlich sind,
scheinen weniger Gründe der Leistungsorientierung als vielmehr
sozialisatorische Ambitionen den Ausschlag zu geben. So führen
zum Beispiel Eltern, die ihre Kinder auf eine Schule in evangeli-
scher Trägerschaft anmeldeten, als wichtigste Entscheidungsfak-
toren den persönlichen Umgang, die christliche Prägung sowie
die dort verfolgten Erziehungsziele an. Qualifikationsbasierte
Aspekte wie etwa »Qualifikation und Berufsvorbereitung«, »hohes Anforderungs- und Leistungsniveau« oder »akademische
Ausrichtung« schienen ihnen weniger bedeutsam, wie der Erzie-
hungswissenschaftler Klaus Klemm schon 2018 in einer vielfach
beachteten Studie mit Kolleginnen und Kollegen nachwies. Daher lässt sich festhalten, dass die Entscheidung für Privatschulen nicht zuletzt der sozialen Distinktion und Statusabsicherung
dient: Mit der Wahl der »richtigen« Schule soll die Zukunft des
eigenen Nachwuchses sichergestellt werden. So versucht sich die

Mittelschicht, die nicht mehr sicher sein kann, ihren gesellschaftlichen Status generationsübergreifend verbessern beziehungsweise auch nur aufrechterhalten zu können, von der Unterschicht abzugrenzen.

Hinsichtlich der Leistungen haben die Autorinnen und Autoren der für die Friedrich-Ebert-Stiftung vorgelegten Studie einen geringfügigen Vorteil für Privatschülerinnen und -schüler festgestellt, und zwar »insbesondere für den Grundschulbereich und die nicht gymnasialen Schulen in der Sekundarstufe I«. Sobald die Ergebnisse jedoch für Drittvariablen, das heißt für lern- und leistungsrelevante Hintergrundmerkmale sowie die Eingangsselektivität, kontrolliert wurden, ergab sich ein anderes Bild: Zwar sind private Grundschülerinnen und Grundschüler denen an öffentlichen Grundschulen im Kompetenzbereich »Zuhören« (Fach Deutsch) ungefähr ein Viertel Schuljahr voraus, ansonsten aber gibt es in dieser Schulform keine statistisch signifikanten Unterschiede. Grundsätzlich erreichten Privatschülerinnen und -schüler in der Kompetenz »Zuhören« in allen alternativen Schulformen bessere Werte als Schülerinnen und Schüler öffentlicher Schulen, was möglicherweise durch außerschulische Aktivitäten erklärt werden kann. Die Autorinnen und Autoren um den Bildungsforscher Klaus Klemm spekulieren daher, dass die Leistungsvorteile beim Zuhören im Fach Deutsch dadurch bedingt sein könnten, dass Schülerinnen und Schüler an Privatschulen häufiger mit der Schule oder der Familie an Aktivitäten teilnehmen, die ihre rezeptive mündliche Sprachkompetenz fördern, wie zum Beispiel Theaterbesuche.

Während Grundschulen in privater Trägerschaft deutlich mehr Kosten pro Kind vermelden als öffentliche, sind die staatlichen Ausgaben für Schülerinnen und Schüler an öffentlichen Realschulen und Gymnasien höher als bei jenen in privater Trägerschaft. Weiterhin erhalten Privatschulen in der Regel Spenden. Doch selbst dann lassen sich oft nicht alle Kosten decken. Daher erheben viele

Schulen in privater Trägerschaft zusätzlich Schulgelder, obwohl laut dem grundgesetzlich verankerten Sonderungsverbot (Artikel 7 IV Absatz 3) eine Auswahl der Schülerinnen und Schüler nach den Besitzverhältnissen der Eltern nicht stattfinden darf.

Dabei unterscheiden sich die Schulgeldregelungen je nach Bundesland insbesondere mit Blick auf die zusätzliche staatliche Förderung, die den Privatschulen zufließt. So fördert etwa Rheinland-Pfalz private Schulen nur dann mit staatlichen Mitteln, wenn sie keine Schulgebühr erheben. Baden-Württemberg hingegen versorgt private Schulen neuerdings mit bis zu 90 statt »nur« 80 Prozent des Betrages, den entsprechende öffentliche Schulen pro Kind ausgeben, sofern Schulgebühren erlassen werden. Bei einer vom Bildungsforscher Klaus Klemm durchgeführten Befragung von Eltern, deren Kinder Schulen in privater Trägerschaft besuchen, gaben 56 Prozent an, bis zu 200 Euro Schulgeld zu zahlen, 12 Prozent entrichten zwischen 200 und 500 Euro Schulgeld und 3 Prozent sogar mehr als 500 Euro; nur 26 Prozent der Eltern von Privatschülerinnen und -schülern zahlen kein Schulgeld. Inwieweit eine Sonderung der Schülerinnen und Schüler nach den Besitzverhältnissen der Eltern staatlicherseits faktisch unterbunden wird, muss somit als durchaus fraglich bezeichnet werden.

So sind Schulgelder zwischen 200 und 500 Euro mittlerweile keine Seltenheit mehr; teilweise liegen sie sogar noch deutlich darüber. So verlangt beispielsweise die gewerblich organisierte Erasmusschule, eine trilinguale Grundschule in Frankfurt am Main, ein Schulgeld von monatlich 535 Euro, zuzüglich 140 Euro Verpflegungspauschale und optionaler Spätbetreuung von 115 Euro sowie einer einmaligen Aufnahmegebühr in Höhe von 2 200 Euro – und zwar letztere unabhängig von der Platzzusage. Hinzu kommen jährlich 110 Euro für Lernmittel. Für einkommensschwächere Haushalte bietet die Schule lediglich ein Teilstipendium an. Selbst wenn man die Preissteigerungen der letzten Jahre einberechnet, ist es zumindest fraglich, ob diese Schulen damit den gesetzgeberischen Anspruch erfüllen können, möglichst vielen Kindern Zugang zu den eigenen Angeboten zu ermöglichen.

Der sozioökonomische Status von Schülerinnen und Schülern beziehungsweise deren Familien unterscheidet sich in Abhängigkeit von öffentlichen und privaten Bildungseinrichtungen eindeutig. So ist der durch den HISEI-Indikator erfasste sozioökonomische Status der Eltern in allen Schulformen bei Privatschulen höher als bei vergleichbaren öffentlichen Einrichtungen. Besonders groß ist der Unterschied bei Grundschulen: Dort liegt der HISEI-Score von Privatschuleltern bei 59,9, wohingegen Eltern von Kindern in öffentlichen Schulen durchschnittlich 50,8 HISEI-Punkte erhielten. Vor diesem Hintergrund verwundert es nicht, dass Eltern von Privatschülerinnen und -schülern weitaus häufiger vermögend sind als diejenigen, deren Kinder eine öffentliche Schule besuchen. Einer Untersuchung des Deutschen Instituts für Wirtschaftsforschung zufolge liegt das durchschnittliche Nettohaushaltseinkommen an Privatschulen bei rund 29 000 Euro, an öffentlichen Schulen hingegen bei 21 644 Euro. Während bei Privatschulen nur neun Prozent der Haushalte Sozialleistungen beziehen, sind es bei öffentlichen Schulen 20 Prozent. Einen Migrationshintergrund haben elf Prozent der Kinder und Jugendlichen an Privatschulen; an öffentlichen Schulen hingegen sind es 23 Prozent. Ihnen geht es bei der Schulwahl offenkundig vor allem darum, dass ihre Kinder prestigeträchtige Netzwerke knüpfen, milieuspezifische Denk- und Handlungsweisen entwickeln sowie einen beruflichen Erfolg versprechenden Habitus ausbilden.

Dabei lässt sich feststellen, dass mit jeder Entstaatlichung respektive Privatisierung von Bildungseinrichtungen die im internationalen Vergleich ohnehin bereits hohe soziale Selektivität weiter verschärft wird, das heißt, der sich seit rund drei Jahrzehnten bahnbrechende Boom der Privatschulen befördert diese Entwicklung noch weiter. Dass Privatschulen zur sozialen Spaltung beitragen, lässt sich bereits mit einem Blick auf die Berliner Schullandschaft erkennen: So hat eine parlamentarische Anfrage des SPD-Abgeordneten Joschka Langenbrinck ergeben, dass an den 97 Privatschulen der Bundeshauptstadt in privilegierten Gegenden nur 3,7 Prozent aller Schülerinnen und Schüler von der Zuzahlung für Lernmittel befreit sind, während es in vielen Brennpunktschulen über 90 Prozent sind. Privatschulen zeigen sich somit sehr viel wählerischer bei der Entscheidung, welche Kinder sie aufnehmen. Da private Schulen aber immer auch von öffentlicher Seite teilfinanziert werden, führt ein wachsender Privatschulmarkt zu weniger Geld für öffentliche Einrichtungen, das heißt, die finanzielle Unterstützung von Schulen in privater Trägerschaft führt bei einem gleichbleibenden Finanzvolumen für schulische Bildung unweigerlich zur (weiteren) finanziellen Erosion des staatlichen Bildungssystems.

Das Renommee der Privatschulen hat sich spätestens seit dem Pisa-Schock zu Beginn der 2000er-Jahre deutlich gewandelt – in nur zwei Jahrzehnten avancierten sie vom Schmuddelkind zum Vorzeigeinstitut. Galten sie bis in die 1980er-Jahre vielfach noch als Auffangbecken für wenig begabte Kinder aus gut betuchten Elternhäusern, die mit viel Geld und wenig Aufwand das Abitur ihrer Sprösslinge garantieren wollten, zählen dieselben Schulen heute als Hort garantierten Bildungserfolgs. »Kommst du nicht mehr mit, geh zur Anna Schmidt«, lautete beispielsweise ein bekannter Spruch in Frankfurt am Main über die traditionsreichste Privatschule der Bankenmetropole. Aber stimmt es wirklich, dass Privatschulen die besseren Schulen sind und ihre Schülerinnen und Schüler bestmöglich auf den Arbeitsmarkt vorbereiten? So pauschal kann man das auf keinen Fall sagen. Im Gegenteil, es gibt viele gute Argumente dafür, dass öffentliche Schulen die besseren Schulen sind.

Obwohl die Datenlage vergleichsweise spärlich ist, weil Privatschulen nach wie vor nicht verpflichtet sind, an Erhebungen teilzunehmen beziehungsweise diese Daten dann auch öffentlich zugänglich zu machen, unterscheiden sich die beiden Schultypen hinsichtlich der Lernerfolge insgesamt nur moderat bis gar nicht voneinander. Privatschulen sind – vor allem im Grundschulbereich – im Schnitt etwas kleiner als öffentliche Schulen und können auch mit etwas kleineren Klassen aufwarten – die Differenz beträgt allerdings durchschnittlich nur eine Schülerin beziehungsweise einen Schüler pro Klasse, wie Tanja Mayer und Thomas Koinzer 2023 in einem lesenswerten Beitrag dargestellt haben. Auch hinsichtlich der erreichten Kompetenzen, um die es den allermeisten bildungsbewussten Eltern ja nach wie vor geht, unterscheiden sich private zumeist nur geringfügig von öffentlichen Schulen – und zwar sowohl gelegentlich zugunsten als auch zuungunsten der Privatschulen.

Dieser Befund zeigt sich auch im internationalen Vergleich: Wird der sozioökonomische Hintergrund berücksichtigt, erzielen Schülerinnen und Schüler öffentlicher Schulen durchschnittlich höhere Lesekompetenzen als jene an Privatschulen. Dass Privatschulen entgegen ihrem positiven Image bei einer wachsenden (über-)ehrgeizigen Elternschaft in kürzester Zeit doch nicht zu leistungsorientierten Eliteschmieden geworden sind, kann mit Blick auf den hierzulande grassierenden Lehrkräftemangel nicht verwundern. Denn nach wie vor gilt, dass die wichtigste Ressource öffentlicher wie privater Schulen die dort tätigen Pädagoginnen und Pädagogen sind – beziehungsweise deren Qualität und Quantität am Ende ausschlaggebend für guten Unterricht und nachhaltige Lernerfolge. Staatliche Schulen aber sind beim Wettbewerb um die besten Lehrkräfte klar im Vorteil: Deutlich höhere Gehälter und der inzwischen in der Regel wieder bundesweit gewährte Beamtenstatus machen häufig den Unterschied. Mittel- und langfristig werden die Privatschulen daher besonders hart von einem Mangel an qualifiziertem Personal betroffen sein und noch häufiger als ohnehin schon auf Quer- und Seiteneinsteigende zurückgreifen müssen.

Vielzahl exklusiver Schulen und Internate

Angesichts der alarmierenden Umstände an staatlichen Schulen verwundert es wenig, dass private Schulen und Internate sich vermehrt über Interessenten freuen können. In der Hoffnung, den eigenen Kindern bessere Zukunftsperspektiven zu eröffnen, sind Eltern zunehmend bereit, große Summen in die Bildung ihres Nachwuchses zu investieren. Wenngleich sich private und öffentliche Schulen kaum hinsichtlich Klassengröße und Kompetenzerwerb unterscheiden, liegt die Daseinsberechtigung von Privatschulen in den Augen vieler vor allem in ihrer vermeintlichen Flexibilität und Innovationskraft, die die dringend benötigten Veränderungen des hiesigen Schulsystems vorantreibe. So zeichnen sich Privatschulen häufig durch besonders prägnante Schulkonzepte aus. Doch zielgruppenspezifische Konzepte gehören nunmehr auch bei öffentlichen Schulen zum Standard, sodass bildungsaffine Eltern mittlerweile in den meisten Großstädten zwischen musischen, sprachlichen oder naturwissenschaftlichen Gymnasien wählen können. Arbeitsgemeinschaften, Schulchöre oder -orchester sowie Nachmittagsbetreuung werden zugleich an immer mehr staatlichen Schulen angeboten. Daher finden sich sehr viele sehr gute pädagogische Einrichtungen, die (trotz öffentlicher Trägerschaft) innovative und qualitativ hochwertige Schulkonzepte umsetzen: So werden beispielsweise überwiegend öffentliche Schulen mit dem Deutschen Schulpreis ausgezeichnet. Es kommt folglich – so der wenig überraschende Befund – auf die Schulleitungen vor Ort an, ob sie ein überzeugendes Konzept entwickeln und gemeinsam mit dem Kollegium nachhaltig implementieren. Denn jedes Konzept und jede Webseite sind so lange bloß schlichte Werbung, bis der dort ausgewiesene Inhalt Eingang in den Schulalltag gefunden hat. Diese Binsenweisheit gilt für Privatschulen selbstredend in gleichem Maße.

Privatschulen verstärken die soziale Ungleichheit

In bildungsbewussten Kreisen der Mittel- und Oberschicht gelten Gymnasien als »neue Hauptschulen« und damit häufig als nicht mehr satisfaktionsfähig. Denn die öffentlichen Schulen – auch die Gymnasien – sind vielerorts eben nicht mehr die sozial-homogenen Institutionen, die sie bis in die jüngere Vergangenheit hinein noch waren. Vor diesem Hintergrund verwundert es nicht, dass sich der sozioökonomische Status von Schülerinnen und Schülern (sowie deren Familien) öffentlicher eindeutig von jenen privater Bildungseinrichtungen unterscheidet: So sind die Eltern von Privatschülerinnen und -schülern weitaus häufiger vermögend als diejenigen, deren Kinder eine öffentliche Schule besuchen, und verfügen fast doppelt so häufig über die allgemeine Hochschulreife. Diese soziale Schieflage ist jedoch aus gesellschaftspolitischer Perspektive höchst problematisch: So sieht das Grundgesetz unzweideutig vor, dass Privatschulen nur gestattet sind, wenn die »Sonderung der Schüler nach den Besitzverhältnissen der Eltern nicht gefördert wird« (Artikel 7 Absatz 4 GG). Denn der Verfassungsgeber wollte mit Artikel 7 lediglich konfessionelle und reformpädagogische Schulen als Ersatzschulen zulassen, die Herausbildung von Eliteschulen sollte dagegen unterbunden werden. De facto geschieht jedoch genau das. Kinder aus einkommensschwächeren Haushalten werden durch die erhobenen Schulgelder vom Besuch einer Privatschule abgehalten. Selbst diejenigen ärmeren Familien also, die ihre Kinder gerne auf eine Privatschule schicken würden, scheitern daran aufgrund ihres zu geringen Einkommens – eine klare Verletzung des Sonderungsverbots.

Diese kausalen Effekte zeigen sich insbesondere bei privat-gewerblichen Schulen wie denen, die zur Phorms Education SE zählen, oder aber Internaten wie Schloss Torgelow und Schloss Salem; weniger hingegen bei privat-kirchlichen Schulen und kaum bis gar nicht bei privat-gemeinnützigen Schulen wie freien Waldorf- und Montessorischulen. Letztere sorgen mit Sozialtarifen dafür, dass das

Einkommen der Eltern keine wesentliche Rolle spielt. Laut der verfassungs- und verwaltungsgerichtlichen Rechtsprechung sind Schulgelder mit dem Verfassungsgrundsatz nur (noch) unter bestimmten Voraussetzungen vereinbar, im Jahr 2016 waren das im Bundesdurchschnitt Beiträge von maximal 160 Euro pro Monat, wie die Bildungsforscher Michael Wrase und Marcel Helbig in ihrem viel beachteten Aufsatz *Das missachtete Verfassungsgebot – Wie das Sonderungsverbot nach Art. 7 IV 3 GG unterlaufen wird* dargelegt haben.

Nicht nur daran zeigt sich, dass Privatschulen deutlich wählerischer bei der Entscheidung sind, welche Kinder sie aufnehmen, als staatliche. So ist es für gewerbliche Privatschulen ökonomisch sinnvoll, in Zeiten stagnierender oder gar sinkender staatlicher Zuschüsse beitragsbefreite oder aufgrund des Elterneinkommens weniger Beitrag zahlende Schülerinnen und Schüler abzuweisen und Kinder von betuchteren Eltern bevorzugt aufzunehmen, von denen sie sich zudem Spenden und höhere Beiträge für Fördervereine versprechen können. Dass Privatschulen somit zur sozialen Spaltung beitragen, lässt sich auch mit Blick auf die Berliner Schullandschaft erkennen: An 96 Privatschulen der Bundeshauptstadt waren 2017 nur 3,7 Prozent aller Schülerinnen und Schüler von der Zuzahlung für Lernmittel befreit, während es in vielen Brennpunktschulen über 90 Prozent sind. Auch im internationalen Vergleich zeigt sich, dass mit der zunehmenden Privatisierung von Bildungseinrichtungen die soziale Ungleichheit zunimmt und sich damit gesellschaftliche Spannungen verschärfen. Länder mit einem ausgebauten Privatschulwesen, also einem höheren Anteil privater Bildungsausgaben am Bruttoinlandsprodukt, weisen eine deutlich höhere soziale Ungleichheit auf als jene mit primär öffentlichen Schulsystemen. Öffentliche Schulbildung wirkt dabei insofern als Garant für eine relative Gleichverteilung des gesellschaftlichen Wohlstands, als sie Kindern unabhängig vom sozioökonomischen Status des Elternhauses den Zugang zu vielversprechenden Karrierewegen öffnet.

Eine besonders wichtige Rolle spielt dabei die berufliche Bildung, die hierzulande zwar zunehmend einen wenig glorreichen Ruf genießt, im internationalen Vergleich aber hervorragend aufgestellt ist und eben auch Jugendlichen mit weniger guten schulischen Leistungen relativ hochwertige und gut bezahlte Beschäftigungsmöglichkeiten bietet. Denn wie das Beispiel der USA zeigt, kann auch die vermehrte Ausgabe von Stipendien in privatisierten Bildungssystemen mitnichten einer hochgradigen Segregation nach Einkommen und Herkunft entgegenwirken – im Gegenteil verschleiert das dadurch hervorgerufene Bild von vermeintlicher Chancengleichheit die bestehenden strukturellen Hürden und trägt zu fatalen Selbst- und Fremdzuschreibungen bei: Diejenigen, die es nicht in die Eliteeinrichtungen und damit nach oben geschafft haben, seien selbst schuld, hätten sie doch prinzipiell die Möglichkeit dazu gehabt. Gleichzeitig wird geschlussfolgert, dass diejenigen, die es geschafft haben, es (sich) verdient hätten, weil sie sich im Wettbewerb mit Eigenleistung, Motivation und Durchhaltevermögen durchgesetzt haben. Solche Narrative verstetigen soziale Ungleichheit und tragen zu gesellschaftlicher Spaltung, mithin zu Ressentiments gegenüber den Abgehängten und damit zur Wahl populistischer Parteien bei.

Denn eines wird dabei deutlich: Schulen sind weit mehr als Anstalten der Kompetenzvermittlung. Sie sind nicht nur zentrale Erfahrungs-, Schutz- und Sozialisationsräume, sondern zugleich einem ganzheitlichen Bildungs- und Erziehungsauftrag verpflichtet. Gerade in Zeiten von Populismus und Demokratieverdrossenheit wäre es deshalb dringend angebracht, diese Kernfunktion von Schulen wieder stärker in den Blick zu nehmen. Individuelle Wahlfreiheit und quasipersonalisierte Bildungsangebote mittels Privatschulen mögen aus persönlicher Perspektive vielversprechend klingen. Aus gesellschaftlicher Perspektive indes sind sie fatal.

Wie die neoliberalen Bildungsexperimente in den USA oder Chile zeigen, führen beispielsweise die von Milton Friedman ersonnenen Bildungsgutscheine *(vouchers)* oder *Charter Schools*, das heißt öffentlich finanzierte, aber in freier Trägerschaft organisierte Schulen, keineswegs zu besseren Bildungsergebnissen, sondern vor allem zu einer Trennung der Schülerschaft nach Einkommen und familiärer Herkunft. Die Privatisierung einst auskömmlich finanzierter und qualitativ hochwertiger öffentlicher Schulsysteme führte nachweislich zu sozial gespaltenen Gesellschaften, in denen sich nicht nur soziale Ungleichheiten verbreiten und verfestigen, sondern zugleich das Bildungsniveau generell absinkt. Die Erfahrungen in diesen Ländern zeigen zudem, dass immer dann, wenn sich die Mittelklassen erst in das Privatschulsystem verabschiedet haben, keine gesellschaftliche Kraft mehr bleibt, die die notwendigen Reformen des öffentlichen Schulsystems politisch wirksam einfordert. Die Mittelschicht sollte sich daher von der Illusion befreien, dass Privatschulen den erwünschten Bildungsschub bringen. Statt die Exit-Option zu wählen, sollte sie den öffentlichen Druck auf die (bildungs-)politisch Verantwortlichen erhöhen, das staatliche Regelschulsystem endlich auskömmlich zu finanzieren. Die Kommunen müssen darauf verpflichtet werden, endlich architektonisch, technisch und pädagogisch ansprechende Schulum- und -neubauten für ein flächendeckendes Ganztagsangebot zu realisieren. Gleichzeitig müssen die für das Lehrpersonal verantwortlichen Bundesländer mit einer Verbesserung des Personalschlüssels dafür Sorge tragen, dass alle Kinder Zugang zu einem leistungsstarken, chancengerechten und vielversprechenden Bildungsangebot haben. Werden die Bildungsausgaben nicht erhöht, bremsen wir nicht nur zukünftige Generationen, sondern auch unsere Zukunft aus. Fest steht einmal mehr: Mit einem Festhalten an der Schwarzen Null ist kein (Bildungs-)Staat zu machen.

In der besten aller Schulwelten?

Die Kritik am System der Privatschulen kann nicht darüber hinwegtäuschen, dass national wie international eine Reihe von ihnen zeigt, wie Bildungseinrichtungen in der besten aller Bildungswelten aussehen könnten. Kleine Klassen, individuelle Betreuung, ausdifferenzierte Lehrpläne und zahlreiche außerunterrichtliche Aktivitäten zeichnen sie aus. Hierzulande hingegen wird nicht nur von Verwaltungsleitungen immer gerne darauf verwiesen, dass Vorhaben zur Verbesserung der Bildungslandschaft nicht denkbar, nicht machbar oder nicht finanzierbar seien, sondern auch bildungspolitisch Verantwortliche lassen Kreativität und Engagement bei der Verbesserung der Schulinfrastruktur regelmäßig vermissen – oder werden von höherer Stelle ausgebremst. Eine nähere Betrachtung ausgewählter Schulen kann daher erhellend wirken, denn selbst dann, wenn man annimmt, dass unsere Schulen gut sind, wird man sich der Erkenntnis, dass der Feind des Guten das Bessere ist, nicht verschließen können.

Inspirierende Infrastruktur von
Spiekeroog und Salem bis Eton und Rosenberg

So beispielsweise kann, wer dazu in der Lage ist, 32 000 Euro Jahresgebühr aufzubringen, seine Kinder im Internat der Hermann Lietz-Schule Spiekeroog einschreiben. Nicht nur das Klientel verspricht hier exklusiv zu sein, sondern auch die Lage. Mitten im Nationalpark Wattenmeer auf der ostfriesischen Insel wirbt das Internat mit heilsamer Luft- und Klimaqualität. Neben einem minutiös durchgetakteten Tagesablauf von 6:30 Uhr morgens bis 22:00 Uhr abends soll hier vor allem die Beziehung zum Kind im Vordergrund stehen. Das Besondere dabei ist, dass die Lehrkräfte selbst auch im Internat leben. Damit folgt die Schule dem reformpädagogischen Konzept ihres Namensgebers Hermann Lietz, wonach die Lehrpersonen zugleich auch Erzieherinnen und Erzieher der Kinder sind. Sieben bis zehn Kinder leben jeweils mit einer Lehrkraft unter einem Dach. Das Sportangebot ist reichhaltig: Neben Judo, Reiten und Beachvolleyball wird besonderer Wert auf Segeln gelegt. Gleich sieben Boote stehen den Kindern zur Verfügung. Besonders sportaffine Kinder und solche mit Ambitionen zum Leistungssport will das Schloss Hagerhof ansprechen. Gegen die Internatsgebühr von 17400 Euro jährlich werden hier für besonders talentierte Jugendliche exklusive Kontakte zur US-amerikanischen Profibasketball-Liga versprochen. Die Privatschule wirbt offen mit »engen Beziehungen zur NBA-Basketballszene«: »Viele Stars aus den USA besuchten in den vergangenen Jahren in den Ferien die Basketball Sommercamps am Schloss Hagerhof.« Ein ähnliches Profil weist die Urspringschule im baden-württembergischen Schelklingen auf. Rund 34000 Euro kostet hier das Schuljahr an Gebühren. Neben zahlreichen Freizeitaktivitäten wie Leichtathletik, Theater und Chor werden auch begleitende Berufsausbildungen angeboten. Ähnlich wie am Schloss Hagerhof soll hier schulische Bildung mit Sportförderung Hand in Hand gehen. Die Urspring Basketball Akademie wirbt mit Aussichten auf ein Stipendium an amerikanischen Universitäten für besonders leistungsfähige Schülerinnen und Schüler. Den Übergang in Richtung Studium bereits während der gymnasialen Oberstufe derart konsequent in den Blick zu nehmen, wäre auch staatlichen Schulen nahezulegen – insbesondere mit Blick auf Kinder, die als Erste aus ihrer Familie studieren oder in einem schulischen Teilbereich besondere Talente haben.

Das Schloss Salem bietet als berühmtestes deutsches Internat seinen Schülerinnen und Schülern allein 13 Sportplätze und -hallen, damit sie Hockey, Handball, Fußball und Tennis lernen können. Segelboote und Seekajaks liegen im schuleigenen Bodenseehafen. Zudem stehen 26 Lehrkräfte für individuellen Instrumentalunterricht sowie Schulbands, -orchester und -chor zur Verfügung. Die Klassengröße variiert zwischen 10 und 20 Lernenden, die neben dem Abitur auch noch das International Baccalaureate ablegen können. Nach Erhalt der allgemeinen Hochschulreife können die Schülerinnen und Schüler an einem einjährigen Orientierungskurs teilnehmen, der ihnen Hilfestellung bei der Wahl des für sie passenden Studienfaches gibt. Hell strahlt der Stern der Schule aber nicht nur aufgrund des beachtlichen Personalschlüssels, sondern auch aufgrund einer Vielzahl erlebnispädagogischer Angebote: Zu Wanderungen kommt gemeinsames Kochen, Zelten und Kanufahren. Für die siebte Klasse weist das Schulkonzept eine fünftägige Wanderung auf eine Alpenhüte mit Klettern, Gipfeltour und Abenteuerspielen aus. Auf die zweitägige Trekkingtour in der achten Klasse folgt in der neunten Jahrgangsstufe eine sich über zehn Tage erstreckende Tour in der norwegischen Wildnis.

Auf Schloss Torgelow, wo das Abitur nach G8-Vorgaben abgelegt wird, übersteigt die Klassengröße nicht mehr als ein Dutzend Schülerinnen und Schüler. Das am Torgelower See gelegene Internat bietet den Lernenden Schwimmen, Segeln, Surfen, Angeln, Rudern und Kanu zur Freizeitgestaltung an. Ein Kunstrasenplatz, ein Kleinfeldsportplatz, ein Tennisplatz, eine Sporthalle, ein Fitnessstudio sowie ein Tanzstudio bieten Möglichkeiten für eine umfangreiche Freizeitgestaltung. Mehr als zwei Drittel aller Schülerinnen und Schüler erlernen ein Instrument; sie erhalten von verschiedenen Gesangs- und Instrumentallehrkräften Einzelunterricht. Diese und weitere Angebote bündeln sich in mehr als 70 außerschulischen Projekten pro Woche. Insgesamt sechs Fremdsprachen können während der Schullaufbahn erlernt werden. Neben Englisch sind dies Französisch, Latein, Spanisch, Russisch und Chinesisch. Außerdem zeichnet sich die Schule, die als einziges deutsches Gymnasium ein *Internal Test Centre* der University of Cambridge ist, dadurch aus, dass die Neuntklässlerinnen und -klässler ein Drittel ihres Schuljahres in dem nordwestlich von London gelegenen Internat Kingham Hill School verbringen.

Das westlich von London gelegene Eton College, das auf zahlreiche prominente Alumni wie David Cameron, Boris Johnson,

Aldous Huxley, George Orwell und John Maynard Keynes verweisen kann, eröffnet seinen Schülerinnen und Schülern ebenfalls eine Vielzahl sportlicher, künstlerischer und musischer Angebote. Für sportliche Aktivitäten wie Rudern steht den Schülerinnen und Schülern unter anderem ein See zur Verfügung, der 2012 für die Olympischen Spiele genutzt wurde. Die Musikschule umfasst zwei Konzertsäle, ein Aufnahmestudio, drei Musiktechnologie-Suiten, Schlagzeug-Räume, eine Musikbibliothek und unzählige Übungsräume. Insgesamt gibt es sieben Chöre. Überdies stehen 29 Labore für Biologie-, Chemie- und Physikunterricht zur Verfügung. Die schuleigene Bibliothek umfasst über 30 000 Ressourcen. Kunstaktivitäten sind in den Bereichen Malerei, Keramik, Skulptur, Druckgrafik, Animation und Computergrafik möglich. Des Weiteren glänzt das Eton College durch das vorhandene Sportangebot, das an sechs Nachmittagen in der Woche angeboten wird. Das Resultat sind zahlreiche Schulmannschaften: 45 Schul-Rugby und Fußballteams, 22 Cricket-Teams und zehn Rudermannschaften verzeichnet das Eton College. Zudem werden weitere Sportarten wie Fechten, Squash, Kampfsport oder Wasserball angeboten. Eine weitere Besonderheit stellt The Tony Little Centre for Innovation and Research in Learning dar – eine Einrichtung, die die Kreativität der Lehrenden und Lernenden fördern soll. Wie vorbildlich die Schule ausgestattet ist, lässt sich verkürzt auch daran ablesen, dass dort Lehrenden wie Lernenden 3-D-Drucker zur Verfügung stehen.

Das wohl teuerste Internat der Welt ist das 1889 gegründete Institut auf dem Rosenberg, das eine Pre- und eine High-School beherbergt. Rosenberg zeichnet sich durch eine besondere Internationalität seiner Schülerschaft aus, die für einen jährlichen Kostenbeitrag von rund 150 000 Schweizer Franken in den Genuss eines Lehrenden-Lernenden-Verhältnisses von 1:2 kommt. Die Schullaufbahn wird durch das *Rosenberg International Curriculum* strukturiert, das durch mehr als 60 Co-Curricular-Optionen sowie über 40 Sportangebote ergänzt wird. Insgesamt umfasst das Angebot des Instituts auf dem Rosenberg mehr als 400 verschiedene Kurse, sodass beinahe alle international anerkannten Schulabschlüsse erworben werden können. Ebenfalls in der Schweiz befindet sich das nahe St. Moritz gelegene Lyceum Alpinum Zuoz. Das Betreuungsverhältnis liegt dort bei 1:5, was sich in einer durchschnittlichen Klassengröße von 18 Lernenden ausdrückt. Auf dem 130 000 Quadratmeter großen Campus finden sich neben den Internatshäusern Sportplätze, Eisfelder und Tennisplätze sowie eine Golfanlage, eine Mediathek, ein Theater zuzüglich diverser Kunst- und Musikräume.

Die nördlich von Chiang Mai in Thailand gelegene Prem International School verfügt über einen der schönsten und zugleich größten Campi der Welt. Dieser erstreckt sich über 100 Hektar und umfasst unter anderem eine eigene Farm, eine preisgekrönte Künstlerresidenz, eine Wald- und Kochschule, ein olympisches Schwimmbad, einen Golfplatz und ein Cricket-Feld. Erklärtes pädagogisches Ziel ist es, dass die Schülerinnen und Schüler ökologische und kulturelle Vielfalt kennenlernen. Noch mehr interkultureller Austausch wird durch die in New York City gegründete Think Global School gepflegt. Als eine reisende High-School leben und lernen die Schülerinnen und Schüler binnen drei Jahren in zwölf verschiedenen Ländern, um Lernen, Reisen und Persönlichkeitsentwicklung zu verknüpfen. Im Schuljahr 2024/2025 beispielsweise sind die Schülerinnen und Schüler, die sich über eine Lehrenden-Lernenden-Relation von 1:4 freuen dürfen, in Kanada, Brasilien, Vietnam und Italien unterwegs, bevor sie im darauffolgenden Schuljahr die Länder Botswana, Indien, Ecuador und Griechenland als Lernorte aufsuchen. Das vollständig digital arbeitende Ørestad-Gymnasium in Kopenhagen beeindruckt vor allem mit seiner Architektur. In der Schule mit einer lichtdurchfluteten Halle sowie einer großen geschwungenen Treppe findet sich ein durchdachtes System von offenen Räumen, Nischen, Passagen und scheinbar schwebenden Lerninseln auf fünf Etagen. Herkömmliche Klassenräume und Lehrkräftezimmer sucht man vergeblich; stattdessen trifft man auf zahlreiche Freiflächen und Schiebewände, die ein flexibles Raummanagement ermöglichen.

Auch in Deutschland lassen sich teils sogar staatliche Schulen in den Blick nehmen, die Referenzcharakter haben könnten: So etwa weist der Schulhof der Pater-Alois-Grimm-Schule im baden-württembergischen Külsheim einen Klettergarten, eine Kunstmeile, einen Wasserspielplatz, eine Gartenwelt und eine Chill-Zone auf, sodass auch die Pausen inspirieren (können). Dasselbe gilt für das drei Hektar große Waldstück, das zum Gelände der Schule zählt. Für diesen zwei Kilometer vom Schulgebäude entfernt liegenden Wald, der allen Klassen für Projekte zur Verfügung steht, übernehmen jedes Schuljahr Schülerinnen und Schüler der achten Jahrgangsstufe als Försterinnen und Förster die Verantwortung. So lernen sie, Entscheidungen für den Wald zu treffen und deren Auswirkungen zu beobachten. Die Kölner Gesamtschule Holweide zeigt beispielhaft, wie es einer Schulgemeinde sogar ohne erhebliche finanzielle Mittel gelingen kann, Strahlkraft für Lehrende und Lernende zu entwickeln. So verfügt der weitläufige Außenbereich nicht nur über Fußball- und Basketballfelder, Tischtennisplatten, einen Boulderblock und ein Trampolin, sondern mit sieben professionellen Beachvolleyballplätzen sogar über die zweitgrößte Kölner Anlage dieser Art. Hinzu kommen neben einer Vielzahl von Grünflächen ein Schulgarten mit Teich, ein Schulacker und eine Streuobstwiese. Die Münsterlandschule Tilbeck hingegen zeichnet sich dadurch aus, dass sie auf ihrem Schulgelände ein eigenes Tiergehege verwaltet und die Schülerinnen und Schüler für dieses mitverantwortlich zeichnen. Und auch die Stephen-Hawking-Schule in Neckargemünd kann aufgrund des umfangreichen Sportangebots als Referenzeinrichtung mit Strahlkraft erwähnt werden: Neben Fußball, Tischtennis, Mountainbikefahren, Schwimmen, Bogenschießen und Klettern werden unter anderem auch Rollstuhlbasketball, Sitzvolleyball oder E-Rollstuhlhockey angeboten.

Und schließlich sei die Evangelische Schule Berlin-Zentrum genannt, die sich durch alternative Lehr- und Lernformate auszeichnet, wobei das in den Jahrgangsstufen 7 bis 9 durchgeführte Format *Herausforderung* hervorsticht: Die Schülerinnen und Schüler sind drei Wochen in Kleingruppen mit dem Fahrrad, zu Fuß oder auch mit dem Kanu unterwegs und müssen Verpflegung, Fahrkosten und Übernachtungen eigenständig organisieren. Zur Verfügung stehen ihnen dafür 150 Euro. Gleichzeitig unterstützen sie soziale oder ökologische Projekte, arbeiten auf einem Bauernhof, leben in Klöstern oder ernten Weintrauben. Im Vorfeld müssen sich die Schülerinnen und Schüler auf ein Thema bewerben, mit dem sie sich selbstorganisiert auseinandersetzen wollen; die Lehrkräfte begleiten sie in ihrem Lernprozess. Im Projekt *Verantwortung* engagieren sich die Schülerinnen und Schüler der Mittelstufe zwei Schulstunden pro Woche in einem sozialen, ökologischen oder politischen Projekt. Im Lernformat *Pulsar* bereiten die Lehrkräfte eine Lernumgebung für die 10. bis 13. Jahrgangsstufe vor, in deren Rahmen ein Thema aus bis zu vier disziplinären Perspektiven betrachtet wird, um – angelehnt an curriculare Vorgaben – komplexe Zusammenhänge fächerübergreifend zugänglich zu machen. Schließlich strahlt die Schule mit ihrem Lernformat *Alle ins Ausland*, in dessen Rahmen alle Lernenden der 11. Jahrgangs für drei Monate in ein Land ihrer Wahl gehen, um sich dort in einem selbst gewählten sozialen, ökologischen oder politischen Projekt zu engagieren.

Ambivalentes Bild versus Lernpotenzial für staatliches Schulsystem

Die genannten Schulen sind sozial zumeist hochgradig selektiv und hinsichtlich ihrer finanziellen Ausstattung – insbesondere aufgrund der zum Teil astronomischen Schulgelder – nicht mit staatlichen Regelschulen zu vergleichen. Folglich dienen diese Schulen den nationalen beziehungsweise globalen Eliten zur Reproduktion ihrer gesellschaftlichen Position: Als Status- und Distinktionsmerkmal ermöglichen sie ihnen die Weitergabe ihrer Netzwerke, Traditionen sowie ihres Habitus an die Nachkommen. Diese große Ungerechtigkeit hinsichtlich Lebens- und Bildungschancen mag für aufrichtige Empörung sorgen, aber realistischerweise können die Reproduktionsmechanismen der sozialen Ungleichheit nicht durch das bloße Verbot von solchen Bildungseinrichtungen außer Kraft gesetzt werden. Über die Ungerechtigkeit hilft auch das nicht hinweg, wenn wir uns vergegenwärtigen, dass Internatsschulen (historisch) ihre Schattenseiten haben, wie das Zerstören der Eltern-Kind-Bindungen bei sehr jungen Schülerinnen und Schülern sowie vielfach belegter systematischer psychischer und physischer Missbrauch. Die britische Psychotherapeutin Joy Schaverien, die jahrelang die Traumata der Internatsschülerinnen und -schüler therapiert und dazu geforscht hat, prägte dafür den Begriff *boarding school syndrome* und initiierte damit eine gesellschaftliche und wissenschaftliche Auseinandersetzung mit dem Phänomen in Großbritannien.

Aber: Wie viele der von der Robert-Bosch-Stiftung mit dem Deutschen Schulpreis ausgezeichneten Schulen illustrieren national und international berühmte Internate auf beeindruckende Art und Weise, welche Potenziale Schulen als Lern- und Begegnungsorte haben. Wir werden nicht auf alle staatlichen Schulen hierzulande die Verhältnisse von Schloss Salem, vom Eton College oder vom Institut auf dem Rosenberg übertragen können, aber es lohnt sich, diese in den Blick zu nehmen, um ein Ziel für die bestmöglichen Schulen hinsichtlich der baulichen, personellen und pädagogischen Ausgestaltung vor Augen zu haben.

So etwa gab der Direktor des Instituts am Rosenberg in einem Interview mit dem Hamburger Magazin *Stern* im Frühjahr 2023 einen Einblick in die Bildungsphilosophie seines Internats:

>*Wir möchten, dass die Schule in einen lebensnahen Kontext kommt. [...] Unsere Schüler arbeiten an Projekten, die relevant sind. Dann*

wird der Unterricht automatisch spannend und vermittelt Fähigkeiten, die heute gebraucht werden. Ein Beispiel: Wir arbeiten mit YA-SAI, einem Spinn-off der Technischen Hochschule (ETH) Zürich, an Konzepten für vertikale Gärten. Da geht es um nachhaltige Gewinnung von Nahrungsmitteln. Unsere Schüler der Klassen 6–8 haben sich mit den Designern getroffen, sich mit dem Konzept dieser Gärten vertraut gemacht und dann ihr eigenes Modell für einen vertikalen Garten entwickelt. Das Design wurde mit 3-D-Druckern hergestellt und dann installiert. Künstliche Intelligenz misst, ob das Wasser den richtigen Nährstoffgehalt hat. Da fließen so viele Aspekte von der Mathematik über Kunst, Design über die Biologie, die Naturwissenschaften zusammen in einem Projekt. Das erlaubt unseren Schülern, im Kleinen an Problemen zu arbeiten, mit denen sich im Großen die ganze Welt beschäftigt. Es zeigt ihnen auch, dass die Welt nicht in Schulfächer eingeteilt ist. Die Schüler lernen ganz von allein, wie sie in Teams zusammenarbeiten müssen, wenn sie etwas bewegen wollen. Sie lernen, dass es okay ist, Fragen zu stellen. Aber auch, dass man Fehler machen kann und dann noch einmal einen Schritt zurückgehen muss.«

Sicherlich lässt sich über Bernhard O. A. Gademanns Verständnis dessen, wie zeitgemäße Schulen sein sollten, trefflich streiten, aber es wird zumindest deutlich, welche Anstrengungen Schulleitungen und -kollegien unternehmen könnten, um Schülerinnen und Schüler für ebenso interessante wie relevante Lerninhalte zu begeistern. Unstrittig ist, dass vor dem Hintergrund der seit Jahrzehnten unterfinanzierten bundesrepublikanischen Schullandschaft eine Investitionsoffensive erfolgen muss, damit bildungsbiografische Erwartungen hierzulande nicht länger auf Mittelmaß zielen müssen. Nicht zuletzt sollten wir uns an den weltbesten Schulen orientieren, um unter Verweis auf die für den gesellschaftlichen Zusammenhalt unverzichtbaren Prinzipien sozialer Gerechtigkeit die Bildungsrepublik ausrufen zu können.

5 Der Weg zurück zur Bildungsrepublik – oder: zehn Forderungen für eine Renaissance der Bildung

In regelmäßigen Abständen wird die Bildungskatastrophe entdeckt, beschworen, diskutiert – und wieder vergessen. Und von Jahr zu Jahr werden die Versäumnisse schwerwiegender. Wenn wir nicht auf den endgültigen Kollaps unseres Bildungswesens warten wollen, müssen wir endlich handeln. Dabei braucht es einen Aufbruch, der auf (bildungs-)politischer Ebene ansetzt und grundsätzlich mit mehr Geld für mehr Personal und eine bessere Ausstattung unserer Bildungseinrichtungen sorgt. Einen ersten Ausweg aus dem sich im freien Fall befindlichen bundesrepublikanischen Bildungssystem bietet die Rückbesinnung auf dessen traditionelle Stärken, wie zum Beispiel die flächendeckend gute Qualität der Hochschulen, das weltweit Bewunderung findende duale Berufsbildungssystem sowie die überwiegende Kostenfreiheit der sekundären und tertiären Bildungseinrichtungen. Zugleich müssen sich die einzelnen Institutionen wandeln. Das zeigt sich unter anderem daran, dass der PISA-Sieger Singapur pro Schülerin beziehungsweise Schüler auch nicht mehr Lehrkräfte vorweisen kann als Deutschland. Und wenn wir aus der PISA-Studie wissen, dass sich viele Schülerinnen und Schüler in der Schule unwohl fühlen oder langweilen, muss sich dringend auch die dortige Lernkultur ändern. Schulen müssen zu den maßgeblichen Treibern sozialer Integration werden, das heißt, die in vielen – gerade auch sozioökonomisch abgehängten – Milieus traditionell große Distanz zum Lernort Schule gilt es zu durchbrechen.

Wir sollten uns die Worte Nelson Mandelas in Erinnerung rufen, der die Bedeutung von Bildung auf den Punkt gebracht hat:

»Eine Gesellschaft offenbart sich nirgendwo deutlicher als in der Art und Weise, wie sie mit ihren Kindern umgeht. Unser Erfolg muss am Glück und Wohlergehen unserer Kinder gemessen werden, die in einer jeden Gesellschaft zugleich die verwundbarsten Bürger und deren größter Reichtum sind.«

Weitestgehend ungeachtet dieser Losung fristet Bildungspolitik im Wettstreit mit finanz-, steuer-, gesundheits-, arbeitsmarkt- und verteidigungspolitischen Diskussionen nach wie vor ein trauriges Nischendasein. Weiterhin ist den (bildungs-)politisch Handelnden mehrheitlich nicht bewusst, dass wir ebenso zwingend wie dringend eine Renaissance der Bildung brauchen. Es geht aber nicht um kosmetische Korrekturen, die sich in der auf wenige Monate angelegten Befreiung von Kitagebühren, der Verschiebung von Fächeranteilen in den Stundentafeln oder der programmgebundenen Bezuschussung von Klassenfahrten ausdrücken. Stattdessen geht es um eine tiefgreifende Reform unseres Bildungssystems. Wir müssen den gordischen Knoten des Föderalismus durchschlagen. Wir müssen Kitas, Schulen und Hochschulen dauerhaft so finanzieren, dass wir uns an den weltweit besten pädagogischen Einrichtungen orientieren können. Wir müssen unsere Bildungspolitik endlich als Ausdruck präventiver Sozial- und geschlechtergerechter Familienpolitik begreifen. Wir müssen an Schulleitungen und -ämter wiederkehrend die Forderung richten, Lehrkräftefort- und -weiterbildungen sowie Elternsprechtage und Kollegiumsausflüge nicht in die Unterrichtszeit zu legen. Wir müssen von vermeintlichen Selbstverständlichkeiten wie der dreimonatigen Schließung der Schulen in den Ferien abrücken und deutlich machen, warum die daraus erwachsenden Betreuungsprobleme sowohl den Kindern als auch den Familien und der Gesellschaft schaden.

Angesichts der föderalen Struktur unseres Bildungssystems und der maßgeblich auch daraus erwachsenden Heterogenität der (Hoch-)Schullandschaft sind bei einer realistischen Betrachtung kurz- und mittelfristig allenfalls inkrementelle Änderungen zu erwarten. Diese Hoffnung keimt umso mehr, als die chronische Unterfinanzierung des Bildungssystems laut einer Forsa-Umfrage vom Oktober 2019 inzwischen von 87 Prozent der bundesrepublikanischen Bevölkerung als kritisch empfunden wird. Wenn immer mehr Menschen eine sich durch die Selektionsmechanismen des Bildungssystems weiter zerklüftende Gesellschaft ebenso fürchten wie die Reduktion von Bildungsinhalten auf ihre berufliche Verwertbarkeit oder die Dominanz privatwirtschaftlicher Akteure in Bildungskontexten, kann diesen Entwicklungen vielleicht schon bald bildungs-, sozial- und steuerpolitisch entgegengewirkt werden. Getragen von dieser Hoffnung, lassen sich die folgenden zehn Forderungen für eine Renaissance der Bildungsrepublik erheben, die bislang entweder zu leise formuliert oder aber zu häufig ignoriert wurden.

Trennendes ausblenden, Unstrittiges angehen

Die Gründe, warum die überfälligen Reformen in der Bildungsrepublik Deutschland auf sich warten lassen, sind ebenso vielfältig wie mitunter trivial. So scheitern die meisten bildungspolitischen Anstrengungen daran, dass die Differenzen hinsichtlich möglicher Wege zum Erfolg diskutiert werden – und nicht die offenkundigen Versäumnisse in den Mittelpunkt der Reformen gerückt werden. Es fehlt nicht an Erkenntnissen und Vorschlägen, sondern an Entscheidungen. Warum beginnen wir dennoch nicht beim Naheliegenden und Unstrittigen?

So etwa ist die Tatsache, dass bauliche und personelle Mängel das Schulsystem lähmen, nicht nur dem jährlich erscheinenden Schulbarometer der Robert-Bosch-Stiftung zu entnehmen. Schul- und Hochschulforschung sowie mediale Berichterstattung offenbaren ebenso belastbar wie glaubwürdig, dass die Defizite in kaum einem anderen Politikfeld so eindeutig zu benennen sind wie im Bildungssektor. Ein Beispiel für das, was wissenschaftlich unumstritten ist und daher schnellstmöglich eingelöst gehört: die flächendeckende, kostenfreie und frühestmögliche Förderung von Kindern in Kitas. Die Inanspruchnahme von Bildungsangeboten erst mit der Einschulung verpflichtend zu machen, ist erwiesenermaßen zu spät. Der Rückstand, der in den ersten sechs Jahren entstanden ist, wenn Kinder bis dahin noch in kein Buch hineingeschaut haben, nicht regelmäßig der deutschen Sprache ausgesetzt waren und das institutionelle Umfeld nicht kennengelernt haben, lässt sich kaum aufholen. Sprachliches Unvermögen etwa weisen nicht zuletzt die 42 Prozent der Fahrschülerinnen und Fahrschüler auf, die inzwischen bei der Theorieprüfung durchfallen. Unsere Gesellschaft kann es sich aber schlicht nicht leisten, große Teile der künftigen Generationen schon während der primären Bildungsphase zu verlieren oder besser gesagt: abzuhängen.

Eine seit Jahrzehnten zu benennende Stolperfalle stellt dabei der Föderalismus dar. Ähnlich wie zu Zeiten der Corona-Pandemie erweist sich der föderale Staatsaufbau Deutschlands als Bremsklotz, wenn es um die Umsetzung gesamtstaatlicher Aufgaben geht. Bildungspolitische Anstrengungen muss aber – wie etwa in den jüngsten Kita-Förderprogrammen oder bei der Finanzierung der Hochschulen – angesichts finanziell handlungsunfähiger Kommunen und Länder zunehmend der Bund unternehmen. Bis heute fehlt ein im Grundgesetz verankertes Gremium, in dem Bund und Länder gemeinsam verbindliche bildungspolitische Beschlüsse fassen können. Dabei sind Antworten auf die Frage, wie die Integration von Zugewanderten in unser Bildungssystem gelingen kann, nicht nur von bundesweiter Bedeutung, sondern auch von besonderer Dringlichkeit. Institutionelle Behelfslösungen wie die Kultusministerkonferenz erweisen sich leider regelmäßig als ineffektiv. »Debattierclub« wird das Gremium von Journalistinnen und Journalisten mitunter ketzerisch, aber durchaus zutreffend genannt. Allzu häufig werden Beschlüsse nach den Beratungen von einzelnen Regierungschefs wieder infrage gestellt – oder gar ganz abgeräumt. Man mag sich an den Beschluss der Kultusministerkonferenz erinnern, sich nicht gegenseitig Lehrkräfte abzuwerben. Kaum verkündet, lockte der Freistaat Bayern auch schon mit Regionalprämien und Umzugskostenpauschalen. Während Schreib-, Lese- und Rechenkompetenzen junger Menschen weiter den Bach heruntergehen, warten wir noch immer auf ein Entscheidungsgremium, in dem unter Einbeziehung des Bundes verbindliche Beschlüsse nach dem Mehrheitsprinzip gefasst werden.

Überfällige bildungspolitische Kraftanstrengungen werden auch dadurch ausgebremst, dass in Sachen Bildung alle Bescheid zu wissen glauben – und entsprechend rein-, in jedem Fall aber mitreden. Entweder liegt die eigene Schulzeit noch nicht lange zurück oder die eigenen (Enkel-)Kinder besuchen (demnächst) Kita, Schule oder Hochschule. Diejenigen, die ihre (Hoch-)Schullaufbahn erfolgreich gestalten konnten, wollen auf Biegen und Brechen in die (mitunter nur vermeintlich) guten alten Zeiten zurück. All jene, deren Zeit in Kita, Schule oder Hochschule von Negativerfahrungen überlagert war, rufen dazu auf, Bildung ganz neu zu denken. Dieser Aufruf paart sich nicht selten mit dem Hinweis auf die Dringlichkeit eines zeitgemäßen Bildungsverständnisses. Bar jeder empirischen Erkenntnis fordern sie nicht nur die Abkehr von einem klassischen Bildungskanon mit etablierten Wissensbeständen, sondern zugleich auch den Verzicht auf jede Form von Prüfungskultur. Aber auch der wissenschaftlich erbrachte Nachweis, dass die Entscheidung über die weiterführende Schulform im vierten Jahrgang zu früh kommt, wird beharrlich ignoriert.

Statt auf der Suche nach bestmöglichen Bildungssystemen den Blick auf ausgewählte bildungspolitische Schwerpunkte einzelner

Landesregierungen zu richten, sollten wir dringend unsere Perspektiven erweitern. So sollten wir unsere Blicke auf die erfolgreichen skandinavischen Schulsysteme richten. Wir würden sehen, dass der Hype um die Digitalisierung der Bildungswelten dort insbesondere in Schweden bereits zum Erliegen gekommen ist. In Dänemark, Finnland, Norwegen und Schweden haben es sich die Regierungen zur Aufgabe gemacht, nicht nur Chancengleichheit, sondern auch Chancengerechtigkeit herzustellen. Dort drängt man darauf, jungen Menschen eine Vielzahl kostenfrei zugänglicher Bildungsanlässe zu eröffnen. Das gemeinsame Lernen steht im Mittelpunkt eines personell bestens ausgestatteten Schulsystems, dem frühkindliche Bildungseinrichtungen mit Vorschulcharakter vorangestellt sind.

Wir müssen im deutschsprachigen Diskurs vermeintliche oder tatsächliche Tabus ansprechen, um einen klaren Blick auf die Fallstricke unseres Bildungssystems richten zu können. Wir dürfen zum Beispiel nicht davor zurückscheuen, die Ergebnisse der PISA-Studie 2022 auch vor dem Hintergrund auszuleuchten, dass die stark gewachsene Zahl von Schülerinnen und Schülern mit Migrationsgeschichte, die der deutschen Sprache gar nicht oder allenfalls rudimentär mächtig sind, als eine wesentliche Ursache für den Leistungsverfall zu benennen ist. Schon 2021 erreichte der Anteil von Schülerinnen und Schülern mit Migrationshintergrund laut Mikrozensus 39 Prozent, nachdem er 2013 noch bei 19 Prozent gelegen hatte. In nicht wenigen Brennpunktgebieten unserer Großstädte beträgt er bis zu 90 Prozent. Die jüngste PISA-Studie hat offengelegt, dass Kinder mit Zuwanderungsgeschichte »in allen Fächern und Kompetenzbereichen signifikante Kompetenznachteile« aufweisen. Sie betreffen vor allem das für schulisches Lernen unverzichtbare sinnerfassende Lesen und Zuhören. Das Nicht-Erlernen der deutschen Sprache in der Familie verlangt, dass Lehrkräfte nicht nur die Fachinhalte, sondern auch noch Grundkenntnisse der deutschen Sprache vermitteln. Will man die Migration nicht (weiter) begrenzen, braucht es qualifiziertes Personal, das Deutsch als Zweitsprache vermittelt. Derzeit aber fehlt es unter anderem an ebendiesem.

Mehr Geld für Bildung

Nach wie vor rangiert Deutschland mit einer Investitionsquote von 5,1 Prozent des Bruttoinlandsprodukts bei den Ausgaben für Bildung in der Europäischen Union nur auf Platz 10. Damit liegt die Bundesrepublik zwar inzwischen oberhalb des EU-Durchschnitts von 5 Prozent. Die Spitzengruppe um Schweden (7,3 Prozent), Dänemark (6,9 Prozent), Belgien (6,7 Prozent) und Finnland (6,3 Prozent) liegt aber immer noch unangefochten vorn. Wohl wissend, dass ein hoher Bildungsstand in einem rohstoffarmen Land wie Deutschland schon allein wirtschaftlich von herausragender Bedeutung ist, wird Kitas, Schulen und Hochschulen nach wie vor nicht die finanzielle Unterstützung gewährt, die sie bräuchten, um einen europäischen Spitzenplatz einzunehmen. Tatsächlich ist der Abstand zum Spitzenreiter Schweden bei den am Bruttoinlandsprodukt gemessenen Bildungsausgaben größer als zum EU-Schlusslicht Rumänien (3,1 Prozent). Soll der Niedergang des staatlichen Bildungssystems sowie der Trend in Richtung privater Kindergärten, Schulen und Hochschulen gestoppt werden, muss die seit vielen Jahren diskutierte personelle und finanzielle Ausdünnung der staatlichen Bildungseinrichtungen so rasch wie möglich ein Ende finden.

So taxiert die staatliche Förderbank Kreditanstalt für Wiederaufbau (KfW) den von den Kämmereien gemeldeten kommunalen Investitionsrückstand schon allein bei den existierenden Kitas auf mehr als zehn Milliarden Euro. Dabei gaben Kitas in freier Trägerschaft im Jahr 2022 für die Betreuung eines Kindes durchschnittlich nur rund 12 300 Euro aus. Wie die Befunde des bundesweit repräsentativen KfW-Kommunalpanels zeigen, werden die geplanten Neuinvestitionen weiter nicht ausreichen, um die steigenden Bedarfe zu decken. So hat sich die Betreuungsquote der unter Dreijährigen im Bundesdurchschnitt von 17,6 Prozent im Jahre 2008 auf inzwischen 36,4 Prozent mehr als verdoppelt. Und dennoch sind die elterlichen Bedarfe insbesondere in den westdeutschen Bundesländern trotz sporadischer und befristeter Sonderprogramme von Bund und Ländern nicht gedeckt. Lediglich 466 Plätze für unter Dreijährige hat die schwarz-grüne Landesregierung in Nordrhein-Westfalen geschaffen, obwohl nach einer Studie der Bertelsmann Stiftung landesweit rund 110 000 Kita-Plätze fehlen. Nicht zuletzt vor diesem Hintergrund verwundert es nicht, dass jede zweite Kommune den Investitionsrückstand bei Kitas als »gravierend« oder »erheblich« einschätzt. Die Chefvolkswirtin der KfW, Fritzi Köhler-Geib, kommt dann auch zu einem eindeutigen Schluss: Der Kita-Ausbau erfordere »stabile Investitionen« und setze »eine auskömmliche und verlässliche Ausstattung der Kommunen mit eigenen Finanzquellen wie Steuereinnahmen oder Zuweisungen im Finanzausgleich voraus«. Kredite oder Fördermittel seien nicht ausreichend, um die Finanzlücken aufzufangen.

Dieser Befund gilt auch für den Schulaus- und -neubau, der sich nicht zuletzt aufgrund der überfälligen Ausweitung der Ganztagsbetreuung mit der Möglichkeit der Verpflegung über die Mittagspause als ausgesprochen kostspielig erweist. Aber nach wie vor wird in keinem anderen OECD-Land so wenig in Schulen investiert wie in Deutschland. Lediglich 8 200 Euro entfallen auf Grundschülerinnen und -schüler in Deutschland; 10 500 Euro pro Kopf sind es an Gymnasien. Dabei gilt auch für den Schulsektor, dass mehr Geld bessere Lehr- und Lernbedingungen verspricht. Um zu erfolgreichen Bildungsnationen wie Finnland oder Estland aufzuschließen, wird es nicht reichen, die IT-Infrastruktur in Bildungseinrichtungen auf- und auszubauen. Stattdessen muss auch dafür Sorge getragen werden, dass unhygienische Toiletten, zugige Fenster und defekte

Dächer der Vergangenheit angehören. Regelmäßig sollten wir uns vor Augen führen, dass die weltweit besten Schulen über großzügige Bibliotheken, Theater, Sportstätten und Gärten verfügen. Sie sollten den Referenzpunkt bilden. Zudem müssen wir endlich die Lehrenden-Lernenden-Relation durch die Einstellung von mehr Lehrkräften sowie die Ausschöpfung des vorhandenen Arbeitsvolumens verbessern, den Anteil ausfallenden und fachfremd erteilten Unterrichts reduzieren und sowohl Sozialpädagoginnen und -pädagogen als auch Schulpsychologinnen und -psychologen einstellen. Erst dann bräuchte sich das Land der Dichter und Denker um seine Schulen nicht mehr derart umfänglich zu sorgen.

Wir sollten eine zentrale Sentenz Émile Durkheims verinnerlichen:»Schule ist die Gesellschaft im Kleinen.« Und Schule ist zugleich die Gesellschaft von morgen. Hier sollen gleichberechtigte Gesellschaftsmitglieder auf das Leben vorbereitet werden. Davon sind wir meilenweit entfernt. Während Kinder aus bildungsnahen Elternhäusern oftmals schon vor der Einschulung lesen können, sind viele Grundschülerinnen und -schüler nicht mehr in der Lage, einen Stift zu halten. Ein Fünftel der deutschen Grundschülerinnen und -schüler kann nach vier Jahren weder richtig lesen noch schreiben, das heißt, sie können Worte entziffern, aber sie brauchen dafür so lange, dass sie oft vergessen haben, was am Anfang eines Satzes stand, wenn sie am Ende angekommen sind. Oder sie können den Sinn nicht entschlüsseln. Wenn sie einen Text über Piraten lesen sollen, wissen sie nicht, was es bedeutet, den Anker zu »lichten«. Einen gewissen Prozentsatz an »Halbgebildeten« hält zwar auch eine Gesellschaft wie die deutsche aus, aber wenn dies 20 Prozent eines Jahrgangs betrifft, überfordert dies den besten Sozialstaat. In einer entwickelten Volkswirtschaft, die auf technische Entwicklungen statt auf Rohstoffe setzen muss, verlieren notwendigerweise insbesondere diejenigen, die als partielle Analphabetinnen und Analphabeten in Berufsfeldern für Ungelernte landen.

Aber obwohl sämtliche Bundesregierungen permanent verkünden, dass Bildung die kostbarste Ressource sei, über die wir in unserem ansonsten rohstoffarmen Land verfügen, gibt der Bund nach wie vor mehr Geld für Verteidigung und Bundeswehr als für Bildung aus. Und obwohl die Bildungshoheit bei den Bundesländern liegt, offenbart diese Ausgabenpolitik nicht nur die Crux des Föderalismus, sondern symbolisiert zugleich die verfehlten politischen Schwerpunktsetzungen. So mangelt es vielen Hochschulen selbst zur Finanzierung ihres Alltagsbetriebs an ausreichenden Mitteln. Während sich die Zahl der Studierenden an deutschen Universitäten im vergangenen Jahrzehnt beinahe verdoppelt hat, ist die Zahl der Professuren mit derzeit 27 745 unterproportional gewachsen. Gerade einmal 6 400 Euro nimmt das Land Nordrhein-Westfalen pro Kopf und Jahr für Studierende in die Hand. Nicht nur verglichen mit den Bildungsausgaben in Skandinavien ist dies ein Tropfen auf den heißen Stein. Zwar gaben die öffentlichen, kirchlichen und privaten Hochschulen in Deutschland 2022 insgesamt 71 Milliarden Euro für Lehre, Forschung und Krankenbehandlung aus. Der Anstieg um etwa 5 Prozent gegenüber dem Vorjahr ist allerdings auch den von den Hochschulen eingeworbenen Drittmitteln geschuldet, die 2022 gegenüber dem Vorjahr um 9 Prozent auf über zehn Milliarden Euro angewachsen sind. Da die Drittmitteleinnahmen jedoch in erster Linie für Forschung und Entwicklung an Universitäten verausgabt werden, bleibt die für die Lehre verantwortliche Personaldecke dünn.

Die Bundesländer verlieren sich bei zentralen Reformvorhaben im föderalen Flickenteppich, statt bundesweite Kraftanstrengungen wie beim Sondervermögen Bundeswehr zu unternehmen. Dass erfolgreiche Bundesländer als Blaupause für seit Langem abgehängte Bildungsschlusslichter dienen könnten, scheint niemand für möglich zu halten. Dabei sollten wir uns auch mit Blick auf informelle Lerngelegenheiten in Erinnerung rufen, wie wichtig eine ausreichende Finanzierung ist. So sollte sich der Staat gerade angesichts der gewachsenen gesellschaftlichen Orientierungslosigkeit nicht immer weiter aus der bestenfalls stets auch bildungspolitisch motivierten Fürsorge für das Leben junger Menschen zurückziehen. Wenn Einrichtungen wie öffentlich (teil-)finanzierte Kinos, Theater, Skateanlagen und Badeanstalten geschlossen werden, trifft dies in besonderer Weise die Welt der Kinder und Jugendlichen. Ihnen reicht die anekdotische Einschätzung der Situation vor Ort vielfach aus, um sich von der Gesellschaft – und damit auch von der Demokratie – abzuwenden. Auch deshalb sind Begegnungsoptionen in Stadtvierteln wie beispielsweise Gemeinschaftsgärten oder Straßenfeste, kostenlose Sport- und Freizeitangebote sowie Kunst- und Kultureinrichtungen wie zum Beispiel Literaturcafés oder Kinos, die Raum für vielfältige Bildungsanlässe schaffen, unverzichtbar.

Selbstredend stellt Bildung kein Allheilmittel für sämtliche sozialen, ökonomischen und gesellschaftlichen Verwerfungen dar. Mithilfe erhöhter finanzieller Anstrengungen kann allerdings nachweislich die Integration sozial benachteiligter Gruppen gestärkt werden. Darauf sollten auch diejenigen schauen, die im Glauben an den schlanken Staat für die weitere Absenkung von Steuern plädieren. Schon jetzt sind neben den ausgebliebenen bildungspolitischen Schwerpunktsetzungen insbesondere die fehlenden Steuereinnahmen für das bröckelnde Fundament unserer Bildungsinfrastruktur verantwortlich. Die Aufhebung der Vermögenssteuer, das im internationalen Vergleich geradezu einzigartig niedrige Erbschaftssteueraufkommen sowie die in der Schröder-Ära in Gang gesetzte Abwärtsspirale der Einkommens- und Gewerbesteuersätze bescheren uns verlässlich unzulängliche Steuereinnahmen. Das sollte auch diejenigen aufhorchen lassen, die unter Verweis auf künftige Generationen mit großer Beharrlichkeit an der Schuldenbremse festhalten. Dabei sollte wenigstens der Blick auf den sich verlässlich verschärfenden Fachkräftemangel auch diejenigen, die aus den Reihen von CDU, CSU und FDP für weitere Steuersenkungen plädieren, umdenken lassen.

Bildungspolitik als präventive Sozialpolitik

Nicht selten wird die sogenannte Wunderwaffe Bildung im Kampf gegen gesellschaftliche Fehlentwicklungen wie (Kinder-)Armut, (Rechts-)Extremismus und soziale Polarisierung bemüht. Insofern verwundert es nicht, dass unter Verweis auf die nordeuropäischen Länder auch immer wieder nach Bildungspolitik als bester Form präventiver Sozialpolitik gerufen wird. Verschiedene Initiativen – beispielsweise die von der Bertelsmann Stiftung aufgelegte Kampagne *Kein Kind zurücklassen* – haben es sich zur Aufgabe gemacht, Kindern und Jugendlichen unabhängig von ihrer individuellen Herkunft bessere (Bildungs-)Chancen zu eröffnen. Derartige Projekte zielen darauf ab, nachteilige Gesellschaftspositionen von Heranwachsenden auszugleichen und so Chancengleichheit – oder gar Chancengerechtigkeit – zu schaffen beziehungsweise zu gewährleisten.

Wie soziale Ungleichheiten im Schulalltag zum Vorschein kommen, zeigt sich unter anderem daran, dass schulische Beurteilungen allzu häufig nicht nur die Leistung der Schülerinnen und Schüler spiegeln, sondern auch ihre familiäre Herkunft. Dies zeigt sich insbesondere im Grundschulbereich mit Blick auf die Empfehlungen in Richtung weiterführender Schulen. Erhält etwa ein Kind aus einem wohlhabenderen Elternhaus eine unliebsame Schulempfehlung, bedeutet dies keineswegs, dass die Eltern diesem Vorschlag Folge leisten. Sozioökonomisch besser gestellte Eltern neigen erwiesenermaßen dazu, vonseiten der Schule gegebene Empfehlungen zu ignorieren und ihr Kind trotzdem an einem Gymnasium anzumelden. Sozial schlechter gestellte Familien tendieren hingegen dazu, den Empfehlungen der Lehrkräfte eher nachzukommen oder diese gar zu unterstützen – etwa aufgrund verinnerlichter Minderwertigkeitswahrnehmungen, die auf die Heranwachsenden übertragen werden. Dabei finden Wechsel von anspruchsreicheren zu anspruchsärmeren Schulformen deutlich häufiger statt als umgekehrt. Die soziale Ungleichheit verfestigt sich durch diese geringe und tendenziell einseitige Durchlässigkeit, wobei dieser Effekt zusätzlich durch den Umstand verstärkt wird, dass große Qualitätsunterschiede in Bezug auf die Anregungs- und Lernumgebungen zwischen den Schulformen existieren. Dies hat wiederum einen erheblichen Einfluss auf die weitere individuelle Laufbahnentwicklung der Lernenden, sodass hier sozialen Ungleichheiten der Weg geebnet wird. Aber auch dann, wenn man zu Recht die Auffassung vertritt, dass sich nicht alle gesellschaftlich wünschenswerten Entwicklungen über Bildungsangebote anbahnen lassen, muss man doch feststellen, dass Bildung einen ausgesprochen wirksamen Hebel bei der Anbahnung sozialer Aufstiege darstellt. Nicht nur die Erfolge der skandinavischen Wohlfahrtsstaaten, sondern auch die aus der Unterfinanzierung des deutschen Bildungswesens erwachsenden individuellen und gesellschaftlichen Problemlagen zeigen, dass pädagogisch durchdachte Konzepte für die Kita, verbesserte Personalschlüssel für die Schulen und sozial integrative Studieneingangsphasen an Hochschulen insbesondere denjenigen zum Vorteil gereichen, die aus weniger privilegierten Herkunftsfamilien stammen. Für diesen Zusammenhang sind wir nach wie vor blind: Laut OECD gibt Deutschland 60 Prozent mehr für Altersrenten als für Bildung und Familienpolitik aus.

Dabei hat das Bundesverfassungsgericht 2021 in einem seiner Urteile das Recht auf den »unverzichtbaren Mindeststandard von Bildungsangeboten« angemahnt, der die »Entwicklung der Kinder und Jugendlichen zu Persönlichkeiten ermöglicht, die ihre Fähigkeiten und Begabungen entfalten und selbstbestimmt an der Gesellschaft teilhaben können«. So sind ganztägige frühkindliche Bildungsangebote dazu geeignet, die Startchancen der Kinder zu Beginn der Bildungslaufbahn zumindest anzugleichen. Genauso wäre ein – zum jetzigen Zeitpunkt zugegebenermaßen wenig realistisch erscheinendes – kostenloses Bildungsangebot von der Kinderkrippe bis zur Universität in hohem Maße geeignet, um den Einfluss sozialer Hintergründe nachhaltig verringern zu können. Eine dadurch angestrebte Inklusion aller sozialen Schichten könnte die gesellschaftliche Teilhabe von armen und ärmeren Bevölkerungsgruppen erhöhen. Aufgrund der engen Verknüpfung zwischen formalen Qualifikationen und beruflichen Positionen sowie der sozialen Herkunft und dem Bildungserfolg werden in Deutschland jedoch nach wie vor die Ungleichheiten zunächst im Bildungs- und anschließend dann im Beschäftigungssystem vererbt.

Allein die Tatsache, dass vielen Schülerinnen und Schülern durch das in der Corona-Krise angebahnte Homeschooling der Zugang zu einer warmen Mahlzeit, zu einem gewaltfreien Lernumfeld und zu vertrauten Kontaktpersonen genommen wurde, müsste uns Anlass genug sein, der sozialen Polarisierung durch ein auskömmlich finanziertes staatliches Bildungssystem ein Ende zu bereiten. Dazu müsste Bildungspolitik endlich wie in den skandinavischen Staaten als beste Form präventiver Sozialpolitik begriffen werden. Dass dieser Paradigmenwechsel vollzogen wird, ist indes nach wie vor nicht zu erkennen. Vielmehr ist seit den 1970er-Jahren ein Trend vom *ver*sorgenden Sozialstaat hin zu einem *vor*sorgenden Sozialstaat zu beobachten, der frühzeitig mit dem Abbau sozialstaatlicher Leistungen einherging. Dennoch muss Bildung mit Blick auf sozialpolitische Zielsetzungen eine herausragende Stellung zugeschrieben werden. Sie ist die wichtigste öffentliche Investition, um nicht nur den wirtschaftlichen, sondern auch den sozialen Zusammenhalt zu fördern. Durch die Prozesse der Deindustrialisierung und des gleichzeitigen Beschäftigungsaufbaus in wissensbasierten Dienstleistungsbranchen ist Bildung nicht nur zu einer kritischen Größe für unsere Volkswirtschaft geworden, sondern auch für die vorsorgende Sozialpolitik. Während die klassische Sozialpolitik auf Phänomene wie Arbeitsplatz- oder Einkommensverluste *reagiert,* zielt die vorsorgende Sozialpolitik darauf ab, so zu *agieren,* dass Bürgerinnen und Bürger derartige Verluste überhaupt nicht erst erfahren beziehungsweise dass sie im Ernstfall schnell wieder auf den Arbeitsmarkt zurückkehren können. Dafür müssen Bildungs-förderketten über den gesamten Lebenslauf im Fokus sozialstaatlicher Aktivitäten stehen. Insbesondere braucht es dafür ein besseres Zusammenspiel an den Schnittstellen von Bildungsverläufen wie etwa beim Übergang von der Schule in die Ausbildung.

Den beruflichen Schulen kommt im Rahmen präventiver Sozialpolitik besondere Bedeutung zu, da sie eine elementare Schnittstelle zwischen allgemeiner und beruflicher Bildung darstellen. So sind sie nicht nur der schulische Ausbildungsort im Kontext dualer Berufsausbildungen, sondern stellen auch ein großes Angebot an berufsvorbereitenden, -qualifizierenden und -begleitenden Bildungsgängen bereit. So etwa tragen hochwertige (duale) Berufsausbildungssysteme zu einer geringeren Jugendarbeitslosigkeit bei. Zudem besteht in diesen Institutionen häufig auch die Möglichkeit, den eigenen, allgemeinbildenden Schulabschluss zu verbessern, wodurch sich neue Bildungs- sowie Berufswege öffnen können. Berufliche Gymnasien sind darüber hinaus ein wichtiger Baustein, um gegebenenfalls entstandene Übergangsproblematiken zwischen Grund- und weiterführender Schule zu korrigieren. Diese Segmente stehen seltener im Fokus der Öffentlichkeit, obwohl sie die Durchlässigkeit des Bildungssystems (ver-)stärken und Möglichkeiten zur Korrektur von vorangegangenen Bildungsentscheidungen bieten.

Marius Busemeyer und Julian Garritzmann ist es zu verdanken, dass Bildungspolitik aufgrund ihrer Effekte auf Lebens- und Bildungschancen einerseits sowie auf Arbeitsmarktchancen und Einkommensverteilung andererseits in der Wissenschaft inzwischen eindeutig als redistributive Politik verstanden wird. Auch wenn der Zusammenhang zwischen Bildungs- und Sozialpolitik auf Makroebene in der Regel eher indirekt gedeutet wird, fällt dieser Zusammenhang bei Betrachtung eines spezifischen Aspekts des Bildungssystems differenzierter aus. So gehen bei der öffentlichen und privaten Finanzierung von Bildung hohe private Bildungsausgaben mit einem stärkeren Ausmaß an sozialer Ungleichheit einher. Verfügt ein Staat hingegen über ein ausgeprägtes institutionalisiertes Berufsbildungssystem, fällt das Ausmaß der Ungleichheiten merklich geringer aus. Darüber hinaus wirkt sich ein gut ausgebautes Berufsbildungssystem auch positiv auf Aus- und Weiterbildung und die damit einhergehende anschließend gut bezahlte Beschäftigung von Jugendlichen aus bildungsbenachteiligten Schichten aus, was bei Staaten mit starkem Fokus auf akademische Bildung im postsekundären Sektor weniger gelingt.

Das Konzept der Bildungs- als Sozialpolitik kann unter anderem damit erklärt werden, dass die Ausgaben für Bildung sich auch als Sozialausgaben deuten lassen. So leben besser gebildete Menschen länger und zeigen eine höhere soziale Integration und politische Partizipation als weniger gebildete Personen. Ebenso erfolgt ihre Integration auf dem Arbeitsmarkt schneller und dauerhafter, wie ein Team um die Soziologin Jutta Allmendinger nachweisen konnte. In einer Wissensgesellschaft wie der bundesdeutschen stellt Bildung aufgrund ihrer bestenfalls sozial integrativen Kraft in besonderem Maße eine Eintrittskarte für den Arbeitsmarkt dar. Damit stellt sie auch eine Voraussetzung für Teilhabe in anderen prägenden gesellschaftlichen Bereichen dar, sodass wir sie endlich auch als präventive Beschäftigungs-, Familien- und Integrationspolitik betrachten sollten. Mit Blick auf die aktuelle Finanzarchitektur fällt allerdings auf, dass Deutschland trotz des viel diskutierten Paradigmenwechsels auch weiterhin eine versorgende Prägung aufweist, stehen doch vergleichsweise niedrigen Ausgaben für Bildung relativ hohe Sozialausgaben gegenüber.

Viele Vorzüge der skandinavischen Staaten gegenüber Deutschland sind auf die wohlfahrtsstaatlichen Reformen der 1960er-Jahre zurückzuführen. So waren die Effekte der sozialen Herkunft in Schweden vor 70 Jahren noch ähnlich stark ausgeprägt wie hierzulande. Bis zur Implementierung eines stark marktorientierten Systems ab den 1990er-Jahren mit mehreren Bildungsanbietern, einer Betonung des Wettbewerbs und einer zunehmenden Segregation in Bezug auf die Herkunft der Schülerinnen und Schüler, verfügten Lernende aus bildungsbenachteiligten Familien dort jedoch über eine dreimal so große Chance auf höhere Bildung wie deutsche Lernende aus vergleichbaren Verhältnissen. Wie aber gelang es den dort Verantwortlichen, strukturellen Bildungsbenachteiligungen zwischenzeitlich derart erfolgreich beizukommen? Die Antwort ist trotz der Tatsache, dass auf vielen Ebenen angesetzt wurde, vergleichsweise schlicht: Schweden setzte auf die Einführung von Gemeinschaftsschulen und den gezielten Ausbau frühpädagogischer Angebote. Insbesondere letztgenannte Maßnahme konnte aufgrund der hohen Bedeutung der Vorschuljahre für die kindliche Entwicklung zum Ausgleich von Klassenunterschieden beitragen. Zugleich wurde durch dieses Maßnahmenbündel die Frauenerwerbstätigkeit und damit die in der damaligen Bundesrepublik noch vielfach in den Kinderschuhen steckende Emanzipation der Frau gestärkt, was wiederum einen positiven Effekt auf das Problem der Kinderarmut zeitigte. Wenngleich das Beispiel Schweden heutzutage nicht mehr ganz so hell strahlt, weil inzwischen ein erheblicher Anteil der Schulen von großen gewinnorientierten Unternehmen und Schulketten betrieben wird und seit den 1990er-Jahren eine stetig gewachsene Bildungsungerechtigkeit zu konstatieren ist, lassen die Erfolge der 1970er- und 1980er-Jahre erkennen, wie sich ein Bildungssystem in vergleichsweise kurzer Zeit in Richtung sozialer Inklusion transformieren lässt.

Im Nachbarland Finnland stellte man ebenfalls schon vor Jahrzehnten die Weichen für einen Abbau der bestens erforschten Hürden, denen sich Frauen häufig ausgesetzt sehen, wenn sie Familie und Beruf miteinander in Einklang zu bringen versuchen. So ist die Kindertagesbetreuung in Finnland bereits seit 1973 für Kinder im Vorschulalter gesetzlich garantiert. Die Ausdehnung der Unterrichtszeit bis in den Nachmittag bei einem gleichzeitig kostenlosen warmen Mittagessen hat aber nicht nur zu einer höheren Erwerbsquote von Frauen geführt, sondern auch dazu beigetragen, herkunftsbedingte soziale Ungleichheiten auszugleichen. Dieser Effekt ist auch einer anderen bildungspolitischen Entscheidung zuzuschreiben: So existieren in Finnland an fast allen Primarschulen integrierte Förderschulen, an denen die Lehrkräfte unter anderem durch Sonderpädagoginnen und -pädagogen, aber eben auch durch Schulsozialarbeiterinnen und -arbeiter sowie Krankenpflegekräfte unterstützt werden. Gleichzeitig gelingt die Integration von Jugendlichen mit Migrationsgeschichte deutlich besser. Dadurch, dass es nur eine Schulform gibt, muss auf etwaige (Lern-)Probleme der Lernenden im schuleigenen Kontext reagiert werden, können die Betroffenen doch nicht einfach an weniger anspruchsvolle Schulen verwiesen werden. Entsprechend fungiert das Bildungssystem hier als wichtigstes Instrument für die Schaffung von Chancengleichheit.

Und auch in dem sowohl öffentlich als auch bildungspolitisch von mangelnder Aufmerksamkeit betroffenen Bereich nichtformaler berufsbezogener Weiterbildung empfiehlt sich ein Blick in Richtung Nordeuropa. Während lediglich 8 Prozent der 25- bis 64-jährigen Deutschen an einer Fort- oder Weiterbildungsmaßnahme teilnehmen, sind dies in Dänemark 28 Prozent und in Schweden sogar 36 Prozent. Angesichts der steigenden Lebenserwartung sowie der immer kürzeren Halbwertzeit von Wissen wird deutlich, dass Bildung nur zu Beginn des Lebens nicht mehr ausreichend ist. Wiederkehrende oder gar stetige Weiterbildung muss stattdessen einen immer wichtigeren Bestandteil unseres Lebens ausmachen, und zwar über den Beruf hinaus.

Kostenfreie Kunst- und Kulturangebote

Stellen wir uns einen Augenblick vor, wie eine Welt aussähe, in der Theater-, Konzert- und Museumsbesuche keinen Eintritt kosten. Vermutlich wäre es eine Welt, in der die oftmals als exklusiv wahrgenommenen Kultureinrichtungen als allgemein zugängliche Bildungsstätten akzeptiert würden. Es wäre eine Welt, in der die Kinder- und Jugendtheater auch von denjenigen besucht würden, deren (vielfach alleinerziehende) Eltern sich am 20. eines Monats damit beschäftigen müssen, wie sie ihren Kindern eine warme Mahlzeit auftischen können. Vielleicht wäre es auch eine Welt, in der Kulturangebote in Kooperations- und Netzwerkbeziehungen mit schulischen Trägern verknüpft sind, um junge Menschen abseits der Lehrpläne, aber durch Lehrkräfte angeleitet für Kunst und Kultur zu begeistern. In jedem Fall wäre es eine Welt, die auf kulturelle Inklusion statt auf soziale Selektion setzt. Was auf den ersten Blick abwegig klingen mag, speist sich aus einer jahrhundertealten Forderung. Öffentlich finanzierte Theater, Museen, Konzert- und Opernhäuser der Öffentlichkeit unabhängig von ihrer Zahlungsfähigkeit zugänglich zu machen, um allen den individuell wie gesamtgesellschaftlich bedeutsamen Zugang zu Bildung und Kultur zu gewähren, wäre ein gewichtiger Beitrag zur Bildungsexpansion.

Dass auch außerhalb von Schulen und Hochschulen in Kunst und Kultur und damit in Bildungsangebote für die breite Öffentlichkeit investiert werden sollte, steht dann außer Frage, wenn wir uns wirklich als Bildungsrepublik begreifen (wollen). Theater, Museen und Konzerthäuser finden als meritorische Güter seit Jahrzehnten selbst in der Ökonomie Anerkennung, da sie einen positiven Einfluss auf den Bildungsstand einer Gesellschaft haben, indem sie Teilhabe an gesellschaftlichem Wissen ermöglichen. Es wäre daher wünschenswert, wenn diese Güter für alle kostenfrei verfügbar wären. Dass diese Welt nicht undenkbar ist, deuten Staaten wie Finnland, Frankreich und Großbritannien an, in denen die kulturelle Teilhabe junger Menschen zumindest ansatzweise, aber durchaus mit einem systematischen Anspruch gefördert wird.

So wurde in Frankreich das *Culture-Pass-Programm* eingeführt, das allen Bewohnerinnen und Bewohnern des Landes zum 18. Geburtstag einen Gutschein im Wert von 500 Euro für kulturelle Aktivitäten zur Verfügung stellt. In Finnland, Schweden, Norwegen und Dänemark ist der kostenlose Zugang zu ausgewählten kulturellen Einrichtungen fest im Bildungssystem verankert. Schulkinder haben die Möglichkeit, kostenlose oder massiv ermäßigte Tickets für Theateraufführungen sowie Museums- oder Konzertbesuche zu erhalten – nicht bloß zu besonderen Anlässen oder an einzelnen Wochentagen, sondern das gesamte Jahr über. Finnland hat mit seiner *Museokortti* weltweit Aufmerksamkeit erregt. Schließlich ermöglicht die Museumskarte ihren Inhaberinnen und Inhabern, jedes Jahr 360 Museen des Landes, sooft sie wollen, zu besuchen. Während Erwachsene 79 Euro zahlen, erhalten Minderjährige diese grundsätzlich kostenlos. In Schweden sind drei der vier meistbesuchten Museen für unter 18-Jährige kostenfrei, nämlich das Vasa Museum, das Naturhistorische Museum und das überaus beeindruckende Zentrum für Architektur und Design, das unter dem Akronym ArkDes europaweit bekannt geworden ist. Das norwegische Freilichtmuseum ist für Kinder unter 18 Jahre ebenso kostenfrei zugänglich wie das in Kopenhagen zu findende Staatliche Kunstmuseum und das dänische Nationalmuseum, das die Kulturgeschichte des Landes von der Steinzeit über die Wikingerzeit, das Mittelalter und die Renaissance bis hin zur jüngeren Zeit beleuchtet.

Wie Bildungsexpansion über Kulturangebote initiiert werden kann, hat auch der ansonsten auf den schlanken Staat setzende Tony Blair gezeigt, als er während seiner Zeit als britischer Premierminister zwischen 1997 und 2007 eine Reihe von Reformen anstieß, die kulturelle Vielfalt förderten, den Zugang zu Kultureinrichtungen verbesserten und die Kreativwirtschaft stärkten. Blair und seine Regierung erkannten die ökonomische Bedeutung von Film-, Musik- und Designwirtschaft. Sie investierten in die Kulturindustrie, um das Wachstum und die Wettbewerbsfähigkeit dieses Sektors zu fördern. In diesem Zusammenhang wurde 1994 der National Lottery Fund gegründet, der die Vergabe von Geldern für kulturelle Projekte und Einrichtungen ermöglichte. Aus dieser Maßnahme folgten massive Investitionen in Kunst, Kultur und Denkmalpflege im gesamten Land. Darüber hinaus stand die Bedeutung der Künste in Schulen auf der Agenda der von Tony Blair geführten Labour-Regierung, welche Programme, die den Zugang von Schülerinnen und Schülern zu Musik, Theater, Kunst und Literatur verbessern sollten, konsequent förderte. Sowohl bestehende kulturelle Einrichtungen wie Museen, Galerien und Theater wurden massiv bezuschusst als auch der Bau neuer kultureller Stätten, darunter das British Museum's Great Court und die Tate Modern. Zugleich förderte der inzwischen über ein beträchtliches Immobilienimperium verfügende Blair die Umwandlung von Städten in kulturelle Zentren auf europaweit einzigartige Weise, indem er unter anderem die Wiederbelebung von Stadtvierteln durch Kunst und Kultur initiierte. Diese Reformen hinterließen einen nachhaltigen Einfluss auf das kulturelle und künstlerische Erbe des Landes.

Aber nicht nur nationale, sondern auch einzelne städtische Strategien können überzeugen. In New York City erlaubt die kostenlose *IDNYC-Karte* allen Bewohnerinnen und Bewohnern der Stadt unabhängig von ihrem Einwanderungsstatus, eine Vielzahl kultureller Einrichtungen der Stadt kostenfrei oder jedenfalls zu stark reduzierten Preisen zu besuchen, darunter den Central Park Zoo, den New York Botanical Garden, das American Museum of Natural History, das Metropolitan Museum of Art oder sogar Konzerte in der Carnegie Hall. Das Royal Opera House in London hat sich zum Ziel gesetzt, die Welt der Oper und des Balletts für eine breitere Bevölkerungsschicht zugänglich zu machen. So wurde in den letzten Jahren *Open Up* initiiert – eine Initiative, die den kostenlosen Zugang zu öffentlichen Bereichen des Gebäudes einschließlich Bars und Lounges ermöglicht, um das kulturelle Erlebnis auch für diejenigen zugänglich zu machen, deren finanzielle Verhältnisse es ihnen sonst nicht erlauben würden. Generell sind nahezu alle führenden Museen und Galerien wie zum Beispiel das British Museum, die National Gallery und das Science Museum kostenfrei zugänglich. Das Angebot wird außerordentlich gut angenommen, wie sich daran zeigt, dass allein das British Museum jährlich rund sechs Millionen Besucher zählen kann. Obwohl einzelne Sonderausstellungen weiterhin Eintritt kosten, ist der Ansatz des erleichterten Zugangs auch aufgrund intensiver Marketing- und Vermittlungsaktivitäten bei Kindern und Jugendlichen auf überaus fruchtbaren Boden gefallen.

Dass derartige Ansätze nicht auch in Deutschland eingefordert werden, ist durchaus erstaunlich. Wenn für 866 Millionen Euro die Elbphilharmonie errichtet, für kalkulierte 1,2 Milliarden Euro das Berliner Pergamonmuseum saniert und für mehr als eine Milliarde Euro das Kölner Opern- und Schauspielensemble generalüberholt wurde beziehungsweise wird, wäre es ein durchaus erwartbares (bildungs-)politisches Signal, wenn der Zugang zu diesen Kultureinrichtungen kostenfrei wäre. Warum? Zum einen fallen die mit dem kostenfreien Zugang verbundenen Ausgaben kaum ins Gewicht; zum anderen würden die Bürgerinnen und Bürger profitieren. Es wäre somit zugleich ein Ausdruck fiskalischer Gerechtigkeit: Immerhin haben sie diese prunkvollen Bauten mit ihren Steuern und Abgaben (teil-)finanziert.

Zudem steht außer Frage, dass es insbesondere bildungspolitisch nicht nur sinnvoll, sondern geradezu geboten wäre, die kulturelle Bildung von Kindern und Jugendlichen über den schulischen Lehrplan hinaus zu ergänzen, sodass sie unter anderem das im Unterricht erworbene Wissen praktisch anzuwenden lernen. Schulausflüge in Museen tragen zur Vertiefung des unterrichtlich erworbenen Verständnisses bei – sei es in den Fächern Geschichte, Musik, Kunst oder auch in den Naturwissenschaften. Nachweislich fördert der Besuch von Museen exploratives, kreatives und kritisches Denken. In dem Maße, in dem das kulturelle Bewusstsein evoziert wird, streben Schülerinnen und Schüler danach, sowohl ihre eigene Kultur und Geschichte besser zu verstehen als auch andere Kulturen und Ländern kennenzulernen. Wie wichtig interkulturelles Verständnis ist, zeigt sich verstärkt mit Blick auf die derzeitigen Kriege, Konflikte und Migrationsbewegungen. Wir müssen den sozial exklusiven Zugang zu Kunst- und Kultureinrichtungen beenden. Denn bis heute gilt ein ehernes Gesetz für die Inanspruchnahme kultureller Angebote: Je höher das Bildungsniveau, desto intensiver werden kulturelle Bildungsangebote angenommen – und umgekehrt. Zugleich wird Kultur allzu oft als Distinktionsmerkmal genutzt, sodass sozial selektive statt sozial integrative Mechanismen zum Tragen kommen. Diese Exklusivität wird auch durch eine 2021 veröffentliche Studie der Berliner Senatsverwaltung für Kultur und Europa belegt. Der Zusammenhang zwischen höheren Bildungsabschlüssen und der Teilnahme an klassischen Kulturveranstaltungen besteht nachweislich weiterhin. Zwar herrscht insgesamt eine große Breitenzufriedenheit mit dem kulturellen Angebot der gesamten Stadt; wohnortnahe Angebote werden jedoch als ausbaufähig bewertet. Etwa ein Drittel der Berlinerinnen und Berliner stimmt der Aussage zu, dass die meisten klassischen Kulturangebote nicht für Menschen wie sie konzipiert sind, was die mangelnde Diversitätsentwicklung im Berliner Kulturbereich deutlich macht. Zwei Drittel geben budgetäre Engpässe als Grund für ihre Nicht-Teilnahme an Kulturveranstaltungen an. In Bezug auf die Ergebnisse der Studie werden als nächster, handlungsleitender Schritt kostenfreie Museumssonntage als vielversprechender Ansatz betrachtet, um finanzielle Barrieren abzubauen. Die durch die Studie entstandene Transparenz lässt sich auf die Initiative des langjährigen und überaus erfolgreichen Berliner Kultursenators Klaus Lederer (Die Linke) zurückführen. Erst wenn Politikerinnen und Politiker die Teilhabe *aller* Einwohnerinnen und Einwohner am Kulturangebot ihrer Stadt als ein zentrales Thema der Kulturpolitik betonen, untersuchen und

umsetzen, kann die soziale Exklusivität kultureller Bildungsangebote angegangen werden.

Erste Ansätze dazu existieren auch in Deutschland. So gewährt
die Museumskarte des Museumsbunds für 365 Euro den Eintritt
in über 1 000 Museen. Darüber hinaus findet sich eine Reihe von
Initiativen, die Kindern und Jugendlichen kostenlosen Zugang zu
kulturellen Einrichtungen gewähren. Die Initiative *Kultur macht
stark* des Bundesministeriums für Bildung und Forschung mün-
dete in dem im Juni 2023 eingeführten Kulturpass, mit dem nach
dem Vorbild Frankreichs jeder 18-Jährige ein Guthaben über
200 Euro erhält, um dieses für Konzert-, Festival- und Kinokarten
oder auch Comics, Bücher und Museumstickets einzulösen. Die
Stiftung Preußischer Kulturbesitz bietet seit 2019 an jedem ersten
Sonntag im Monat kostenlosen Eintritt für die Einrichtungen der
Berliner Museumsinsel an. Das Folkwang Museum in Essen wirbt
bereits seit 2015 mit freiem Eintritt. In den ersten acht Monaten
seit der Einführung stiegen die Besucherzahlen um das Dreifache
und halten sich seitdem auf hohem Niveau. Das Thalia Theater
Hamburg, das nach eigener Aussage wirtschaftlich erfolgreichste
staatliche Theater Deutschlands, nimmt seit einigen Jahren an
der Aktion *Der spendierte Platz* teil, die Kindern und Jugendlichen
Theaterbesuche ermöglicht, obwohl deren Eltern den Klassenaus-
flug ins Theater nicht zahlen können. Auch hat die Spielstätte
vor einigen Jahren ein gesellschaftliches Experiment initiiert, bei
dem jeder Gast so viel zahlen konnte, wie er beziehungsweise sie
konnte oder wollte. Das Haus konnte an dem Abend nahezu die
gleiche Einnahmegenerierung verkünden wie an jedem anderen
Abend auch und verwies auf die Notwendigkeit des Theaterbe-
triebs, Geld zu verdienen und dennoch seinen kulturellen und
sozialen Auftrag zu erfüllen. Auch die Vielzahl an Museen mit
freiem Eintritt wie beispielsweise das Haus deutscher Geschichte
in Bonn, die einen kulturpolitischen Auftrag haben, ist als positiv
zu vermerken.

Letztlich sind die Angebote aber verhalten. Insgesamt müssten die ergriffenen Maßnahmen nicht nur in bestimmten Städten oder Stadtteilen, nicht nur an bestimmten Tagen oder in Krisenzeiten und nicht nur für bestimmte Bevölkerungsgruppen interessant sein. Sowohl auf jüngere Altersgruppen ausgerichtete popkulturelle als auch als klassisch titulierte und in der Breite relevante Angebote sollten in der Fläche sichtbar, interessant und bezahlbar sein. Stattdessen wird häufig die Kultur mit gigantischen Summen gefördert, die eine hohe Zugangsschwelle hat, was das Beispiel der Kosten von Opernhäusern beispielhaft verbildlicht. Die Vielfalt kultureller Angebote spiegelt oft nicht die gesamte Bevölkerung wider, und eine mangelnde Sensibilisierung für die Bedeutung kultureller Bildung könnte dazu führen, dass die notwendigen Ressourcen nicht in ausreichendem Maße und exklusiv bereitgestellt werden. Die genannten Beispiele zeigen, wie verschiedene Einrichtungen weltweit den Zugang zu Theatern, Museen und Konzerthäusern für die breite Öffentlichkeit fördern, indem sie kostenlose oder ermäßigte Eintrittsmöglichkeiten anbieten. Dies müsste auch in Deutschland für eine Bildungsexpansion angegangen werden, indem kulturelle Bildung und Erfahrungen für ein breiteres Publikum zugänglicher gemacht sowie soziale Gerechtigkeit und Austausch gefördert werden. Nicht zuletzt durch eine verstärkte Zusammenarbeit mit außerschulischen Trägern und Einrichtungen ihres unmittelbaren Umfelds könnten insbesondere Schulen im Zuge einer Öffnung ihrer Institution neue Sozialräume erschließen.

Bildung weder instrumentalisieren noch privatisieren

Oskar Negt geißelte schon 2014 die »pestartig verbreitete, gleichsam auf dem Weg der Kontamination zur Ideologie verfestigte betriebswirtschaftliche Mentalität«. Und tatsächlich charakterisieren der Betriebswirtschaft entlehnte oder entspringende Begriffe wie »Akquise«, »Controlling«, »Marketing« und »Qualitätsentwicklung« heutzutage den Alltag in vielen Bildungseinrichtungen. Begrifflichkeiten wie »Aufklärung«, »Emanzipation«, »Kritikfähigkeit« und »Mündigkeit« haben über die Jahre an Relevanz verloren. Eingebettet in die allgemeine Markteuphorie unserer Zeit sind Kennzahlen zum Erfolgsmaßstab von Bildungseinrichtungen geworden. Dies kann insofern nicht verwundern, als dass das Bildungsverständnis einer Gesellschaft seit jeher in besonderer Weise vom Bildungsverständnis der Herrschenden abhängig war, das heißt, was Menschen in ihrem Leben lernen sollen, war schon immer maßgeblich von den dominierenden wirtschaftlichen, politischen und gesellschaftlichen Erwartungshaltungen abhängig. Dass nun im Zeitalter des Neoliberalismus der Instrumentalisierung, Funktionalisierung und Privatisierung von Bildung mit der Fokussierung auf ökonomisch verwertbares Wissen Vorschub geleistet wird, kann daher nicht wirklich überraschen. Dabei warnen Expertinnen und Experten davor, Bildung nur an unmittelbar ökonomisch nutzbaren Fachkompetenzen zu messen. Heinz-Elmar Tenorth etwa sieht in den Bildungsreformen nach PISA-Maßstäben nicht nur »die Reduktion des Lernens auf Wissen und seine Verwertbarkeit«, sondern auch die »Ökonomisierung von Bildung statt freier Menschenbildung«. Die von gestandenen Konservativen wie dezidierten Linken gleichermaßen vorgetragene Kritik an den Marktprozessen im Bildungssektor äußert sich – und dies erscheint nur auf den ersten Blick als Paradoxon – unter anderem in einer Abkehr vom staatlichen Schulsystem. Der Markt für Privatschulen, die auf alternative pädagogische Konzepte setzen, wächst stetig und zieht längst nicht mehr nur *rich kids*, sondern auch Kinder aus linksliberalen Kreisen an. Dass inzwischen jedes hundertste Kind an einer Freien Waldorfschule eingeschult wird, ist das Ergebnis eines breiten gesellschaftlichen Unbehagens gegenüber staatlichen Schulen. So sind es längst nicht mehr nur Marktapologetinnen und

-apologeten, die Gewaltexzesse wie an der 2006 in die Schlagzeilen geratenen Berliner Rütli-Schule als zwangsläufige Folge einer verfehlten Sparpolitik, sondern als Beleg für die Unzulänglichkeit staatlicher Bildungseinrichtungen schlechthin deuten. Am Sponsoring von Schulfesten durch örtliche Bau-, Getränke- oder Supermärkte nimmt in Zeiten der betriebswirtschaftlichen Dominanz ohnehin kaum noch jemand Anstoß. Und auch sonst löst die Ökonomisierung von Bildung und ihren Einrichtungen nicht mehr wirklich breiten Widerstand hervor. Im Gegenteil: Es ist zur Normalität geworden, dass Stiftungen Lehrkräftefort- und -weiterbildungen anbieten, kommerzielle Nachhilfeinstitute die in der Vormittagsschule nicht behobenen Wissenslücken schließen, Unternehmensangehörige in Hochschulräten über die Entwicklungsschritte von und an Universitäten befinden und Professorinnen und Professoren unabhängig von ihren Erfolgen in der Lehre an den eingeworbenen Drittmitteln gemessen werden. Wie weit der unternehmerische Einfluss im Bildungssektor gediehen ist, lässt sich unter anderem daran ablesen, dass durch die von den Schul-, Kultus- und Bildungsministerien ausgegebene Losung der »Öffnung von Schule« privat-öffentliche »Bildungs- und Lernpartnerschaften« historische Ausmaße erreicht haben. So ergab eine Befragung der Schulleitungen im Rahmen der PISA-Studie schon 2006, dass mehr als 87 Prozent der 15-Jährigen hierzulande eine Schule besuchen, an der Wirtschaft und Industrie Einfluss auf die Lehr- und Lerninhalte nehmen. Gleichzeitig wächst die Zahl der Kindertagesstätten, Schulen und Hochschulen, die nicht mehr ausschließlich aus öffentlichen, sondern ergänzend oder sogar vollständig aus privaten Mitteln finanziert werden. So öffnete in Deutschland zeitweilig jede zweite Woche eine neue Privatschule ihre Pforten. Und staatliche Hochschulen sind dem Wettbewerb nicht nur ausgesetzt, wenn sie mit der Fernhochschule AKAD, der als FOM bekannten Hochschule für Oekonomie und Management, der Hochschule Fresenius oder einer der anderen über 100 Hochschulen in privater Trägerschaft um Studierende buhlen, sondern ebenso im Wettstreit um Drittmittel.

Welche verheerenden Folgen die Privatisierung von Bildung zeitigen kann, ist bislang soziologisch weitreichend, erziehungswissenschaftlich hinreichend, politikwissenschaftlich jedoch nur unzureichend erörtert worden. Aber klar ist schon jetzt: Viele der mit der Losung »Privatisierung von Bildung« überschriebenen Entwicklungen sind das Ergebnis des Epochenbruchs im Bildungsverständnis, das nicht zuletzt durch die flächendeckende Einführung zentraler Lernstandserhebungen von Anwendbarkeit, Passfähigkeit und Verwertbarkeit gekennzeichnet ist. Selbst Studierende erwarten, dass die in ihren Studiengängen vermittelten Inhalte berufs- oder jedenfalls arbeitsmarktrelevant sind. Mit der Einführung von Bachelor- und Masterstudiengängen im Zuge der Bologna-Reformen ist diese Erwartungshaltung weitestgehend bedient worden. Wesentliche Merkmale des Konvergenzprozesses sind neben einem zweistufigen System berufsqualifizierender Studienabschlüsse – für gewöhnlich Bachelor und Master – insbesondere das *European Credit Transfer System* (ECTS), die über (Re-)Akkreditierungen angestrebte Qualitätssicherung von Studiengängen und die insbesondere in den Curricula an deutschen Hochschulen implementierte Beschäftigungsfähigkeit, die oftmals als »Employability« gelesen wird. Dem unstillbaren Verlangen der Studierenden nach Praxisbezug muss dringend Einhalt geboten werden, denn Universitäten sollten nur einem zentralen Anspruch verpflichtet sein: der theoretisch schlüssigen, empirisch gesättigten sowie interessenfreien Generierung und Dissemination von Wissen.

Überdies sind die Debatte um die Schulzeitverkürzung nach den Vorgaben des achtjährigen Gymnasiums (G8) sowie die curriculare Aufwertung der auf Arbeitsmarktrelevanz zielenden Berufsorientierung an allgemeinbildenden Schulen das Ergebnis der Debatten hinsichtlich eines vermeintlich modernen Bildungsverständnisses. So etwa kann der Bedeutungszuwachs der Berufsorientierung als

Beleg dafür gewertet werden, dass ökonomische Begründungs-, Entscheidungs- und Handlungslogiken inzwischen nicht nur im universitären, sondern auch im schulischen Bildungskanon Platz gegriffen haben. Als Gründe für den Bedeutungszuwachs von Berufsinformationsveranstaltungen, Bewerbertrainings und Karrierecoachings werden unter anderem der internationale Arbeitsmarkt sowie die neuen Möglichkeiten der Hochschulzugangsberechtigung angeführt, aber die bildungspolitische Stoßrichtung erwächst auch aus der sogenannten Lissabon-Strategie. Auf dem dortigen EU-Sondergipfel am 23./24. März 2000 hatte man als »strategisches Ziel« festgelegt, die Union im laufenden Jahrzehnt

>*»[...] zum wettbewerbsfähigsten und dynamischsten wissensbasierten Wirtschaftsraum der Welt zu machen – einem Wirtschaftsraum, der fähig ist, ein dauerhaftes Wirtschaftswachstum mit mehr und besseren Arbeitsplätzen und einem größeren sozialen Zusammenhalt zu erzielen.«*

Unsere Erwartungen an Bildungsbiografien dürfen sich aber nicht in einem allzu engstirnig auf Employability ausgerichteten instrumentellen Bildungsverständnis erschöpfen. Dies bedeutete schließlich nicht nur den radikalen Bruch mit der europäischen Tradition der Persönlichkeitsbildung, sondern auch mit der Idee, dass Bildung als gesellschaftliches Leitmotiv einen Eigenwert hat.

Mark Siemons übt in seinem viel beachteten Beitrag für die *Frankfurter Allgemeine Sonntagszeitung* vom 15. Dezember 2019 unter dem Titel *Wozu noch lesen? Wie die technokratische Pisa-Pädagogik den Schülern das Lernen verleidet* aus einem konservativen Blickwinkel harsche Kritik an den neuen schulischen Steuerungselementen:

>*»Der im Content als bloß lästige Notwendigkeit steckende Zwiespalt führt dazu, dass der gefühlte Leistungs- und Konkurrenzdruck immer*

größer wird (schon in den untersten Klassen ringt man um die knappen Plätze in weiterführenden Schulen) – und zugleich das Ergebnis stetig schlechter. Die Widersprüchlichkeit liegt offenbar schon in der Ökonomisierung der Bildung selbst. Der Blick auf die Welt, den das Output-orientierte Lernen einübt, gleicht in seiner Abstraktheit dem von Managern, für die die verschiedensten Sachbereiche und Kulturen bloß gleichgültige Anwendungsgebiete für ihre formalen Fertigkeiten sind – statt von einem anderen Land etwas Konkretes wissen und lernen zu wollen, reicht dann die ›interkulturelle Kompetenz‹. Doch in der Schule scheint diese Art inhaltlicher Enthaltung sogar den Erwerb der Fertigkeiten selbst zu gefährden. Offenbar lebt auch der Marktwettbewerb, wie man in Abwandlung des berühmten Böckenförde-Diktums sagen könnte, von Voraussetzungen, die er nicht selber garantieren kann.«

Und in der Tat lässt sich beobachten, dass Bildungsfragen für die meisten Politikerinnen und Politiker inzwischen in erster Linie Fragen des Erhalts und der Schaffung von Arbeitsplätzen sind. Aber auch Schülerinnen und Schüler sowie eine wachsende Zahl von Studierenden sehen in ihrem Bildungsweg nur noch den instrumentellen Sinn, Abschlüsse zu erlangen. Als der Begriff »Bildung« im 18. Jahrhundert aufkam, ging es um Erziehung zur Individualität. Der Unterricht sollte es den Lernenden ermöglichen herauszufinden, was in ihnen steckt, und zwar alles – das heißt eine ganze Welt, nicht nur eine Berufskarriere.

Angesichts des immer frühzeitigeren Einstiegs in Studium und Beruf ist die Studien- und Berufsorientierung auch für Universitäten zu einer unverzichtbaren Aufgabe geworden. Mit dem Wegfall von Zivil- und Wehrdienst sowie der zwischenzeitlichen Verkürzung der Schulzeit durch die nahezu flächendeckende Umstellung auf G8 müssen sich auch die Hochschulen auf immer jüngere Studierende einstellen. Deren Ambitionen richten sich vielfach schon zu Beginn des Studiums auf die berufliche Verwertbarkeit der

Inhalte. Dies gilt überproportional häufig für Studierende, die als sogenannte *first generation students* von den gelockerten Möglichkeiten der Hochschulzugangsberechtigung profitieren. Zugleich wissen wir, dass die Furcht vor mangelnden beruflichen Perspektiven eine der wichtigsten Ursachen für Studienabbruch und Studienfachwechsel ist. Kurzum: Wenn wir Bildungspolitik als zentralen Pfeiler von Sozialpolitik begreifen, müssen wir uns noch sehr viel stärker um diejenigen kümmern, denen mangels familiärer Prägung Erfolg versprechende Bildungsverläufe vorenthalten bleiben.

Bestmögliche Studienbedingungen schaffen

Obschon Bildungspolitikerinnen und -politiker jedweder Couleur die Hochschulen als »Herz des Wissenschaftssystems« preisen und den »Rohstoff Wissen« als Ressource der Zukunft beschwören, mangelt es den meisten Hochschulen selbst zur Finanzierung ihres Alltagsbetriebs an Mitteln. Kontinuierlich haben sich die Betreuungsrelationen in den vergangenen Jahren verschlechtert. Dem Anspruch, auch diejenigen an ein Studium heranzuführen, die aufgrund ihrer familiären Prägung, ihres sozioökonomischen Status oder ihrer die Studierfähigkeit nur bedingt bescheinigenden schulischen Abschlussnoten besondere Unterstützung benötigen, können die Hochschulen unter den derzeitigen Bedingungen nicht nachkommen. Damit Anreize für die quantitative und qualitative Steigerung der Studienbedingungen geschaffen werden, müsste die anteilige Grundfinanzierung der Hochschulen unmittelbar an die Zahl der Studierenden gekoppelt werden. Um die Bundesländer finanziell nicht zu überlasten, könnte man daran denken, dass die Studienkosten für Bildungsausländer, also jene Studierenden, die ihre Hochschulzugangsberechtigung nicht in Deutschland erworben haben, vom Bund übernommen werden, sodass die immer wieder auch vonseiten des Bundesministeriums für Bildung und

Forschung geforderte Internationalisierung der Hochschulen Platz greifen kann. Aber statt mit mehr Geld mehr Stellen an Hochschulen zu schaffen, setzten die Bundesländer auf mehr digitale Lernformate. So gehen laut einer 2022 veröffentlichten Studie des Instituts für Hochschulentwicklung (HIS) nahezu alle Hochschulleitungen davon aus, dass der Anteil an Präsenzlehre künftig durchschnittlich bei knapp 60 Prozent liegen werde (statt bei 85 Prozent wie in Zeiten vor der Pandemie). Neben reinen Online-Formaten würden diese vielerorts mit Präsenzlehre kombiniert. Dem Anspruch, bestmögliche Studienbedingungen zu schaffen, werden wir damit nicht gerecht.

Aber obwohl die Hochschulen seit den 1970er-Jahren stetig steigende Studierendenzahlen zu verzeichnen haben, fehlt bis heute ein adäquater Finanzierungsausgleich. Personalmangel und daraus resultierende international unterdurchschnittliche Betreuungsverhältnisse sind die zwangsläufige Folge. Ähnlich wie beim Um- und Abbau des Sozialstaats wird das vorsätzlich unterfinanzierte staatliche Hochschulsystem zum Sündenbock für seine Überlastung erklärt und diese wiederum zum Anlass für tiefgreifende Reformen genommen. Indem Professorinnen und Professoren zur Einwerbung von Drittmitteln verpflichtet werden, gerät die universitäre Lehre finanziell und personell ins Abseits, gilt sie doch als immer weniger reputierlich. Die Berufsbezeichnung »Hochschullehrer« beziehungsweise »Hochschullehrerin« wird zur Leerformel. Hochschulen, die ihren Fokus vorrangig auf die Lehre legen, können zudem kaum Drittmittel einwerben und sind somit häufig auch deutlich schlechter ausgestattet.

Ein weiterer Hemmschuh für die Aufnahme eines Studiums stellen die stark gestiegenen Lebenshaltungskosten in den Universitätsstädten dar. Es mangelt aber nicht nur an preiswertem Wohnraum, der sich zum Beispiel durch neue Wohnheimplätze schaffen ließe, sondern auch an Unterstützungsstrukturen. Und diese werden trotz einer wachsenden Zahl von Stipendien zunehmend schlechter: Das

Bundesbildungsministerium rechnet damit, dass die Quote der Studierenden, die BAföG-Leistungen in Anspruch nehmen kann, bis 2026 weiter sinken wird – von 16,3 Prozent im Jahre 2022 auf dann 14,7 Prozent. Auch deshalb sollten wir unseren Blick in Richtung Norden richten, konkret auf unser Nachbarland Dänemark, in dem die Studienfinanzierung als Referenzpunkt für das unter anderem auf die Nivellierung sozialer Ungleichheiten zielende Hochschulsystem gilt. So sieht die dänische Ausbildungsförderung vor, dass Studierende einen Zuschussbeitrag erhalten, der unabhängig von dem Einkommen der Erziehungsberechtigten ist und sich allein am Wohnort der Studierenden orientiert. Leben diese noch bei ihren Eltern, so erhalten sie monatlich zwischen 142 und 394 Euro, um ihren Lebenshalt bestreiten zu können. Leben sie allein, liegen diese Zuschüsse – Stand 2024 – bei 914 Euro pro Monat. Diesen Anspruch können alle dänischen Staatsbürgerinnen und -bürger sowie ihnen gleichgestellte Personen geltend machen, wenn sie sich für eines der vielfältigen Studienprogramme einschreiben und keine sonstige staatliche Unterstützung erhalten. Über dieses Stipendienprogramm hinaus besteht die Möglichkeit, ein Darlehen in Anspruch zu nehmen, das ab dem zweiten Jahr nach dem Studium innerhalb von sieben bis 15 Jahren zurückgezahlt werden muss. Insgesamt werden mit den staatlichen Bildungsstipendien und Darlehensprogrammen jährlich über 470 000 Studierende gefördert. Das Jahresbudget beläuft sich auf 3,85 Milliarden Euro. Dies ist einer der wesentlichen Gründe, warum in Dänemark – gemessen an der Einwohnerzahl – etwa ein Drittel mehr junge Menschen immatrikuliert ist als in Deutschland. Hinzu kommt, dass für ein Hochschulstudium im Königreich sowohl für dänische als auch Studierende aus EU-Ländern keine Studiengebühren erhoben werden.

Ähnlich verhält es sich in Luxemburg, wo die staatliche Studienbeihilfe AideFi einmal pro Semester beantragt werden kann. Diese Studienbeihilfe setzt sich – je nach Bedarf – aus vier Stipendienmodulen zusammen und kann durch ein Darlehen ergänzt werden. Grundlegend ist das Basisstipendium, das alle Studierenden automatisch erhalten, sobald sie als förderfähig eingestuft werden. Dieses Basisstipendium umfasst 1199 Euro pro Semester. Dazu können über das Sozialstipendium bis zu 2321 Euro pro Semester ausgezahlt werden, wobei sich die Höhe an dem steuerpflichtigen Jahreseinkommen des Haushalts orientiert, dem die Studierenden angehören. Ein Mobilitätsstipendium gewährt immerhin noch 1491 Euro pro Semester und wird an Studierende ausgezahlt, die außerhalb ihres Wohnsitzlandes studieren und dort Miete zahlen. Schließlich wird das Familienstipendium Studierenden gewährt, in deren Haushalt mehrere andere Studierende Anspruch auf Studienbeihilfe haben (287 Euro). Darüber hinaus kann den Studierenden ein Teil der Immatrikulationsgebühren erstattet und ein mit einem maximalen Zinssatz von zwei Prozent festgeschriebenes Studierendendarlehen in Höhe von 3250 Euro in Anspruch genommen werden.

Die Zahlen belegen eindrücklich, dass es Alternativen zu den hierzulande individuell zu tragenden Kosten für ein Hochschulstudium gibt. Es ist an der Zeit, dass sich ein wohlhabendes Land wie Deutschland hochschulpolitisch an den Beispielen Dänemark und Luxemburg orientiert, statt langwierige Debatten über Details der BAföG-Reform zu führen. Dies gilt umso mehr, als Befragungen in Deutschland unabhängig vom Hochschulstandort immer wieder zeigen, dass Studierende, die neben ihrem Studium einer Erwerbsarbeit nachgehen (müssen), größeren Belastbarkeiten und Herausforderungen ausgesetzt sind. Beinahe die Hälfte der Studierenden berichtet, in (eher) hohem Maße Schwierigkeiten zu haben, ihre Erwerbstätigkeit mit dem Studium zu vereinbaren. Es ließe sich sogar argumentieren, dass der internationale Studierendenaustausch grundsätzlich aus EU-Mitteln nach den Vorgaben des DAAD finanziert werden sollte. Momentan ist die Teilnahme an einem solchen Austausch schließlich in hohem Maße davon abhängig, welchen sozialen Hintergrund die Studierenden haben, weil längst nicht alle ihren Auslandsaufenthalt über Stipendien finanziert bekommen (können). Würden alle Studierenden unabhängig von ihrem sozioökonomischen Hintergrund in die Lage versetzt, die Chance für einen Studienaufenthalt im Ausland ergreifen zu können, wäre dies nicht nur ein weiterer wesentlicher Schritt in Richtung der mit der Bologna-Reform intendierten, aber nicht erreichten Studierendenmobilität, sondern auch der Chancengerechtigkeit.

Bindungs- und Erziehungsarbeit stärken

Auch im institutionalisierten Bildungssystem müssen wir wieder verstärkt auf eine von Allgemeinverbindlichkeit geprägte Bildungs- und Erziehungsarbeit setzen. Entgegen dem Zeitgeist, wonach die allzu häufig im Egoismus endende Individualität der Lernenden im Mittelpunkt steht und die herrschaftsfreie Kommunikation im Klassenzimmer das Maß aller Dinge ist, müssen Lehrkräfte ebenso wie sie unterstützende Pädagoginnen und Pädagogen, aber auch Psychologinnen und Psychologen wieder stärker ihrem Erziehungsauftrag nachkommen (können). Nur multiprofessionelle Teams können reparieren, was in der heutigen Gesellschaft an sozialen Verwerfungen zum Vorschein kommt. Beinahe milieuübergreifend erfahren wir sozial-emotionale Verwahrlosung. Erfahren Kinder aber weder in der (Groß-)Familie noch in der Schule soziale Einhegung über von Erwachsenen gesetzte Grenzen, werden viele Kinder auch weiterhin zu selbstbezogenen, beziehungsunfähigen und kommunikationsarmen sowie letztlich unglücklichen Erwachsenen geraten.

So geht das Hohelied auf die Subjektorientierung, bei der in erster Linie die Individualitäten der Lernenden berücksichtigt werden, einher mit einem Abgesang auf kollektive Verbindlichkeit. In unserem derzeitigen Bildungssystem stehen sich allerdings der Wunsch nach mehr Individualisierung durch weitreichende Entfaltungs- und Entwicklungsmöglichkeiten des oder der Einzelnen einerseits und die Forderungen nach gesellschaftlichem Zusammenhalt andererseits vielfach unversöhnlich gegenüber. Gesamtgesellschaftlich ist es problematisch, wenn Eltern die Schule nur danach auswählen, ob Konzept, Profil und Struktur der Einrichtung zu den Fähigkeiten und Fertigkeiten ihres Kindes passt. Denn der schulische Sozialisationsprozess soll nicht nur selbstbewusste und mündige Kinder hervorbringen, sondern auch als Anpassungsprozess an handlungsleitende Werte und Normen einer Gesellschaft verstanden werden. Andernfalls wird die (Hyper-)Individualisierung unserer Gesellschaft weiter voranschreiten. Als sozialer Ort müssen vor allem Kitas und Schulen dafür sorgen, dass Lernen sich durch weitaus mehr auszeichnet als durch das Erwerben von Kompetenzen, die über die inzwischen sehr zahlreichen international vergleichenden Leistungsstudien besonders prominent in den Blick genommen werden. Unabhängig davon, welche Bedeutung man den diversen Leistungsstudien beimisst, darf ein ehernes Prinzip nicht in Vergessenheit geraten: Zwischenmenschliche Beziehungen, die sich nicht nur zwischen Schülerinnen und Schülern, sondern auch aus der Interaktion zwischen Lehr- und Lernpersonen ergeben, dürfen nicht in der Bedeutungslosigkeit verschwinden. Nahezu jeder von uns ist während seiner Schulzeit von ein oder zwei Lehrkräften in besonderer Weise geprägt worden. Diese Prägung erfolgt in der Regel nicht nur über die Dimensionen der Wissensvermittlung, sondern auch über die Persönlichkeit der Lehrkraft. Deren Prägekraft ist umso größer, je eindeutiger Kindern Bildungsaspirationen über das Elternhaus versagt bleiben.

Auch die wachsenden Problemen von Aggression, Gewalt und Verrohung werden wir nur durch mehr pädagogische Arbeit in den Griff bekommen. Wie aber kann das gelingen? Ein zentraler Ansatzpunkt wäre mehr gemeinsame Lern- und Spielzeit im Beisein professioneller Pädagoginnen und Pädagogen. In Finnland, das vom *World Happiness Report* fortlaufend zum glücklichsten aller

Länder gekürt wurde, steht unter anderem sozial-emotionales Lernen auf dem Stundenplan. Schülerinnen und Schüler sollen auf diesem Wege lernen, die eigenen Emotionen besser zu erkennen und einzuordnen. Und auch in Dänemark ist die Förderung von emotionalen und sozialen Fähigkeiten bereits fest im Unterrichtsalltag verankert, gehen Fachleute doch zum Beispiel davon aus, dass Empathie nicht ausschließlich vererbt, sondern auch trainiert werden kann. Dazu aber brauchen wir ein kohärentes Konzept für die (vor-)schulische Ganztagsbetreuung. Nach wie vor sind Vormittags- und Nachmittagsangebote kaum aufeinander abgestimmt, das heißt, es fehlt die Ganztagsschule aus einem Guss. Wollen wir diese umsetzen, sollten wir dringend die Expertise aus der Erziehungshilfe sowie der Kinder- und Jugendtherapie mit den Erfahrungswerten der Lehrkräfte bündeln. Nur so kann das unverzichtbare Erfahrungswissen zusammengetragen werden, um Schulen in allseits geschätzte »Häuser des Lernens« zu verwandeln. Dies wird uns jedoch nur gelingen, wenn wir den derzeitigen Personalschlüssel von 1:25 verbessern. Andernfalls werden Bildungs- und Erziehungsarbeit zum Scheitern verurteilt bleiben, und zwar erst recht, wenn die überfälligen Ganztagsangebote umgesetzt werden sollen.

Ganztägige Bildungsangebote ausbauen

Bildungs- und Lernprozesse sind vielfältig: Kleinkinder lernen durch Nachahmung. Und das gesamte Leben über lernen wir durch Erfahrung, wenngleich man bekanntlich nicht jede Erfahrung im Leben machen muss. Die nobelste Art zu lernen ist schließlich das Lernen durch Erkenntnis. Und da Lernen sich in konzentrischen Kreisen vollzieht, gilt auch ein weiteres ehernes Gesetz: Je mehr man weiß, desto mehr Fragen stellen sich. »Wer viel fragt, kriegt viel Antwort«, heißt es im Volksmund, um die Vorzüge des Schweigens zu illustrieren. Wollen wir uns bilden, ist (Hinter-)Fragen aber genau der richtige Weg. Dazu braucht es Zeit, Kommunikation und Freude am Lernen. Ohne diese strukturelle Triade kommt kein Bildungsprozess aus. Wer aber liefert diese Struktur, wenn Eltern, Verwandte und Geschwister mangels Bildungsnähe den Lernprozess nicht begleiten (können)? In Deutschland ist dies nach wie vor viel zu selten die Schule, die nach 13:15 Uhr beziehungsweise 14:00 Uhr nur in Ausnahmefällen Bildungsangebote vorhält. Das Halbtagsschulsystem benachteiligt Kinder aus sozioökonomisch schwächeren Familien, diskriminiert diejenigen von ihnen, die ihre mangelhaften deutschen Sprachkenntnisse beheben wollen beziehungsweise sollen, und vergeht sich familien- und sozialpolitisch an denjenigen, die aus schwierigen familiären Verhältnissen kommen und jede institutionelle Unterstützung zur Gestaltung eines gelingenden Lebens brauchen.

Schließlich ist Bildung seit der Allgemeinen Erklärung der Menschrechte im Jahre 1948 ein menschliches Grundrecht. Da Bildung die zwingende Voraussetzung für gesellschaftliche Teilhabe ist, sollte der Zugang zu ihr idealiter für niemanden und zu keinem Zweck eingeschränkt werden – erst recht nicht in einem reichen Land wie Deutschland. Dies gilt umso mehr, als Bildung ein selbstbestimmtes Leben ermöglicht, die Teilhabe am kulturellen Leben anbahnt, die Mitwirkungsmöglichkeiten zur Gestaltung unserer Gesellschaft eröffnet und das individuelle Wohlergehen in besonderer Weise grundlegt. Dessen ungeachtet versäumen es selbst die einflussreichen (bildungs-)politischen Player wie Stiftungen, Thinktanks und Unternehmen, auf eine qualitativ hochwertige Ganztagsbetreuung zu drängen – und sei es nur, um den bundesweit beklagten Fachkräftemangel zu beheben. Dabei hat schon Nelson Mandela die Wirkmächtigkeit von Bildung in prägenden Worten verdeutlicht: »Bildung ist die mächtigste Waffe, die du verwenden kannst, um die Welt zu verändern.«

Wollen wir unsere (Bildungs-)Welt zum Besseren verändern, bildet die flächendeckende Ganztagsbetreuung an Schulen einen äußerst wirksamen, womöglich sogar den größtmöglichen Hebel. Männern und Frauen könnte endlich ein gleichberechtigter Zugang zum Arbeitsmarkt gewährt werden. Der flächendeckende Ausbau einer ganztägigen Betreuungsinfrastruktur mit qualifizierten Bildungsangeboten – bestenfalls von Lehrkräften angeleitet, die die Kinder und Jugendlichen aus dem Unterricht kennen – ist überfällig. Aber nach wie vor fällt schon am Vormittag viel zu viel Lernzeit aus. Seit Jahren ignorieren die (bildungs-)politisch Verantwortlichen ein einfach zu berechnendes strukturelles Problem: Jedem in Deutschland schulpflichtigen Kind stehen nach dem 1964 verabschiedeten Hamburger Abkommen 75 Werktage Ferien zu. Gleichzeitig haben berufstätige Eltern einen durchschnittlichen Urlaubsanspruch von 28 Tagen. Schon ohne weitere Unterrichtsausfälle einzupreisen, lässt sich eine einfache Rechnung aufmachen: Selbst wenn beide Elternteile ihren Urlaub getrennt nehmen (was der Beziehung nicht wirklich förderlich sein dürfte), bleiben jedes Jahr 18 Tage, an denen Kinder von ihren Eltern nicht betreut werden können. Warum wird dieses Fiasko nicht endlich angegangen? Nach wie vor fallen Kollegiumsausflüge, Lehrkräftefort- und -weiterbildungen und Zeugniskonferenzen verlässlich in die Unterrichtszeit – und bescheren Eltern weitere Betreuungsengpässe. Klassenfahrten und Wanderausflüge könnten ebenso wie Sportfeste problemlos in den Oster-, Sommer- oder Herbstferien stattfinden, um den doppelt erwerbstätigen Eltern, die keine Lehrkräfte sind, nicht noch weitere Betreuungsengpässe zu bescheren.

Kinder und Jugendliche vor Digitalisierung schützen

Zweifelsfrei bietet das Internet im Zusammenspiel mit der wachsenden Zahl digitaler Lernprogramme – nicht zuletzt über die wie Pilze aus dem Boden schießenden Apps – mit seinen globalen In-

formationsmöglichkeiten im Kontrast zu institutionellen Bildungs-
programmen vielversprechende individuelle Informations- und
Bildungsmöglichkeiten. Der tief verwurzelte Glaube jedoch, wonach das Lehren und Lernen im virtuellen Klassenzimmer sowie
per orts- und zeitunabhängiger digitaler Lehrformate an Hochschulen nun die Renaissance der Bildungsrepublik einläuten wird,
läuft ins Leere. So ignorieren die Fürsprecherinnen und -sprecher
der digitalen Wende nicht nur den Einfluss der führenden Inter-
netkonzerne auf den milliardenschweren Bildungsmarkt. Sie übersehen zugleich, dass sich die Probleme unserer Schulen und
Hochschulen nicht in technischen Ausstattungsproblemen erschöpfen, sondern diese zuvorderst dem unzureichenden Personalschlüssel, dem Irrglauben an die lerngruppenunabhängige
Wirkmächtigkeit selbstgesteuerter – insbesondere digitaler – Lernprozesse, dem Verzicht auf das für Lernprozesse einst konstitutive
Wissen sowie der Abkehr von Ansprüchen bei der Leistungsorientierung geschuldet sind.

Da Kitas und Schulen in besonderer Weise auch eine Funktion
als Schutzräume haben, sollten Kinder zumindest bis zum zehnten Lebensjahr vor den digitalen Einflüssen geschützt werden, um
ihre Welt im Sinne Johann Heinrich Pestalozzis mit Kopf, Herz
und Hand analog – und nicht geprägt von digitalen Zugängen –
entdecken, begreifen und erobern zu können. Multisensorisches
Lernen muss endlich als unverrückbarer Pfeiler der Frühpädagogik
Anerkennung finden. Denn allen Digitalisierungsdebatten zum
Trotz besteht Bildung nach wie vor maßgeblich in der Anhäufung
von Wissen – auch wenn das Gefühl entstehen kann, dass es in
Zeiten des ständig mitgeführten Smartphones jederzeit abrufbar
sei. Der viel zitierte Satz »Das muss man nicht lernen, das lässt
sich googeln« verkennt indes die wirkmächtigen Mechanismen, die
unsere alltägliche Internetnutzung prägen: Algorithmen und personalisierte Suchvorgänge diktieren die Inhalte, die uns angezeigt
werden. Dies engt nicht nur unser Blickfeld unzulässig ein, son-

dern verfestigt überdies unsere (Vor-)Urteile. Das für Bildungsprozesse unverzichtbare Hinterfragen bleibt auf der Strecke. Die mit der digitalen Welt verbundenen Gefährdungen sind unbestritten. Wie ernst diese zu nehmen sind, lässt sich vielleicht am ehesten daran erkennen, dass Managerinnen und Manager im Silicon Valley längst begonnen haben, ihre Kinder vom digitalen Sog fernzuhalten: Viele von ihnen untersagen ihren Kindern inzwischen jede Nutzung digitaler Endgeräte. Dabei haben sie gute Argumente, wie zum Beispiel den Befund, dass US-amerikanische Jugendliche nur noch halb so häufig Freundinnen und Freunde analog treffen wie vor 15 Jahren.

Und dennoch sind besonders »innovative« Schulen, an denen ausschließlich mit Smartboards, Laptops und iPads sowie über digitale Lehr- und Lernplattformen gelernt wird, bereits Realität. Der Nachweis allerdings, dass Bildungs- und Lernprozesse allein durch ihre Digitalisierung verbessert werden, steht nicht nur noch aus, sondern muss angesichts vielfältiger internationaler Studien aus der Lehr- und Lernforschung inzwischen bezweifelt werden. So garantiert der Einsatz digitaler Medien per se keinen Lernerfolg, sondern ersetzt in aller Regel lediglich traditionelle Medien als Informationsträger; sie müssen daher – wie letztere auch – pädagogisch sinnvoll in den Unterricht integriert werden, um Lernprozesse anstoßen und begleiten zu können. Zudem kristallisiert sich seit einigen Jahren die ernüchternde Erkenntnis heraus, dass digitale Medien nicht die Lösung, sondern Teil des Problems sind, wie Klaus Zierer 2021 in einem Beitrag mit dem vielsagenden Titel *Zwischen Dichtung und Wahrheit: Möglichkeiten und Grenzen von digitalen Medien im Bildungssystem* geschrieben hat: »Je länger sich Kinder und Jugendliche in ihrer Freizeit mit ihren Smartphones beschäftigen und je mehr Zeit sie in sozialen Medien verbringen, desto geringer ist die schulische Lernleistung.« Wir sollten in diesem Zusammenhang nicht vergessen, dass das zunehmend digital abgerufene TV-Angebot nach wie vor der wichtigste Informationskanal ist: 195 Minuten verbringen Bundesbürgerinnen und -bürger durchschnittlich vor dem Bildschirm. Und auch wenn das lineare Fernsehen für die jüngeren Generationen Schritt für Schritt an Bedeutung verliert, müssen wir uns fragen, wie wir auf dieses Mediennutzungsverhalten im Bildungswesen reagieren.

Die immer rasanter fortschreitende – vielfach blinde – Digitalisierung von Kitas und Schulen ist jedenfalls ein Irrläufer. So belegen die modernen Neurowissenschaften zweifelsfrei, dass Lernen zur Ausbildung und Veränderung neuronaler Vernetzung führt. Lernprozesse sollen bekanntlich auch das Gedächtnis schulen. Somit ist das Trainieren des Gedächtnisses durch das inzwischen vollkommen verpönte Auswendiglernen natürlich von herausragender Bedeutung, um die Wahrnehmungsgeschwindigkeit, die Memorierfähigkeit, das Kurzzeitgedächtnis und die Kapazität unseres Arbeitsgedächtnisses zu schulen. Wir lernen lesen, indem Regionen in unserem Gehirn umfunktioniert werden, die bis dahin anderweitig eingesetzt waren, da der Prozess so neu ist, dass bisher kein eigenes Areal dafür existiert. Das ist ein unverzichtbarer Prozess für die Ausbildung kognitiver Fähigkeiten. Lernprozesse müssen überdies so angelegt sein, dass sie sich durch Handlungs-, Interaktions-, Kooperations- und Urteilsorientierung auszeichnen. Um motivierende Neugier zu wecken, entdeckendes Lernen zu fördern und die bei vielen Jugendlichen massiv lahmende analoge Kommunikation anzuregen, muss ein breites Repertoire an Methoden statt digitaler Einwegkommunikation zur Anwendung kommen. Urteils- und Entscheidungskompetenz beispielsweise können nur dadurch gefördert werden, dass in der Gruppe gemeinschaftlich analysiert, diskutiert und präsentiert wird. Die Konsumtion digitaler Medien läuft diesem Prozess zuwider.

Unsere Demokratie durch Bildung stärken

Wer nichts weiß, muss bekanntlich viel glauben. Aber kann man sich – gerade in Zeiten von Desinformationskampagnen mittels Fake News – wirklich immer auf jedes x-beliebige Medium verlassen, wenn man Antworten auf Fragen sucht? Wohl kaum. Über Social-Media-Plattformen geschürte Filterblasen verkleinern unseren Bildungsraum, indem sie ihn zum Beispiel gegenüber (wissenschaftlichen) Erkenntnissen zu kriegerischen Konflikten, Ernährungsgewohnheiten oder Fragen des Klimawandels abschotten. Wird die für Lernprozesse konstitutive Offenheit von Bildungsräumen unterlaufen, leidet auch die Offenheit unserer Gesellschaft. Infolgedessen können wir ohne Bildung keine Demokratie erwarten, denn die für Demokratien elementare politische Meinungsbildung setzt das Interesse der Bürgerinnen und Bürger für politische Angelegenheiten voraus. Kitas, Schulen und Hochschulen müssen als Felsen in der Brandung auf Demokratieförderung verpflichtet sein. Diese gilt es nicht nur in den Curricula festzuschreiben. Partizipatorische Gestaltungsmöglichkeiten müssen Kindern und Jugendlichen auch im Rahmen ihrer Einrichtungen gewährt werden, das heißt, die Kinderkonferenz in der Kita muss ebenso ihren Platz haben wie der Klassenrat, die Schülervertretung und die Schulkonferenz beziehungsweise die studentische Vertretung an Hochschulen. Für eine wirksame Mitwirkung in diesen Gremien ist in möglichst umfänglichen Bildungsprozessen gewonnenes Wissen unverzichtbar.

Bildung – insbesondere politische – kann aber auch unsere Demokratie festigen, denn fehlende soziale Beziehungen, der Wunsch nach Zugehörigkeit sowie der Druck der Peergroup führen insbesondere bei Jugendlichen zu einer Suche nach kollektiven Ersatzidentitäten, was sie für antidemokratische Orientierungen empfänglich macht. Nationale Identität und ethnische Zugehörigkeit liefern gerade denen Orientierung, die orientierungslos geworden sind – oder jedenfalls glauben, orientierungslos zu sein. Die Folgen für eine repräsentative Demokratie und für die Bindekräfte einer auf Humanität und sozialen Ausgleich verpflichteten Gesellschaft sind schon jetzt absehbar, aber die tiefgreifenden gesellschaftlichen Umbrüche setzen sich fort. Der Verlust der vor mehr als einem Vierteljahrhundert von Ralf Dahrendorf beschriebenen »Ligaturen« – verstanden als »tiefe kulturelle Bindungen, die Menschen in die Lage versetzen, ihren Weg durch die Welt der Optionen zu finden« – schreitet unaufhörlich fort. Kirchen, Parteien und Gewerkschaften fallen immer häufiger als identitätsstiftende Bindeglieder aus: SPD und CDU verloren allein von 1990 bis heute 52 Prozent beziehungsweise 46 Prozent ihrer Mitglieder. Während der SPD der Abstieg als Volkspartei droht, verliert die CDU in immer mehr Bundesländern ihre Stellung als (mitglieder-)stärkste Partei. 2060 werden einer im Frühjahr 2019 veröffentlichten Studie zu Folge nur noch 22,7 Millionen Bundesbürgerinnen und -bürger und damit nur noch gut ein Viertel der bundesrepublikanischen Bevölkerung einer der beiden großen Kirchen angehören; und auch die meisten Gewerkschaften erfahren einen kontinuierlichen Aderlass.

Sich diese Entwicklung bewusst zu machen, ist bedeutsam, da die gesellschaftliche und parlamentarische Verfestigung des Rechtspopulismus und -extremismus unsere Demokratie auf eine harte Probe stellt. Die Radikalisierung der politischen, medialen und kulturellen Öffentlichkeit – man denke an die Videoclips der sogenannten Identitären Bewegung, die Konzerte von sogenannten Rechtsrock-Bands oder die Pegida-, Legida- und Hogesa-Demonstrationen – ist ebenso sicht- wie hörbar und damit nicht mehr zu leugnen. Zugleich offenbart die Normalisierung rechtspopulistischer Politik in Gestalt der parlamentarischen Repräsentanz der AfD, dass demokratische Prinzipien als Grundlage für ein gelingendes Miteinander von einem wachsenden Teil der Gesellschaft nicht mehr erkannt, nicht mehr verstanden oder sogar abgelehnt werden. Etablierte demokratische Prinzipien werden mehr und mehr verletzt. Um in einer historisch außergewöhnlich politisierten, emotionalisierten und medialisierten Zeit die Sensibilität für die Vorzüge unserer Demokratie als Staats- und Lebensform zu erhalten oder zu wecken, braucht es (sozialwissenschaftliche) Bildung. Wollen wir der auch bei jungen Menschen zu verspürenden Parteien-, Fakten- und Institutionenverdrossenheit sowie dem sich (dadurch) Aufschwung erhaltenden Rechtspopulismus begegnen, müssen wir (an-)erkennen, dass sich unsere Bemühungen nicht nur von der Migrations- und Steuerpolitik über die Sozial- und Arbeitsmarktpolitik bis hin zur Verkehrs- und Wohnungspolitik erstrecken dürfen, sondern auch politische, ökonomische und gesellschaftliche Bildung ihren Raum braucht.

So müssen wir unsere Kinder und Jugendlichen in fachlich, methodisch und pädagogisch überzeugender Manier vor sachlich inkorrekten, unzulässig verkürzten oder antiaufklärerischen Positionen bewahren. Zu Recht sieht Herfried Münkler ausweislich eines in dem Magazin der *Neuen Zürcher Zeitung* veröffentlichten Beitrags im Populismus »die dezidierte Absage an die Zumutungen des Lernens«, wenn er die Wahl Donald Trumps zum US-amerikanischen Präsidenten unter anderem damit begründet, dass dieser seine Wählerinnen und Wähler »von der mühseligen Beschäftigung mit Sachfragen freigesprochen hat«. Und auch hierzulande verweigert sich ein wachsender Teil der Bevölkerung der politischen, gesellschaftlichen und ökonomischen Komplexität in Zeiten der von Jürgen Habermas schon 1985 identifizierten »neuen Unübersichtlichkeit«. Das öffentliche Interesse an politisch verhandelten Themen zu beleben, stellt daher nicht nur mit Blick auf die politische Partizipation im Kontext von Wahlen eine unabdingbare Voraussetzung für den Zusammenhalt und letztlich die Existenz einer demokratischen Gesellschaft dar. Da der seit nunmehr einem Jahrzehnt aufkeimende Rechtspopulismus die Grundfesten unseres Werte-, Gesellschafts- und Rechtssystems bedroht, müssen wir lernen, Haltung statt Zurückhaltung zu zeigen. Dazu braucht es zwingend (mehr) sozialwissenschaftliche Bildung. Dies gilt umso mehr, als organisierter Populismus und Parteienverdrossenheit sich im Aufwind befinden. Über die langfristig abnehmende Wahlbeteiligung hinaus belegen Studien eine Politikverdrossenheit in Deutschland, die sich in einer wahrgenommenen politischen Machtlosigkeit äußert. Aus der viel zitierten »Mitte-Studie« der Friedrich-Ebert-Stiftung mit dem Titel *Die distanzierte Mitte. Rechtsextreme und demokratiegefährdende Einstellungen in Deutschland* geht hervor, dass das Vertrauen in die Institutionen und in das Funktionieren der Demokratie auf unter 60 Prozent gesunken ist, sodass ein erheblicher Teil der Befragten verschwörungsgläubige (38 Prozent), populistische (33 Prozent) und völkisch-autoritär-rebellische (29 Prozent) Positionen vertritt. Im Vergleich zu der von dem Forscherteam um Andreas Zick während der Coronapandemie 2020/2021 durchgeführten Befragung ist dies ein Anstieg um rund ein Drittel. 32 Prozent der Befragten glauben inzwischen an die Verquickung von Medien und Politik. Die Zahl derjenigen, die der Aussage »Die regierenden Parteien betrügen das Volk« zustimmen, hat sich im Vergleich zu vor zwei Jahren verdoppelt (30 Prozent), und ein Fünftel meint: »Unser Land gleicht inzwischen mehr einer Diktatur als einer Demokratie.« Die Wahrnehmung politischer Machtlosigkeit wiederum fördert die Anfälligkeit für antidemokratische und populistische Tendenzen. Auch der *Deutschland-Monitor* bestätigt die Zunahme der Politikverdrossenheit und weist insbesondere ein enormes innerdeutsches Gefälle mit weitaus höheren Werten in den ostdeutschen Bundesländern aus. Dass mit der AfD zeitgleich eine rechtspopulistische bis rechtsextreme Partei in fast allen Landesparlamenten der Bundesrepublik sitzt, in einigen Bundesländern Ostdeutschlands um den Status als stärkste Partei kämpft und auch in bundesweiten Umfragen Rekordwerte von rund 20 Prozent erreicht, verstärkt die demokratischen Warnsignale.

Davon ausgehend, dass Demokratien keine Ewigkeitsgarantie zugesprochen werden kann, muss insbesondere politische Bildung nicht nur in den disziplinär einschlägigen Unterrichtsfächern nach dem Fachprinzip stattfinden, sondern auch in Gestalt eines fächerübergreifenden Unterrichtsprinzips, das heißt, alle in den Stundentafeln verankerten Unterrichtsfächer müssen einen Beitrag zur politischen Bildung leisten, um junge Menschen demokratiefähig werden zu lassen. Wenn im Deutschunterricht ein Brecht-Zitat analysiert, im Kunstunterricht Wahlwerbung interpretiert oder im Physikunterricht die atomare Energiegewinnung diskutiert wird, leisten auch diese Unterrichtsstunden einen Beitrag zur politischen Urteilsbildung. Und schließlich verspricht politische Bildung als Schulprinzip, dass demokratische Prinzipien in der Schulstruktur ihren Widerhall finden. Schüler-, Eltern- und Lehrerrat legen davon Zeugnis ab, dass Demokratie nicht nur als Staatsform im Politikunterricht erläutert, sondern auch als Lebensform praktiziert werden soll – bei der Wahl der Klassensprecherin oder des Klassensprechers, bei der Festlegung von Unterrichtsthemen, bei der Auswahl von Exkursionszielen sowie bei der Diskussion über die Neugestaltung des Schulhofs.

Diese Ansprüche einzulösen, ist dringlicher denn je. Denn auch in einer Zeit, in der sich der politische Willensbildungsprozess kaum mehr auf öffentlichen Plätzen – in Anlehnung an die griechische Agora oder das römische Forum als historischen Orten der politischen Debatte – abspielt, lebt unsere Demokratie unverändert davon, dass sie viele Hüterinnen und Hüter hat. Um eine Vielzahl wachsamer Demokratinnen und Demokraten heranwachsen zu sehen, muss der Demokratiemüdigkeit entgegengetreten werden – in den Medien, aber eben auch an Schulen, Hochschulen sowie Einrichtungen der (politischen) Jugend- und Erwachsenenbildung. Dies gilt umso mehr, als demokratisches Bewusstsein keine anthropologische Konstante darstellt, sondern täglich erlernt werden muss. Eine zentrale Aufgabe politischer Bildung besteht unter anderem darin, Vorurteile infrage zu stellen und Begegnungsräume zu schaffen, sodass sich Fremde kennen, verstehen und schätzen lernen können (»Kontakthypothese«). Im Zuge dieser Begegnungen muss deutlich werden, dass eine zivile Gesellschaft von der wechselseitigen Anerkennung unterschiedlicher Lebensstile, Kulturen und Perspektiven lebt.

6 Epilog

Das vorliegende Buch stellt keine wissenschaftliche Abhandlung dar, sondern richtet sich mit seinem journalistischen Sprachgebrauch an die breite bildungsinteressierte Öffentlichkeit. Aufbau, Form und Stil zielen auf Allgemeinverständlichkeit, weshalb auf die in wissenschaftlichen Publikationen üblichen Quellenangaben und Annotationen verzichtet wird. Sprachliche Verständlichkeit, argumentative Eindeutigkeit sowie fallbasierte Exemplarität waren mir für die Tour d'Horizon durch das bundesrepublikanische Bildungssystem wichtiger als konsequente Fachterminologie, ausgleichende Erörterungen widerstreitender Positionen oder umfänglich referierte Studienergebnisse. Bei einigen im Buch adressierten Frage- und Problemstellungen habe ich mich nicht von der für wissenschaftliche Forschungsvorhaben erforderlichen Distanz zum Untersuchungsgegenstand leiten, sondern von eigenen Erfahrungen in der Bildungswelt *ver*leiten lassen. Nicht zuletzt daher rührt die Konzentration auf medial und politisch unterbelichtete Baustellen der selbst ernannten Bildungsrepublik.

Meine Erkenntnisse habe ich im vorliegenden Fall nicht nur aus einschlägiger Fachliteratur gewonnen. Zugleich haben mir Analysen in Tages- und Wochenzeitungen, Hörfunkfeatures, Podcasts sowie Gespräche mit Eltern, Lehrkräften, Kolleginnen und Kollegen, Schülerinnen und Schülern sowie Studierenden und bildungspolitisch Verantwortlichen zu meinen Einsichten verholfen. Unmittelbar prägend für meinen Blick auf das Bildungssystem im vorliegenden Buch war – und davon kann sich meines Erachtens letztlich niemand freisprechen – auch meine eigene Bildungsbiografie, die mich in verschiedenen Rollen geprägt hat: als Halbtagskind im örtlichen Kindergarten, als Schüler eines altsprachlichen Gymnasiums, als Zivildienstleistender an einer Montessori-Grundschule, als Studierender an Universitäten im In- und Ausland, als Referendar und Vertretungslehrer an verschiedenen weiterführenden Schulen, als Wissenschaftler an verschiedenen Hochschulen, als Direktor der Frankfurter Akademie für Bildungsforschung und Lehrerbildung, als Gastwissenschaftler an zwei US-amerikanischen Eliteuniversitäten sowie schließlich als Vorstandsmitglied unserer als Elterninitiative organisierten Kita.

Die Darstellungen im vorliegenden Buch werden von der festen Überzeugung getragen, dass Bildung unser Leben bereichert. Unser Leben wird aber nicht nur interessanter, vielfältiger und bunter, wenn wir auf Reisen andere Menschen, Kulturen und Regionen kennenlernen. Auch unser tägliches Leben wird reicher, wenn wir über Wissen verfügen. Grundständiges historisches Wissen eröffnet neue Perspektiven beim Blick auf Rathäuser, Kirchen und Denkmäler. Wissen über Kunst und Musik eröffnet uns Einblicke in die gesellschaftlichen, politischen und kulturellen Strömungen unserer Zeit – und bietet eine wertvolle Plattform für Reflexionen und Diskussionen. Garniert um ein wenig Wissen über Architektur wird jeder Streifzug durch Städte beim Blick auf Gebäude interessanter: Wann entstanden eigentlich die Bauten der Gründerzeit? Warum sieht man in Nordrhein-Westfalen allerorten Staffelgeschosse, in den benachbarten Niederlanden hingegen ansprechende experimentelle Architektur? Zu wissen, wie sich die Einkommens- und Vermögensverteilung entwickelt hat, lässt uns besser verstehen, warum nicht nur immer mehr Yachten vor den europäischen Küsten kreuzen, sondern auch immer mehr Afrikanerinnen und Afrikaner an italienischen, spanischen und französischen Stränden ihr Leben mit dem Verkauf von Hüten und Tüchern zu bestreiten versuchen. Und auch andere Fragen stellen sich nur diejenigen, die – ausgelöst durch Bildungsangebote im Elternhaus, in der Kita oder in der (Hoch-)Schule – Interesse am Leben entwickelt haben: Warum lässt Muskelkater meine Beine schmerzen? Warum steigen Mieten, Zinsen sowie Energie- und Lebensmittelpreise? Welche physikalischen Gesetze sind dafür verantwortlich, dass Flugzeuge fliegen? Warum werden immer mehr Fußballstadien nach Unternehmen benannt?

Schließlich bleibt mir all jenen zu danken, die mich bei der Entstehung dieses Buches unterstützt haben. Ohne die tatkräftige Unterstützung meiner Mitarbeitenden Tobias Heinemann, Marie Heijens, Daniel von Orloff und Stella Wasenitz sowie das von einem bestechenden Erkenntnisinteresse geprägte Lektorat durch Sigrid Rand hätte das vorliegende Buch nicht in der vorliegenden Form entstehen können. Ihnen allen ist es zu verdanken, dass die zu Papier gebrachten Gedanken an vielen Stellen überprüft, geschärft und um von mir in der Erstfassung des Manuskripts lediglich als Randaspekte wahrgenommene Inhalte vertieft wurden.